林业公益性行业科研专项课题“林改后南方林地可持续高效经营关键技术研究与集成示范”（项目编号：201004008）

福建省三明市林业产业发展评价及政策绩效研究

杨莉菲　著

中国林業出版社

图书在版编目（CIP）数据

福建省三明市林业产业发展评价及政策绩效研究 / 杨莉菲著 . —北京：中国林业出版社，2014. 12

ISBN 978-7-5038-7750-6

Ⅰ. ①福…　Ⅱ. ①杨…　Ⅲ. 林业经济 - 产业发展 - 研究 - 三明市 ②林业政策 - 研究 - 三明市　Ⅳ. ①F326. 275. 73

中国版本图书馆 CIP 数据核字（2014）第 281929 号

出版　中国林业出版社（100009　北京西城区刘海胡同 7 号）

网址　lycb. forestry. gov. cn

E-mail　36132881@ qq. com　**电话**　010-83228353

发行　中国林业出版社

印刷　北京北林印刷厂

版次　2014 年 12 月第 1 版

印次　2014 年 12 月第 1 次

开本　880mm × 1230mm　1/32

印张　8. 25

字数　250 千字

印数　1 ~ 1000 册

定价　48. 00 元

序

构建发达的林业产业体系是我国林业建设的主要任务之一，加快林业产业发展是实施以生态建设为主的林业发展战略的内在要求。集体林权制度改革的宗旨为“兴林富民”，通过不断地探索，林业产业化和规模化经营也取得了一定的成效和宝贵的经验，但在发展过程中仍然存在一些问题。在中国林业经济发展和集体林权制度改革的背景下，对集体林区林业产业化发展进行科学的评价具有重要的理论与现实意义。

产业经济学作为应用经济学领域的一个重要分支，是现代西方经济学中分析现实经济问题的新兴应用经济理论体系。不仅为现实经济理论的应用作出了重要的贡献，而且也为经济政策的制定和经济发展的规律提供了重要评判标准，在经济和社会发展实践中具有不可替代的作用。基于产业经济学视角，结合区域经济学、制度经济学、管理学、社会学相关理论研究中国典型区域林业产业发展及政策绩效，可以促进经济学、管理学理论与林业交叉学科研究领域的发展。产业经济学将“产业”作为一个有机整体，使人们能够理性科学地探讨产业间的关系结构、组织结构变化的规律，进而去判断产业政策的合理性和科学性。因此，有必要应用产业经济理论，对目前林业产业发展进行深入分析和评价，有助于完善在林改背景下的林业产业政策，并在林业体制机制创新和配套政策调整上采取有效措施，以促进林业的可持续经营，加快林业产业化发展。

本研究选择中国林权制度改革和集体林区产业经济发展较

具典型性的区域——福建三明市作为实证研究和分析的对象，综合运用经济学和管理学相关理论，从中国集体林区林业产业发展变革中存在的问题出发，对林业产业结构合理性、林业产业区域差异性、林业产业组织效率水平等方面进行量化分析，找出林业产业水平提升的影响因素，进而创新性地运用综合评价方法对林业产业政策绩效进行系统梳理和评价。论文的研究成果对促进集体林区林业产业绩效的完善，提高林业产业水平具有重要的借鉴意义。

研究很好地体现了作者在本研究领域坚实的理论基础和系统深入的专业知识。研究工作量饱满，调查数据充实，体现了作者具有较强的独立从事科学研究的能力。研究条理清晰，文字表达比较准确，体现作者具有一定的科技写作能力。

2014 年 7 月

目　录

第1章

绪　论

1.1　研究背景

林业问题，是一个全球性的战略问题，关系到人类的生存与发展，关系到国家的生态安全与可持续发展。国际上对林业发展越来越重视，林业对全球环境的影响也越来越大(FAO，2005；Florin et al.，2001；USDA，2007；刘东生，2009；Yin，1998)。我国现代林业建设已经进入到加快推进的重要时期，在国家一系列重大战略决策中，赋予了林业建设新的使命。林业在维护生态安全、减缓温室效应、缓解木质材料供需矛盾、促进农村建设稳定、提高农民生活水平中，都需要发挥新的作用和贡献(赵树丛，2012；胡运宏等，2012；Zhang et al.，2000)。同时，我们亟需认识到，林业产业在其中担当的重要角色和发挥的重大作用。在社会发展的新时期，通过加快林业发展，构建发达的林业产业体系，实现“兴林富民”是我国林业建设的主要任务之一(贾治邦，2007)。

(1)社会经济发展对林业产业发展有新的要求

2009年6月，中央林业工作会议的召开确立了林业的新地位，同时，也提出了加快林业产业发展的新要求(贾治邦，2010)。《林业产业振兴规划》明确了进一步发展林业产业的战略。《规划》指出，构建发达的林业产业体系，要进一步优化和调整产业结构，坚持体制创新、政策创新和科技创新，培育扶持林业龙头企业并发挥其示范和带头作用。在生态建设、提高社会就业率、增加农民收入等方面中充分发挥林业产业的作用(贾治邦，2011；张士锋，2010)。加快林业产业发展具有十分重要的作用，首先体现在维护国家生态安全上。只有不断发挥森林资源产生的经济效益，支撑社会对林产品的不断需求，才能促进生态建设持续健康的发展。林产品具有重要的环保功能，绿色产品在未来社会发展中的需求和优势将越来越明显，具有广阔光明的发展前景。同时，作为具有可再生性和天然健康独特资源，不仅仅是木质林产品会有更广阔的发展空间，非木质林产品将是人们不断提升生活品质的重要保证。随着人们物质生活水平的不断提高，对生活环境和生活品质的要求不断提高，进而对膳食的改善、健康营养、回归自然、放松身心的天然绿色需求将变得越来越明显。这对木材和竹材加工制造业、生物医药、森林服务旅游业的发展将提供巨大的发展空间。提高森林资源质量，增加林农收入，帮助林农就业是林业产业发展的最为重要，也是最为根本的目的，而产业化经营、规模化经营也是一条必然的途径。农民从林业生产经营中得到受益，必然也会提高其护林育林的积极性。林业承担的历史使命不仅是保护国家生态环境，更重要的是带动生活在林区中的农民脱贫致富，林业产业化发展在其中的重要作用显而易见。

(2)集体林权制度改革对林业产业发展的推动

作为重要的土地资源，集体林地不仅是重要的林业生产要素，也是林农最为基本的生活保障(孔凡斌，2008；李晨婕等，2009)。我国有集体林地1.70亿公顷，约占全国林地面积的60%。我国集体林权制度经历过多次改革(Lin，1992；Xu et al.，2010；Zhang et al.，2000)，但是长期以来还存在产权不明晰、森林经营主体没有落实、经营机制不灵活、利益分配机制不合理等问题，广大农民没有成为真正意义上的经营主体，集体林地没有成为农民就业增收的重要载体(梁霁等，2008)。在2003年，我国全面推进了集体林权制度改革，又在2008年6月8日，中共中央、国务院出台《关于全面推进集体林权制度改革的意见》，《意见》指出“集体林权制度改革是稳定和完善农村基本经营制度的必然要求，是促进农民就业增收的战略举措，是建设生态文明的重要内容，是推进现代林业发展的强大动力”。集体林权制度改革将资源的权属还于农民，但是如何真正将资源转化为资产，如何促进保障林农能够经营利用好自己的资源成为集体林权制度改革中一个亟待解决并且需要优化的问题。在不断地探索中，林业产业化发展，林业规模化经营则成为了保障和提升林农经营效率的重要途径，通过产业化发展，提升资源利用附加值，才能够真正达到兴林惠民的目的(贾治邦，2009，2011；刘家顺，2006；邢美华，2009)。通过林权制度改革而建立的林农合作经济组织，在集体林实施家庭承包经营的基础上，在林业产业发展中发挥积极的作用(Lillandt，2001)。因此，林业产业化经营在集体林权制度改革的不断深化中，将占据越来越重要的地位，也是提高林农收入的最主要的手段和方式(江机生，2008；宋家建，2008；Claudia，2004；Kurkz et al.，1981)。从推进集体林权制度的角度看，林业产业化发展将成为中国农村经济产业发展的一个重要部分。

2007 年全国林业产业大会召开后，国家和地方对林业产业发展进行大力的扶持，在政策措施上进行落实。我国传统林业产业稳步发展的同时，一些新兴特色产业也得到了快速的发展，诸如林下经济、森林休闲服务业、木质生物质、木本油料等方面。林业产业结构也呈现出较大的变化，2011 年，我国林业产业总产值超过 3 万亿元，比 2010 年增长了 34.32%。林业三次产业的产值结构由 2010 年的 39.05∶52.14∶8.81 调整为 36.14∶54.54∶9.32。林业产业总产值超过 2000 亿元的省份共有 5 个，分别为广东、山东、浙江、福建和江苏。在世界范围内，我国人造板、木竹地板、经济林产品、松香、家具等林产品产量都位居前列。2011 年，木材产量保持稳定，达到 8145.92 万立方米；锯材产量和人造板产量持续快速增长，分别比 2010 年增长 19.81% 和 36.19%；木竹地板产量快速增长，达到 6.29 亿平方米，同比增长 31.29%；木浆产量 823 万吨，比 2010 年增长 16.24%。各类经济林产品总量达到 1.34 亿吨；年末实有花卉种植面积 86.22 万公顷；全国森林公园共接待游客 4.68 亿人次，森林公园直接旅游收入达 376.42 亿元。林产品对外贸易额为 1203.33 亿美元，比 2010 年增加了约 30%。人造板、家具等木材加工产品出口量巨大。总体来看，林业产业对社会国民经济发展起到了重要的作用。

我国林业产业在良好发展的同时也存在一些问题和困难。我们可以发现，支撑林业产业的原料林基地效益不高、质量较差，虽然目前我国森林资源丰富，但是人均森林面积和森林蓄积量都还没有达到世界的30%。林产品缺乏高科技技术产品，深加工和精加工水平薄弱，对于高端、高科技的林业加工机械缺乏自主创新和制造能力，林产品科技含量偏低，导致整体林产品附加值较低。虽然近年来林产品总供求快速增长，但是国内仍然存在巨大的供给缺口，供给量远远小于消耗量，制约着我国林业产业的快速提升。资源培育业没能与加工利用业更加紧密的联系在一起，资源培育较为分散，规模化不够，加工企业与资源培源者之间的信息不对称，对资源培育行为的引导不够合理准确。尤其在中国的集体林区，虽然集体林权制度改革在不断地深入、林业规模化经营不断发展，但是大部分集体林区的林业产业发展水平处于初级阶段，林农的生活水平没有得到显著提高。总体来看，我国虽然已经成为林业产业大国，但还不是林业产业强国，林业产业及企业的竞争力和抵御风险的能力不高，集体林区林业产业化程度较弱。

因此在中国林业经济发展和集体林权制度改革的大背景下，中国林业产业发展的基本特征是什么样的？存在哪些问题？有哪些影响因素？未来产业发展的路径和模式选择应该是什么样的？现行林业产业政策有没有效率，应该如何来完善等就成为对林业产业研究的关键问题。基于此，本书选择中国林权制度改革和集体林区产业经济发展较具典型性的区域——福建省三明市作为实证研究和分析的对象，依据产业经济学的相关理论和分析方法对三明市林权制度改革后林业产业发展进行系统的分析和评价。这是本书选题的根本原因，进而提出本研究想要解决的问题。

1.2 问题的提出

由此可见，林业产业发展是兴林富民的重要手段，但是在发展过程中也面临重要的困难和瓶颈，林业产业发展的资源基础是森林，而占60%林地面积的集体林区又是森林资源的集中培育区域。因此，对中国传统集体林区林业产业发展的综合评价不仅能够了解林业产业发展的现状和特点，还能够发现林业产业在兴林富民的发展道路上遇到的各种困难，进而试图找出解决的方法。笔者多次在农村、基层调研，对中国林业产业发展的认识最初来源于农民、农村和基层县市，因此，本研究认为，现阶段对中国林业产业系统的研究和评价非常具有重要性和紧迫性，特别是对典型集体林区林业产业发展的系统梳理，对其他林区林业产业发展有重要的借鉴作用。福建省具有全国最高的森林覆盖率，林业产业发展也相对较快，2012 年全省林业产值已经达到 3078.03 亿元，林业是福建林区发展、农民致富的重要支撑。福建省三明市是我国重要的集体林区，也是中共中央国务院集体林区改革的实验区，是改革开放以来，两次集体林权制度改革的主要发源地，林业产业的发展不仅仅关系到当地林业的发展，也是三明市社会经济发展的重要支柱。基于目前国内外对林业产业发展高度重视（Brian et al.，2001；Keskitalo，2008；Egan，19997；FAO，2001），福建省三明市集体林区林业发展稳定快速，林业产业发展具有典型性和代表性，本研究从产业经济学的角度，希望能够对中国的典型集体林区林业产业发展做一些有意义的研究：

（1）如何全面的认识中国集体林区林业产业的发展

从产业经济学的视角，学者们对产业经济学内容体系的主要讨论主要有三种观点：产业经济即产业组织，针对于林业市场行为和林业企业组织（泰勒尔，1997；刘志彪，2003）；产业经济学的主要内容体系包括产业组织理论、产业结构理论、产业布局理论和产业政策理论（杨公仆，2008；史忠良，2007；王俊豪，2008；简新华，2001）；还有将产业经济学划分为多个部分的分类，包括经济发展理论、产业规律理论、产业结构理论、产业组织理论、体制条件分析（李悦等，2008）。林业产业的研究无论从哪种方式划分，都离不开兴林与惠民。目前关于林业产业某一类型的研究很多，而对集体林区林业产业综合系统评价很少。因此，能否对中国典型集体林区进行一个相对全面系统的林业产业发展评价，是亟待需要研究的问题。具体来说，本研究提出：林业产业结构是否合理，有什么特征？林业产业区域有什么特点，是否存在显著的差异性？林业产业组织形式是否有效率等几个问题。

(2)如何找出影响林业产业提升的影响因素

产业提升的研究是基于产业经济增长，同时将产业发展的评价范围更为广泛化，不仅仅是经济的增长，还包括中间消耗的减少以及产业结构的变化。三明集体林区作为中国林业改革的实验区和先锋，如何通过提升林业产业促进森林资源培育和增加林农收入，是政府和林业主管部门一直以来尤为关心和关注的问题。但是当前对于类似三明市的集体林区，林业产业发展过程中还存在诸多的问题和困难，如果通过找出其发展影响因素，提高林业产业水平，则对今后政策的制定和发展方向有一定的作用。笔者希望通过量化分析的方法，尝试找出影响中国典型集体林区林业产业提升的因素。

(3)如何综合系统的评价林业产业政策绩效

产业政策是产业经济的落脚点。林业产业政策的评估和实证分析研究是客观、公正的评价林业产业政策效果的基本途径。在前人的研究中，往往只是关注产业政策效果，而忽略政策本身在制定和实施过程中产生的问题(赵大晖等，1998；冯洁，2009；刘家顺，2006)。其实政策从制定过程就开始对政策的绩效结果产生影响和作用，也关系到最后产业发展的好坏。因此，对于林业产业政策实施过程中的可靠信息的反馈，显然也有助于决策者全面了解并及时纠正林业产业政策在实施过程中出现的偏差，进而可以通过调整政策的目标和手段，实现林业产业政策利益的最大化。笔者也希望通过对林业产业政策绩效的系统梳理和评价，对推进政策的民主化和科学化做一点贡献。

因此，本书将以中国典型集体林区——福建省三明市为研究对象，系统全面的阐述三明市林业产业发展现状，分别从林业产业结构，林业产业关联，林业产业组织，林业产业区域差异性，林业产业政策等方面反映特别是林改以后三明市林业产业发展过程不同方面的特点、问题和趋势，通过理论研究和实证分析，提出适合中国集体林区的林业发展的战略及政策。积极解决以上几个需要认真对待的问题，也是本书研究的初衷和落脚点。

1.3　研究目的和意义

1.3.1　研究目的

第一，总体目标：本书的研究目的就是在国家对林业产业发展提出新要求和集体林权制度改革兴林惠农等方面的大背景下，以福建三明市为具体的研究对象，运用产业经济学的基本理论，从产业结构，产业区域差异、产业组织等几个主要方面对三明市林业产业发展的现状和特点进行系统的梳理和分析，进而对影响三明市林业产业提升的影响因素进行分析，在此基础上，结合三明市整个林业社会经济发展的环境，综合系统的评价三明市林业产业政策的绩效，提出促进三明市林业产业发展的对策建议以及产业发展的可能的路径的选择。

第二，具体目标：产业结构、产业区域差异、产业组织、产业提升影响因素这四个方面是进行产业发展评价的最为基础的问题，本研究将其作为核心部分进行评价，揭示每部分的现状、特点、问题及成因。在此基础上，对新时期和新形势下林业产业的发展做一个具体的分析，达到对产业政策进行系统的评价的目的。

第三，基于对产业发展相关内容的分析，提出促进福建省三明市林业产业发展的具体对策和发展路径的选择，为建立完善的林业产业政策保障体系提供科学的依据。

1.3.2　研究意义

集体林区林业产业又快又好发展已经成为国家林业建设的一项重要内容，并且在发达的林业产业体系中处于越来越重要的地位，也对于林业兴林惠民的影响越来越大，但是对于集体林区林业产业综合系统的评价尚处于起步阶段，同时我国林业产业政策还需要进一步调整。因此，开展集体林区林业产业发展综合绩效的评估工作具有重要的理论与实践意义。

1.3.2.1 学术意义

林业产业发展问题是林业经济研究当中的一个重要领域，以往对产业发展评价的研究成果很多，但是相对来说对一个区域的特别是基于在国家提出新的林业产业发展战略和集体林权制度改革后的环境形势的背景下的，系统的产业评价研究还相对较少。本研究从学术角度来说，应用产业经济学，以产业发展理论为核心，并结合制度经济学和计量经济学的相关方法和手段，对一个典型的集体林区林业产业的发展做一个系统的评价和研究，是产业经济学在林业产业中运用的一个进一步的尝试，有一定的新意。

1.3.2.2 实践意义

本研究旨在为集体林区的林业产业发展，产业结构优化，产业政策的制定提供合理的政策建议。本研究通过理论与计量方法的结合，采用多元统计、计量经济学方法，全面系统地研究了决定或影响林业产业发展的内外部因素，并运用灰色相关分析等方法合理的将林业内外部产业的相关性进行分析，有效的测度相关部门产业对林业发展的贡献，对三明市林业发展评价提供了客观的依据。

1.3.3 内容构成

本研究主要应用产业经济学的理论和方法，以福建省三明市为研究对象，综合运用定性与定量分析方法，对三明市林业产业发展进行综合评价，主要内容主要包括几个部分：

第一部分主要包括第 1 章和第 2 章。第 1 章绪论主要包括本研究的研究背景、研究目的和研究意义。第 2 章主要为国内外研究综述以及本研究的理论基础，包括产业结构理论、产业组织理论等。

第二部分主要包括第 3 章到第 8 章。第 3 章主要概述了福建省及三明市社会经济和林业产业发展概况，总结了三明市林业发展的特点及存在的问题。第 4 章主要结合描述统计与灰色系统分析方法，并通过运用 Matlab 统计软件，分析了林业产业结构的现状、问题和变动趋势，林业产业内外部的关联关系和林业产业对地区社会经济发展贡献。第5章主要是研究三明市林业产业区域差异性，通过使用静态不平衡差、库兹涅茨比率、锡尔系数和区位商等指标对区域林业产业发展的总体差异性进行分析，并采用主成分分析法对区域林业产业竞争力进行评价，最后对区域产业布局进行分析。第6章主要对三明市林业产业组织效率进行分析，分别基于SCP范式和Logistic回归方法对林业企业和林农合作经济组织的组织效率进行评价。第7章主要构建三明市林业产业提升影响因素指标体系，运用典型相关分析方法进行影响因素确定，从而为如何提高林业产业水平提供基础的依据。第8章采取层次分析法和综合评价方法全面系统的对三明市林业产业政策绩效进行综合评价，具体包括政策制定评价、政策实施评价和政策效果评价，进而找出产业政策制定和实施中的问题。

第三部分主要包括第9章。基于前面分析对三明市林业产业优化提出相应的政策优化建议，并进行全文展望。本研究主要内容内部逻辑图如图1-1所示：

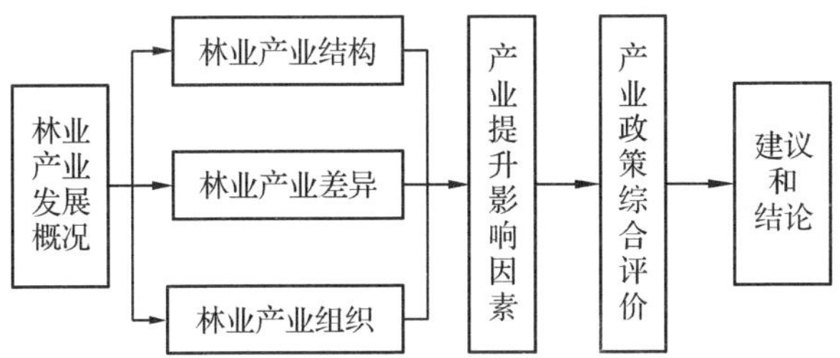

图1-1　内容逻辑结构图

Fig. 1-1　The research logical structure

第2章

国内外研究综述

本研究主要以产业经济学相关理论为依据，分别对论文需要用到的理论，产业经济发展的研究方法，以及相关领域的研究等方面开展了综述工作。

2.1 林业产业的界定

“产业是使用相同原材料、相同工艺技术、在相同价值链上生产具有替代关系的产品和服务的企业构成的集合”(石奇，2011)。《中共中央 国务院关于加快林业发展的决定》对林业做出了科学定位，即“森林是陆地生态系统的主体，林业是一项重要的公益事业和基础产业，承担着生态建设和林产品供给的重要任务”。不同专家学者对林业产业的界定也采取了不同的方式。沈国舫先生认为，林业产业是依托森林的生产功能来进行的生产事业(沈国舫，2004)。有课题组认为在广义上“林业产业是一个包括社会、经济、生态服务功能的产业群体”；在狭义上，“林业产业以森林资源为基础，通过技术和资金的手段组织生产和提供物质和非物质产品，从而达到获取经济效益的目的的行业”(中国可持续发展林业战略研究项目组，2003)。因此，基于前人的研究，林业产业可以界定为“通过保护、培育、经营和利用森林资源，向社会提供林产品和森林服务的物质生产兼生态建设事业”。

表 2-1　林业产业体系构成

Tab. 2-1　Forestry industry system constitutes

产业层次	分类	亚产业
林业第一产业	木质林产品生产业	木竹生产业
		经济林产业
		花卉业
	非木质林产品生产业	野生动植物驯养繁育业
		林副产品生产业
林业第二产业	木质林产业加工业	木竹加工业及竹、藤、棕、草制品业
		木竹工艺品及家具制造业
		造纸及纸制品业
		林产化学产品制造业
	非木质林产品加工业	驯养动物产品加工业
		林副产品加工业
林业第三产业	森林服务业	生态服务业
		森林旅游业
		其他森林服务业

《2005 年世界森林状况》指出，林业部门包括木材采伐业、木材加工制造业及非木质林产品的生产、采集和利用和相关服务活动（FAO，2005）。按照对森林资源的利用方式和所提供的产品和服务的形态，结合国际分类方法，本书将林业产业划分为林业第一产业、林业第二产业和林业第三产业三个产业层次，木质和非木质林产品生产业、加工业和森林服务业三大产业系列和若干个亚产业，见表 2-1 所示。

林业产业具有以下特征：森林资源的基础性；产品服务的多样性；公益效益的外部性；生产周期的多样性；森林资源的再生性；林业产业的关联性。

2.2 相关理论基础

2.2.1 产业结构理论

(1)产业结构理论的起源

产业结构理论的思想起源源于17世纪，一些学者为产业结构发展的研究起了重要的铺垫作用。

表2-2 产业结构理论起源

Tab. 2-2 The source of industrial structure theory

时间	出版物	代表人物	人物背景	主要观点
1672	政治算术	配第	英国古典政治经济学创始人	世界各国国民收入水平差异的关键原因是产业结构不同
1758 1766	经济表 经济表分析	魁奈	法国重农学派创始人	提出"纯产品"学说
1841	政治经济学的国民体系	李斯特	德国国家主义学派	国家的产业结构结构演进必须经济原始未开化时期、畜牧时期、农业时期、农工业时期、农工商时期五个阶段
1867	资本论	马克思	德国马克思主义创始人	社会在生产理论、两大步类均衡发展理论、生产资料生产优先增长理论
1874	纯粹政治经济学纲要	瓦尔拉斯	洛桑学派	说明国民经济中各个生产部门间的关系和每个部门对生产要素的竞争性需求

(2)产业结构理论的形成

产业结构理论的形成主要是20世纪30～40年代。代表人物主要有赤松要、库兹涅茨、列昂惕夫和克拉克等人。日本经济学家赤松要在1935年提出了著名的"雁行形态理论"，他认为要根据雁行形态的特点来制定产业发展的政策。美国经济学家库兹涅茨阐述了国民收入与产业结构之间的重要联系(西蒙·库兹涅茨，1989)。1941年，著名的计量学家、投入产出分析法的创始人列昂惕夫在其著作《1919～1929年美国经济结构》中深入分析和研究美国的经济结构，该著作在产业结构理论的发展中具有重要的意义。基于对不同国家、不同地区三次产业劳动力投入产出的探究，美国经济学家克拉克发现，人均经济收入的变化与劳动力在三次产业中的结构变化具有关联性，并呈现一定的规律性(石奇，2011)。

(3)产业结构理论的发展

在20世纪50~60年代，产业结构理论得到了较快发展，代表人物主要有列昂惕夫、库兹涅茨、赫希曼等人。

表2-3 产业结构理论发展

Tab. 2-3 The development of industry structure theory

代表人物	主要著作及贡献
列昂惕夫	1953年《美国经济结构研究》 1966年《投入产出经济学》 建立投入产出分析体系：投入产出分析法、投入产出模型和投入产出表等
刘易斯	1954年《劳动无限供给条件下的经济发展》 1958年《经济增长理论》 建立了二元经济结构模型；分析影响经济发展的经济因素和非经济因素
拉尼斯 费景汉	进一步将二元经济结构演变分为三个阶段
希金斯	阐述不发达国家的二元经济结构特征
赫希曼	1958《经济发展战略》 设计了不平衡增长模型
罗斯托	《经济成长的过程》 《经济成长的阶段》 提出主导产业扩散理论和经济成长阶段理论，认为产业结构的变化对经济增长具有重大影响，在经济发展中要重视发挥主导产业的扩散理论
钱纳里	发展了柯布—道格拉斯生产函数理论，认为在经济发展过程中产业结构会发生变化，对外贸易中初级产品出口将会减少，逐步实现进口替代和出口替代
霍夫曼	把结构性变量引入需求方程式，提出霍夫曼系数和霍夫曼定律
丁伯根	认为经济政策要运用包括调整结构的手段

2.2.2 产业布局理论

产业布局思想最早起源于李嘉图的地租理论和比较成本理论中的区域空间方面的问题。李嘉图的比较成本理论解释了区域分工协作和自由贸易的积极意义，提出了依据各自劳动生产率和劳动成本的差异进行互利发展的基本思路，因此成为了产业布局的区域分工和贸易理论的起源。19 世纪德国经济学家杜能发表了著名著作《孤立国农业与国民经济的关系》，开创了区位理论研究的先河，他所研究的农业区位问题也被称为农业区位论。德国经济学家韦伯于 1909 年和 1914 年发表了《工业区位论——区位的一般理论》和《工业区位论——区位的一般理论及资本主义理论》，提出了运费、劳动力和集聚是决定工业区位的决定性因素。古典区位论也被称为区位理论的成本学派。

在产业布局理论的形成和发展中，市场区位学派、成本—市场学派和地理区位尤为突出。1924 年美国经济学费菲特尔在《市场区域的经济规律》一文中提出贸易区边界区位理论，开创了区位论市场学派的先河。20 世纪 50 年代中期，艾萨德用数学分析的方法对韦伯的区位理论公式进行进一步推导，形成了成本—市场学派，这一学派的代表人物有胡佛、俄林、弗农等，系统地提出了选择工业厂址的原料、市场、劳动力供给的七大指向。1933 年，德国地理学家克里斯泰勒在《德国南部的中心地》中系统地阐明了中心地的数量、规模和分布模式，建立了中心地理论。

在二次大战后，西方一些学者以后起国家为出发点提出了增长极理论、点轴理论、地理性二元经济理论等，20 世纪 50 年代以来，形成了普莱德和邓尼逊为代表的行为学派以及社会学派、历史学派、计量学派和发展学派等。其中，增长极理论是在 20 世纪 50 年代，法国经济学家佩鲁在《发展极概念在经济活动一般理论中的新地位》所提出的。佩鲁主张政府应积极干预区域布局来推进建立增长极带动落后地区的发展。在此基础上，法国经济学家布代韦尔将经济空间的概念做了进一步的拓展和延伸。瑞典经济学家缪尔也提出了“循环累计因果理论”，即发达地区对周围地区会产生扩散效应和集聚效应。美国经济学家赫希曼又对区域经济不平衡发展进行了更为深入的研究，提出区际不平衡增长理论。增长极理论以区域经济发展不平衡的规律为出发点，作为区域经济发展的应用。

区域比较优势理论是基于增长极理论，对不同区域之间资源和配置效益的差异性的分析，认为产生差异的原因有两类，区域之间外部经济的差异和区域之间生产要素比较优势的差异。区域比较优势理论一方面涉及了马歇尔外部经济原理，另一方面集成了俄林生产要素禀赋理论，挖掘了不同区域比较优势落差对资源配置的作用，这也是本研究在后文对三明市林业产业区域差异性分析的基础。

2.2.3　产业组织理论

(1)产业组织理论的形成和建立

产业组织是指同一产业内部企业间的组织结构或者市场关系。产业组织理论的思想渊源可以追溯到亚当·斯密关于市场竞争机制的论述，但是把产业组织概念引入经济学的，是新古典学派经济学家马歇尔在1879年出版的《产业经济学》书中把产业内部的结构定义为产业组织。并在1890年著作《经济学原理》中将“组织”作为除生产三要素劳动、资本和土地外的第四生产要素。

1933年，美国经济学家张伯伦在其著作《垄断竞争理论》提出，在垄断竞争的市场结构中，企业具有决定产品价格的市场权利，垄断竞争理论为现代产业组织理论的创立和发展奠定了理论基础。张伯伦也被认为是现代产业组织理论的奠基人。

1940年，美国经济学家克拉克在《以有效竞争为目标》一文中，首次提出了“有效竞争”的概念，对产业组织理论的发展和体系建立产生了重大的影响。进而，经济学家梅森在此基础上研究认为有效竞争的市场结构及其形成条件为：市场结构基准和市场结构基准。

1959年，贝恩在《产业组织》一书中，系统地提出了产业组织理论的基本框架，标志着现代产业组织理论的基本形成，也标志着哈佛学派的正式形成。哈佛学派以垄断竞争理论为基础，将特定产业的分析归结为“市场结构(market structure)—市场行为(market conduct)—市场绩效(market performance)”的分析框架(简称SCP分析框架)，从而规范了产业组织的理论体系。如图2-1所示。

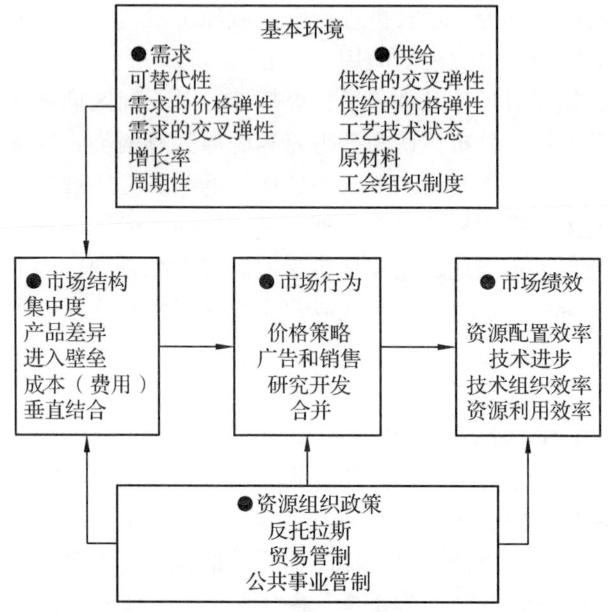

图 2-1　SCP 框架图分析范式

Fig. 2-1　The SCP framework diagram analysis paradigm

资料来源：史忠良，产业经济学，2005 年第二版，第 75 页

(2) 产业组织理论的发展

产业组织理论在发展过程中主要有几个主要主流学派和理论：芝加哥学派、可竞争市场理论、新奥地利学派和新产业组织理论，具体见表 2-4 所示。

其中，新产业组织理论运用博弈论的方法，扩展了由古诺、萨塔克尔伯格等建立的寡占厂商理论和由霍特林、张伯伦等提出的产品差异理论。博弈论为解释和分析不完全市场提供了良好的行为分析工具。同时，新产业组织理论还结合信息论和新制度经济学等分析发展，带动了产业组织理论的全面变革。

表2-4 产业组织理论发展

Tab. 2-4 The theory development of industrial organization

学派	时间	代表人物	主要观点
芝加哥学派	20世纪60年代	施蒂格勒、德姆塞茨、布罗曾、波斯纳	经济自由主义思想 绩效主义观点 政府管制俘虏理论
可竞争市场理论	1982年	鲍莫尔、帕恩查、韦利格	《可竞争市场与产业结构理论》: 认为良好的生产效率和技术效率可以实现，无需众多竞争企业的存在
新奥地利学派	20世纪70年代	米塞斯、哈耶克	注重市场竞争的行为性、过程性，主张自由放任的经济政策，强烈反对政府干预，抨击行政垄断
新产业组织理论	20世纪70年代	泰勒尔、夏皮罗、萨勒普、施马兰西、施马茨	策略性行为理论 融合新制度学派的交易费用理论 企业代理理论

2.2.4 产业政策理论

产业政策理论是产业经济理论中又一个重要的组成部分。产业政策的概念产生于第二次世界大战之后，但在此之前产业政策的思想及其实践就已出现。19世纪40年代，德国历史学派的代表李斯特(F. List)发表了他的名著《政治经济学的国民体系》，从历史的角度对各国的经济与政策进行了比较分析，并特别对比了英国的自由贸易政策与海外扩张政策，以及美国的关税保护与产业扶植政策，提出国家应在经济发展的不同时期采取不同的经济政策。

1970~1972年，联合国经济合作与发展组织(OECD)曾经编写其14个成员国有关产业政策的一系列研究报告，使产业政策第一次在世界范围内被普遍接受。当时日本经济学界为了给产业政策的制定与实施提供理论依据，对产业经济理论进行了广泛而深入的研究，取得了大量成果，如小宫隆太郎的《日本的产业政策》、筱原三代平的《产业结构论》、宫泽健一的《产业经济学》等。日本学者将以往的西方产业经济理论高度概括为一个新的理论体系，编撰出第一本以《产业经济学》命名的著作，标志着产业经济学的诞生。但是产业政策理论还没有形成一个完整的体系。当前产业政策存在的理论依据主要有以下几个方面。第一个是“市场失灵”理论，产业政策在弥补市场失灵方面的作用主要可以有助解决“马歇尔冲突”问题，可以帮助实现公共物品的供给，可以纠正由经济活动的外部性造成的“市场失灵”，并且可以减少经济活动中的信息不对称。第二个是后发优势理论。该理论源于古典经济学李嘉图的“国际分工和比较生产费用学说”。但是德国经济学家李斯特批判并发展了李嘉图的理论，提出了“动态比较费用学说”。日本利用这种“动态比较优势”和“后发优势说”进行产业扶持，并取得了很好的效果。第三个是结构转换理论。其中，英国的克拉克、德国的霍夫曼和美国的库兹涅茨等人都对经济增长与收入提高过程中的产业结构变化规律进行过研究。日本学者将结构转换理论称作“产业结构高度化理论”，提出必须通过实行从低级到高级的适时转换，一个国家的产业结构才能实现赶超和保持领先地位。第四是规模经济理论，该理论被日本学者给予了重视和进一步发展。第五是技术开发理论。

产业经济学的相关理论在彼此之间都存在直接或者间接的联系，需要综合的进行参考和参照才能对产业发展的研究有一个全面系统的认识。通过对产业发展相关理论的综述和回顾，可以对本书中产业结构，产业组织，产业效率，产业政策等方面的研究做一个全面的理论铺垫。

2.3 产业经济发展的计量方法研究综述

由于产业经济的研究涉及的内容众多，定性分析和定量方法都有大量的研究，对于定量研究也涉及了大量的模型和方法。不同产业间的发展存在差异性，但是在研究方法上也具有共性。

对于产业结构优化和产业内外部关联性的研究，除定性分析外，利用灰色系统建立 GM 模型是较为常见的方法(李晔，2006；林如青，2002；李兆庭，2010；张爱美，2008；周莉等，2010；李元元等，2006；王桂涛等，2011)，还有用系统工程方法(张智光，2003)、时间序列法(武小琦，2008)、建立空间趋势面模型(杨先卫等，2005)

以及神经网络模型(吴兴华，2010)等研究产业结构问题。对于产业关联，尤其基于全国或省级某产业的产业关联的研究、对于个别因素如资金要素、技术要素等对产业发展的影响分析或是产业对区域社会经济发展贡献度分析时，投入产出方法具有广泛的适用性，并且根据不同的目的进行演变和延伸，比如动态投入产出分析，T型关联度分析等等(Brian et al.，2001；Chert，2000；Clive，1997；Carter，1970；Hussain et al.，1996；Lukewille et al.，1993；Tofii et al.，1984；陈诗波等，2007；陈同英等，1993；陶黎等，2006；康清恋，2011；胡明形等，2011)，投入产出法主要是基于投入产出表，进行模型编制和计算。DEA方法在林业投入产出效率中的运用也比较多，赖作卿等(2008)运用了DEA方法，对广东21个城市的林业4个投入指标和3个产出指标进行分析，得出各个城市的林业投入产出效率值、纯技术效率值、规模效率值和规模效益，进而对广东林业投入产出效率的区域平均值进行比较分析，结果表明增加林业投入可以有效提高广东林业投入产出效率非有效城市的林业投入产出效率。吴海民(2008)在其博士论文中要利用非参数DEA方法从静态角度测度了1980～2006年中国工业经济的运行效率水平，并利用Malmquist指数按照地区特征、行业特征、产权特征、结构规模特征等分类标准对工业经济运行效率逐一进行了动态分解。

对于产业区域竞争力和产业集群的研究有众多不同的视角，有基于林业整个产业的，有基于林业产业中不同木材产品的，还有对林业区域发展差异的研究。在对林业区域竞争力的分析中，主成分分析和聚类分析使用最为广泛。有学者用主成分分析方法对全国不同省份的林业产业综合竞争力进行评价(胡申，2012；张晓星等，2010；英磊等，2010；田云等，2012；孔凡斌，2010；奉钦亮等，2010，2012；黄蓓等，2011；陈丽蓉，2011)。对于林业产业组织研究，大多是以定性分析为主(程云行等，2003)，并结合实证调研进行阐述林业产业组织运行及优化问题，其中基于林业企业和林业产业市场的研究SCP范式为主要的分析方法。分别有学者就林木种苗产业组织、林产工业产业组织等方面进行研究(顾介华等，2008；陈向华等，2007)。在农村林业产业组织研究方面，有学者结合林改对林业产业组织进行发展定性分析(洪燕真等，2009)，也有基于农户层面的对林农合作组织意愿进行回归分析(郭红东等，2004；李华等，2010；黄和亮等，2008)，国外学者也有众多农民参与意愿的回归分析和因子分析(Atmiş et al.，2009；Guy 2005；Joshi et al.，2011；Young et al.，1987)。产业集群研究分布于不同产业之间，有学者用系统动力学对资源型产业集群、林业产业集群生态系统进行研究(张会新，2009；张占贞，2011；严北战，2007)。

典型相关分析在产业经济发展，产业提升影响分析中较为普遍，尤其在农业经济增长的研究中，胡振华等(2010)运用典型相关分析的方法对产业集群与区域农业经济增长关系进行研究，还有对农业经济增长影响因素的计量分析中也用典型相关分析方法(罗发友等，2011；周波等，2006；杨振宁等，2006)，高淑媛(2006)也对北京区域林业经济发展影响因素分析中使用典型相关分析方法。在政策评估中比较分析法较为常用，并结合定性分析对于事前和事后进行对比分析，也有运用层次分析法，多目标综合评估法，构建评价指标体系，进行模糊综合评价(韩小威，2006；胡运宏等，2012；冯洁，2009；郭峰，2005；王昌海，2011)。

此外，大量运用的还有社会调查和案例研究。产业经济学的实证研究，必须以基于反应产业各方面实际情况的资料为前提。案例的选择和需要，也基于社会调查。综上所述，在研究产业经济、产业发展问题中，有多种计量方法和多元统计方法的运用，由于产业问题涉及面众多，本书根据研究需要，对涉及的具体问题进行了研究方法的综述，因此，在获取实际数据的基础上，综合采用计量和统计分析对三明市林业产业进行综合的评价。

2.4 林业产业相关领域研究综述

目前，国内外对林业产业研究的研究主要单方面的集中在几个方面：①林业产业结构调整优化方面；②林业某一具体产业集群的研究；③木材产业等产业竞争力研究；④林业产业组织发展；⑤林业产业政策评价的定性分析。尤其是对于林业产业中具体行业的单一性分析较多，系统性的林业产业发展评价方面的研究较少。

2.4.1　林业产业结构研究综述

国内外对产业结构研究的内容有以下几个方面：产业结构合理化研究、产业结构内部联系，产业结构协调发展和演变规律等方面。

林如青应用灰色理论，分析了福建林业经济结构特别是林业三次产业结构之间对总产出的影响程度及优势预测，并提出了对福建现有林业三次产业结构进行合理调整和优化的政策建议(林如青，2002；杨云，2005)。张智光等(2004)在对林业产业结构调整的研究中，分析了产业结构调整的战略目标和战略方案体系，分别对林业三次产业提出优化建议。耿玉德(2006)通过分析描述了黑龙江省国有林区林业产业种类及其分布情况、产业结构状况，指出该省的林业产业结构调整与优化的模式。郭树华回顾了河北省林业经济结构演变过程，对河北林业经济结构调整进行评价，分析了林业经济结构严重失衡的原因，提出了林业产业结构调整对策(郭树华等，2000)。张桦等(2003)通过对世界林产品的生产、消费，贸易结构，地区结构分析，归纳出了世界林产品结构的演进方式及林业产品结构变化趋势。陈益民(2007)通过案例研究和系统分析，指出南平市林业三次产业内部结构调整，其战略重点是以第二产业的调整为依托，来带动第一产业的发展，并快速提升第三产业的发展。林业第一产业调整的重点在于建立资源培育长效机制；第二产业调整应围绕技术创新、清洁生产和实施名牌战略；第三产业调整要以林业社会化服务为基础，重点发展森林旅游业。陶黎(2006)在明确林业产业划分的理论基础上，以江西林业产业统计数据为依据，运用投入产出分析中的产业关联指标分析林业产业结构，得出了江西林业产业的产业发展阶段及产业结构特点，提出了优化江西林业产业结构优化的林业产业发展战略。

总而言之，对于林业三次产业结构的研究主要是从定性方面的分析，也有结合定量分析方法对三次产业产值与林业总产值之间关联关系进行计量，进而提出优化调整的对策建议。但是对于三次产业内部的亚产业的结构分析还属空白，本研究基于在对林业产业结构总体趋势分析的基础上，也对内部亚产业之间的关系进行了研究。

2.4.2 林业产业区域差异性相关研究综述

对于林业区域产业差异的研究有通过对基尼系数、锡尔系数等单个指标进行分析，也有对区域产业竞争力方面的研究，研究多是基于波特的“钻石理论”，进而对指标体系进行调整和修改。

陈丽蓉(2011)对中国林业经济区域差异性分析做了全面系统的研究，通过基尼系数和锡尔系数指标的计算，分别分析了国民经济发展差异性、林业区域森林资源与投入差异性，指出林业第二产业和林业第三产业区域差异性显著；同时，对中国林业区域经济差异性影响因素进行分析，指出森林资源禀赋、生存资源禀赋、区域经济发展水平及产业结构、区域农业经济发展与环境投入和政策制定因素都与林业产业区域差异的产生有影响。田云等(2012)通过建立林业产业综合竞争力评价体系，列出产业发展水平指标和产业发展潜力指标，计算出全国 31 个省市的林业发展水平以及发展潜力的排名差异。胡申(2012)使用主成分分析及聚类分析方法对中国林业产业区域竞争力进行分析，进而分别对东部地区、中部和东北地区、西部地区的产业竞争力提升提出对策和建议。黄蓓等(2011)提出林业产业竞争力模型的八个因素：政策环境、社会环境、资源因素、设施因素、供应商和相关辅助行业因素、公司的结构、战略和竞争因素、本地市场和外部市场因素，利用专家打分法对不同因素打分，优化了林业产业竞争力指标体系构建。此外，还有其他学者通过定性研究结合主成分分析法、产业集聚指数等方法对林业产业区域竞争力进行研究(奉钦亮，2009；张晓星等，2010；英磊等，2010)。

本研究就是基于对前人研究的结论，并结合三明市林业产业发展特点，构建指标体系，对三明市林业产业区域差异性和竞争力进行分析。

2.4.3 林业产业组织相关研究综述

1981 年，中共中央、国务院发布《关于保护森林，发展林业若干问题的决定》后，林业“三定”工作在全国展开，标志着林业改革的正式开始。其运作方式是仿效农业产权制度改革的模式，也是以林地所有权与使用权相分离、林地经营权由集体向农民手中转移为特点。此后，也有不少学者对林业产业组织进行研究。

程云行(2003)等通过讨论林业产业组织创新的理论基础，解释了组织与经济绩效的关系，论证了林业产业组织创新是林业产权制度改革和市场竞争的要求，总结了林业产业化经营的三种组织形式。得出现阶段林业组织变迁应该重视的问题，要强调家庭经营，扶持林业龙头企业的发展，鼓励发展林业合作经济组织。指出在市场经济条件下，组织因子对林业经济绩效的贡献越来越大，重视林业产业的组织创新，以保证林业可持续发展。牛文等(2006)对中国产业组织优化的路径选择做了对比分析，分别研究了产业组织优化中的政府行为和市场机制，提出要充分发挥上市公司在林业组织优化中的积极作用。

陈卉(2002)分析了我国林业产业组织结构的矛盾，指出林业“分类经营”相关配套政策没有落实到位，影响了造纸业等产业链向上游延伸的积极性，产业组织结构发育不健全，资本循环链条断裂，产业组织结构不合理。总结了自办林场模式、合作造林模式、有偿投资模式和股份制造林模式几种国内林产业组织发展模式的面临的主要融资模式矛盾，从而提出政策性银行扶持林浆纸产业化发展的整体思路。廖浪涛(2002)通过对产业市场经济规模、林业资源配置等的分析，计算出了林业企业的集中度，分析了林业企业的发展壁垒，总结了江苏林业产业组织政策要点和未来发展趋势。杨长峰(2007)探讨了东北国有林区林产工业产业组织结构重构问题。

很多学者运用 SCP 范式对我国或者省区相关产业的组织发展进行了评价，王芳等(2009)对中国天然橡胶产业组织进行了优化研究，陈向华等(2007)基于 SCP 范式对黑龙江林产工业产业组织进行了分析，并提出了优化方案，尹少华(2005)对湖南林产工业产业组织进行了实证分析，提出了优化湖南林产工业产业组织、全面提升竞争力的对策建议，申亚南等(2007)基于 SCP 范式，以产业组织分析为基础，对我国城市园林绿化产业进行了分析，顾介华等(2008)考察分析了甘肃省林木种苗产业组织，以及提出了优化建议。

也有一些是基于产业组织制度，研究林农生产经营模式等具体某一个方面。刘燕(2006)在其博士论文中以中国南方竹林产区为研究对象，以社会生态经济系统中的政府、企业、竹农的行为导致的现实组织制度为主线，指出现存竹产业组织制度中对竹农权益保障的局限性。王燕(2007)基于产业组织等理论，研究我国人造板产业发展的动力因素。

此外，在微观层面，也有好多对产业组织经营形式的研究，有林业合作组织方面的，“公司+农户”经营模式的。很多学者从交易费用理论、公共选择理论、组织理论等论证在林业中开展合作组织的必要性。有些研究关注了林业合作组织治理结构，在资金筹集、政府角色定位等方面加以探讨。但目前关于福建省林业合作组织效率和组织模式的研究相对较少。从组织的性质上看，我国林业合作组织主要有专业协会和专业合作社两大类。从组建方式看，主要有农民自主组建型、乡村集体组建型、企业带动组建型、政府部门扶持组建型、国际组织扶持组建型等。从微观的角度，结合福建省的实际调查，研究了林农参与合作经济组织的影响因素。结果显示，靠近城区的农村和经济发达的农村，由于林业并非其主要收入来源，林业合作经济组织发展较快。相反，以林业为主的偏远地区偏向于联户经营或者独户经营。洪燕真等(2009)提出在福建开展“公司+林业合作组织+农户”的组织形式。李阳(2009)主要从林业市场中介组织的内涵入手，研究分析我国林业市场中介组织的发展现状及其存在的问题，提出了“事业组织+农户”、“公司+农户”、“合作社+农户”等三种可能的发展模式。

2.4.4 林权制度改革对林业产业影响研究综述

基于对福建省三明市林业产业的研究，当地集体林权制度改革对林业发展有着重要的作用。许多学者也研究探讨了林改与林业产业发展的影响。集体林权制度改革对林农的生产行为产生了巨大的影响，主要表现在以下几个方面：林改后林业科技提高了林农的生产能力，改变了林农的生产观念，以及生产经营方式的改变，农户林地流转行为的转变，提高了林农的收入。

梁霁(2008)研究了集体林权制度改革的内部动因。唐峻东(2008)分析了推进集体林权制度改革对贫困山区林业产业有以下几个方面的影响：一是从人的因素上产生影响；二是从生产资料上产生影响，农民赖以生存的空间得到扩张；三是从生态文明建设上产生影响，人与自然的和谐得到统一；四是从林业发展上产生影响，林业多样化需求得到满足；五是从地方经济发展上产生影响，林业基础地位得到巩固；六是从社会大局稳定上产生影响，"三农"工作局面得到突破。吕杰(2008)在研究中基于辽宁省8个县(市)340户林农调查数据，对集体林权制度改革以后林业产业的发展变化和林农(包括村集体)主观意愿2个方面进行统计分析，指出集体林权制度改革后林业产业发展仍存在3个主要问题：资金问题、采伐限额以及缺少林业合作组织。由此提出加大林业投入、开展林权抵押业务、适度放开采伐限额制度以及推进林业合作组织发展、加强技术服务体系建设等对策建议。宋家建(2007)通过介绍福建省集体林权制度改革的情况，指出林权抵押贷款和森林保险、商品林采伐管理制度改革、林业服务体系建设、林业合作经济组织建设、林业综合行政执法和林权登记管理、生态公益林管护机制改革、规范森林资源流转等方面都有了新的突破。林改促进了福建林业产业的快速发展，主要表现在林改促进了森林资源增长，延缓了农村劳动力外流，促进了农村社会和谐，促进了产业集群的形成，推动了林业产业的全面发展。

张放(2007)在研究中指出，集体林权制度改革后，广大林农渴求科学技术并形成了需求的多样化，为山区经济建设和农民增收提供科技服务成为林业科技工作的主要任务。张敏新(2008)指出集体林权制度改革的根本动因是农民与政府之间的反复博弈。林业市场化进程与农村社会政治体系的重构加速了集体山林统一经营制度改革的步伐，农民对集体山林产权需求和博弈能力的提高推动了集体山林私有化进程，初始产权界定、政府行为定位以及农民权利和利益保障是我国集体林权制度的基本任务。李娅(2007)采用参与式农户社会调查法，对江西省三个案例村的集体林权制度改革的实施情况进行分析，江西省林改取得了显著的效果，主要在农户生活水平提高、林业生产积极性提高、农村社会更加和谐等方面。集体林权改革以后，林业经营水平较低、林地流转尚未规范、采伐限额管理制度不完善、公益林补贴标准低等问题仍亟待解决。应该提高林业经营水平，促进规模经营，提倡“公司+基地+农户”的产业化经营模式。张蕾(2008)指出，林改后农户林地面积明显增加的同时也面临规模化经营的问题。

基于以上研究回顾，对于林改对林业产业的影响方面，大多是定性的描述和分析，主要研究方向为林改的内部动因，林改的产业发展的作用，以及林改后产业发展存在的一些问题，但是缺乏林改影响林业产业的因素分析，现有研究可以为本研究提供一些思路，本研究也将在前人的研究基础上，对林改对林业产业发展的影响做一个全面的分析。从微观农户角度对集体林区制度改革的研究很多，有些学者从理论的角度阐述林改对农户的影响；大多数研究采用定量的方法进行分析，如采用 logit、probit 等模型分析农户林地流转意愿、林农参与保险的意愿、农户对公益林补偿的意愿，林改是否对农户的收入产生影响等；个别学者采用联立方程分析林改的绩效。还有一些研究是采用农户层面的数据做简单的描述统计分析，对比林改前后的变动等。这些文献，分别从不同的侧面对林改的各个相关方面进行研究，特别是关于林改对农户行为影响的研究居多，主要涉及生产投入、保险需求、投资意愿等方面；另外一个是对林改结果的评估，由于时间比较短，评估的文献较少；但都采用实证分析的方法，建立模型来进行分析。许多研究还局限在改革前与改革后观察结果的对比，并没有区分出变化的原因是否是由于制度变动所引起的。但是上述的研究中实证研究居多，很少与相关的政策变量相关联，很难上升到政策的层面。

2.4.5 林业产业增长影响因素研究综述

国内外对林业产业与经济发展研究的主要内容有，林业产业化发展中产生的问题及成因，林业可持续发展评价，林业经济增长的影响因素等方面。

肖泽军(2006)实证研究分析了林业产业结构的变动对林业经济增长的影响，指出林业经济增长与林产品产值和竹木采伐的关系最大。杨加猛(2008)在对林业产业链的研究中，产业水平提升与林业产业布局调整有重要的联系，研究表明自然因素、社会因素、经济因素和技术因素对林业产业水平发展都产生较大的影响。董岳(2009)通过对比分析及辩证分析的方法，论证分析了实施产业化，从宏观上需要全社会对林业的全面认识、林业市场体系的完善、适度的政策扶持、加强领导与协调、建立完善的社会化服务体系等；从微观上要求林业企业自组织能力的提高、科技水平的提升、企业间关系的理顺等。同时，通过总结林业产业的内在特点和发展规律，对泰安市宁阳县速生丰产林产业化的发展进行了实地调查研究。郭仁鉴(2001)以浙江省淳安县县级行政单位为研究对象，用县域林业可持续发展理论研究中所提出的基本原理和指标体系，根据淳安县近年来的自然—社会复合系统以及林业系统的变化发展趋势，定量测度了该县可持续发展能力的指标值：资源丰富度为0.54，系统稳定度为0.69，经济富强度为0.49，管理力度为0.38，对淳安县林业可持续发展能力进行了评价和分析。孙建(2004)在分析林业生态建设与产业发展关系、论述林业产业发展必要性的基础上，提出林业涉及国民经济第一、二、三产业的多个门类，认为市场经济条件下对于林业产业的发展，政府应给予必要的干预和调控。韩杏容(2006)在概述了经济增长模式理论的基础上，分析了林业经济增长的动力因素，以系统论的观点提出了以林业资本、人力、技术、制度为动力因素，四者之间相互作用的林业经济增长整合模式框架。费本华(2007)分析了中国现代林业建设的国内外背景，论述了现代林业建设的基本内涵、总体要求与主要任务，针对林业产业建设问题，在总结林业产业现状、发展机遇与挑战，并借鉴国外人工林产业发展经验的基础上，提出了现代林业产业发展的基本思路、重点和政策措施。高淑媛(2006)在对北京林业产业增长影响因素分析中，构建了相应指标体系，指出区域林业产业发展受内因和外因的综合影响。还有学者构建了林业产业发展综合评价指标体系，也有学者通过数据计算得出区域林业对社会经济发展的贡献度(曲秀芹，2009；康清恋，2011)。

总的来说，对林业产业与经济发展的研究以及对于林业产业发展政策建议很多，但大多是定性分析和简单的定量分析，也缺乏对提高林业产业水平的定量研究，本书基于对已有研究成果的借鉴，对提高集体林区林业产业水平进行了定量的影响因素的梳理和筛选。

2.4.6 林业产业政策绩效评价研究综述

产业政策评估亦称产业政策评价，世界上政策评价始于美国。国外学者对政策评价的研究主要有：①对政策评价、政策评价标准和评价方法的界定。②对政策评估模式的研究。③探讨应用数学模型及定量研究方法开展政策评价的实证研究(Rozelle et al.，2003；Wang et al.，2004)。国内学者对产业政策评价的研究主要集中在以下几个方面：①对公共政策评价理论的梳理。②对国外政策评价理论的研究。③对我国政策评价理论与实践发展的评述(郭峰，2005；韩小威，2006；胡运宏等，2012；赵欣，2009)。

目前我国有关林业政策方面的研究大部分是局限于对某一个具体政策的评价，比如森林采伐限额制度，六大工程政策等，而缺乏区域整体性的研究评价，具体针对林业产业方面更为有限。冯洁(2007)以天然林保护政策为案例评价了其政策的合理性，分析了我国林业政策存在的问题并提出政策建议。该作者其后构建了福建产业政策评价的指标体系，即通过社会效益、经济效益和成本投入指标来进行评价(冯洁，2009)。刘家顺(2006)在其博士论文中回顾了中国林业产业政策的发展历程，定性的分析评述了中国林业产业结构、产业组织等政策，提出优化林业产业政策的对策建议。范繁荣(1999)通过分析世界林业产业政策的发展趋势，指出了对福建省林业产业政策的影响，提出了林业产业政策制定建议。

当前，我国对林业产业政策评价的研究中，主要是侧重某一个具体工程或者项目的评价，与现代公共政策联系不够紧密；而且，大多是评价是定性分析，缺乏定量分析，科学性较差；评价中不够完整，缺乏系统综合的评价指标体系构建。本研究则是首次对集体林区林业产业政策进行定量的分析和评价，并科学的创建了指标评价体系。

2.5 文献研究评述

从现有国内外文献回顾可以看出，本研究所依据的相关理论较为完备，关于林业产业结构，林业产业区域差异性、林业产业组织、林业产业政策等林业产业发展问题的相关领域的研究积累了大量可借鉴的研究成果。总体而言，有关产业发展的研究，具有以下典型特点：

第一，在研究理论上，有丰富的与产业经济学相关的理论基础，可以为本研究提供很多的参考，同时结合制度经济学的相关理论进行分析研究。

第二，在研究方法上，既有定性研究，也有大量的定量分析，研究方法形式多样，在产业经济发展方面主要有比较分析法，计量经济与多元统计方法，基于本研究的研究内容主要参考计量经济方面和比较分析法，由于在林业产业的 SCP 范式评价的研究很少，本研究将尝试创新性的运用此方法，分析林业产业组织。

第三，在研究对象上，对于林业产业的研究，多是集中于单层面的研究，缺乏系统性和整体性的分析。

第四，在林业产业评价方面，对一个特别是林改后典型区域的系统林业产业的评价分析较少，对三明市尚属空白。

第五，在产业政策绩效研究方面，上述的研究可以看出，实证研究居多，评价方法绝大多数采用定性分析和简单推断，所应用的评价方法缺乏科学性，很难上升到政策的层面，本研究将构建林业产业政策绩效评价综合指标体系，并进行定量研究。

鉴于此，本书将在产业发展理论基础上，在对林业发展要求不断变化以及不断推进集体林权制度改革的条件下，针对性的以三明市为例，系统的研究集体林区林改后林业产业发展问题，及影响其产业水平提升的因素，并提出林业产业发展的模式选择。如何建立一个统一的分析范式，来考量林改背景下林业产业发展的问题，不仅需要定量和定性方法的结合运用，也需要规范和实证方法的结合运用。为此，本研究在研究视角的选择方面具有一定的创新型，在研究方法的确定方面则存在一定的挑战性，本研究在理论和实证方面都有一定的现实意义。

第3章

三明市林业产业发展现状

2010年，福建省在“十二五”规划建议中提出建设“森林福建”的口号中，提出要构建完备的森林生态体系、发达的森林产业体系、繁荣的森林文化体系。林业产业体系作为“森林福建”的三大体系之一，不仅是重要的基础产业，涉及国民经济第一、第二、第三产业的多个门类，而且是福建新农村建设中，农民增加收入，提高就业的重要途径。

3.1 三明市自然环境和社会经济概况

3.1.1 自然条件和区位概况

三明市位于福建省中部连接西北隅，地处北纬25°30′～27°07′，东经116°22′～118°39′之间，东邻福州市，西邻江西省，南依泉州市，北接南平市，西南靠龙岩市。2011年，全境总面积22959平方公里，占全省陆地面积的18.9%。其中耕地面积占土地总面积的8.37%，林地面积占土地总面积的82.5%，三明市自然概貌为“八山一水一分田”。全市现辖2区1市9县，分别为三元区、梅列区、永安市、明溪县、清流县、宁化县、大田县、尤溪县、沙县、将乐县、泰宁县、建宁县。

三明市地形以山地和丘陵为主，全境地势总体上西南部高，北东部低，海拔最高1858米，最低50米。主要有沙溪、金溪、尤溪，都属山区性河流，水量充沛且季节性变化大，水资源丰富。后期属亚热带季风气候，多年平均降水量1519～2044毫米。三明市拥有由丹霞地貌、卡斯特岩溶地貌、火成岩地貌形成的自然风景区和自然保护区。

3.1.2 社会经济概况

三明市总人口达273.35万，其中农业人口200万。2011年三明市生产总值1211.81亿元，其中，第一产业产值195.29亿元，第二产业产值610.89亿元，第三产业产值405.62亿元，农林牧渔总产值313.16亿元。地方级财政一般预算收入6453.68亿元，城镇居民人均可支配收入20778元，农民人均纯收入8205元。

三明市社会经济发展快速，自“七五”以来，各个时期地区生产总值年均增长速度达到11.54%，由图3-1所示，“七五”时期到“十五”时期，地区生产总值持续增加，在“十一五”时期发展最为显著。从地区三次产业产值来看(如图3-2)，在“七五”、“八五”和“十一五”时期，第二产业产值占地区生产总值的比重最大，而“九五”和“十一五”时期，第三产业产值占地区生产总值的比重最大，相对来看，第一产业产值增长幅度最小，第二产业发展最为迅速。

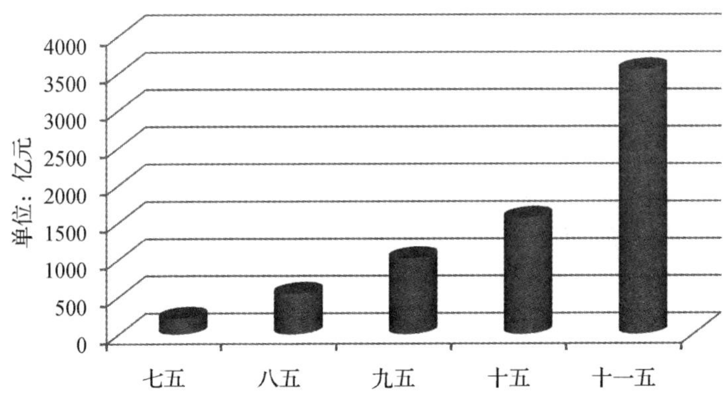

图3-1　三明市各个计划时期地区生产总值

Fig. 3-1　Regional GDP of Sanming City in each plan period

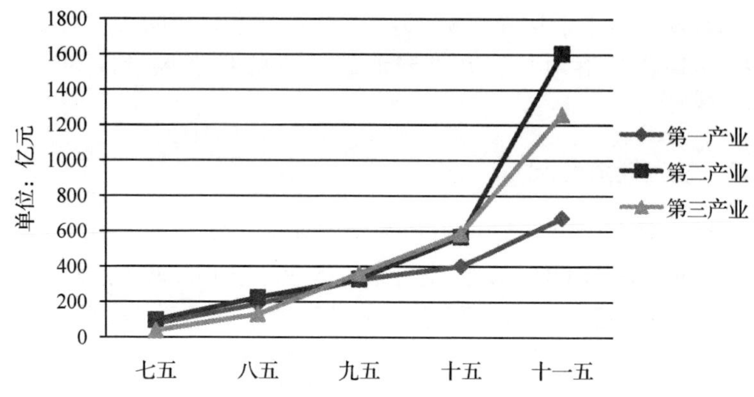

图 3-2　三明市各个时期三次产业产值

Fig. 3-2　Thrice Industrial output of Sanming City in each plan period

3.2　三明实验区林业发展历程

三明市作为福建省集体林权制度改革实验区，在全国及全省林改、林业经营变动的大背景下，三明市经历了全面探索、重点突破以及深化推进阶段，三明市林业发展以建立集体林区改革实验区为契机，当地林业经济、林业产业在改革实验区的发展过程中不断地探索(王怀毅，2008)。

(1)全面探索阶段

1988～1992 年为全面探索阶段，按照福建省政府批复的《三明集体林区改革实验的总体方案》(闽政〔1988〕综 226 号)中的指示，对森林资源培育和管护制度进行项目实践，涉及杉木马尾松培育制度、速生丰产培育，开展森林病虫害防治体系建设、森林防火安全制度构建等方面；为促进林业市场的繁荣，建立了森林资源资产管理制度，有效地激发了林业生产的积极性，并推进林业产业经济的发展；在林业资金使用方面，改变木材规费征收方式，规范了育林基金的使用和管理，提高了生产性支出比例，有效的促进育林基金使用效益的提升；探索现代林业企业制度，促进笋竹产业的发展，并创立了福建永安林业股份有限公司，将森林资源作为生产对象，对林业管理体制改革提供了有益的经验。

(2)重点突破阶段

在 1993 ~2002 年之间，福建省政府推出《关于加快三明集体林区改革试验的若干政策措施》(闽政〔1992〕综 352 号)，三明市主要围绕林业经营体制等问题推进产业发展。三明市开展林业分类经营改革，划定了 26% 的林地为生态公益林，得到补偿资金 1. 86 万元，对森林生态功能的改善起到了巨大的促进作用；三明市林业企业通过改革，享有独立管理职能，实现了政企分开，在市场规律中寻求发展。国有森工企业实现改制，放开搞活小型木材加工企业。在此阶段，开始推进集体林权制度改革，主要落实了以家庭承包经营为主、多种经营形式并存的林业生产责任制，并对木材进行自主经营，简化了产销中间环节。同时，林业税费项目减少，税费计征价显著下调，减轻了林农的税费负担，切实提高了林农的林业收入。

(3)深化推进阶段

三明市根据福建省《关于推进集体林权制度改革的意见》(闽政〔2003〕)全面推进集体林权制度改革。在完成主体改革后，工作重点转向积极加强配套措施的制定和完善方面。根据三明市的区位优势，进一步推进海峡两岸的林业合作交流，成立了海峡两岸(三明)现代林业合作实验区，创立了清流台湾农民创业园等重要的产业合作载体。从 2003 年以后，林业产业发展被进一步定位和推进，林产工业和生物医药产业被确定为全市重点培育产业。同时，进一步培育人造板及木竹加工、纸及纸制品、林业化学产品和森林食品，制定并出台了《三明市林业产业发展导向细则》，对林业企业进行清理和整顿。对木材采伐审批、登记等方面进行服务升级和改善。在此阶段，林业产业得到了快速的发展。

总体而言，三明市林业发展在不同的阶段，林业产业发展的目标、特征也各有差异。

3.3 三明市林业发展现状及特点

3.3.1 三明市林业发展现状

三明市作为福建的重点林区和全国集体林区改革实验区，森林资源丰富，生态环境良好。三明市森林覆盖率达到76.8%，共有林地面积189.47万公顷，活立木蓄积量1.15亿立方米，毛竹储量3.8亿株，人均林木林地资源居全省第一。林业产业总产值约占工农业总产值的20%，林业是三明市经济的支柱产业。近几年来，三明市不断深化集体林权制度改革，发展林业产业，三明市林业在全市经济社会发展中的地位和作用十分突出。2011年，三明市林业总产值为523.78亿元，占地区生产总值的43.22%，其中，三明市林业产值占全省林业产值的20.46%，尤其是主要林产品诸如木材、人造板等产量约占全省的30%左右，三明市林业对全省林业发展具有重要的作用。

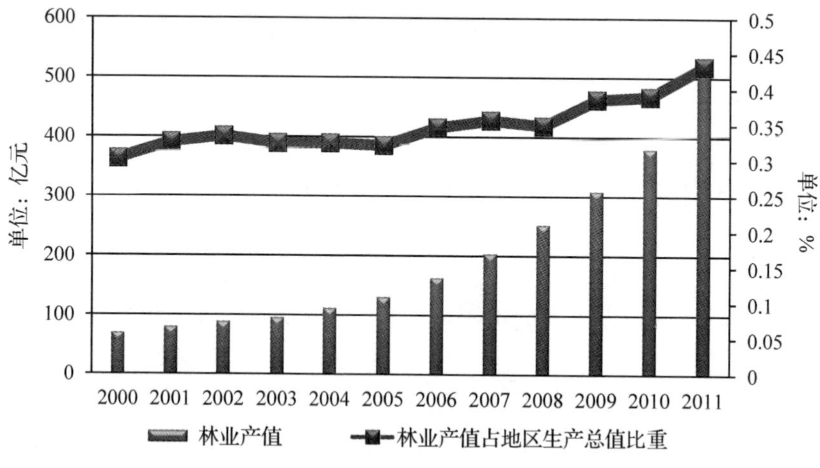

图3-3 三明市林业产值变化

Fig. 3-3 Changes in the forestry output value of Sanming City

近十年来，三明市林业产业产值从2000年的69.84亿元增加到2011年的523.78亿元，增幅达7.5倍。总体来看（图3-3），林业产业产值占地区生产总的比重在不断增加，2000 年林业产值的比重为 30.25%，2011 年，林业产值比重达到 43.22%。林业产业是三明市社会发展的优势产业，并且林业对三明市国民经济和社会发展起着越来越重要的作用。

3.3.2　三明市林业发展特点

第一，资源基础较好。在“十一五”期间，三明市共植树造林 15.31 万公顷，年均造林 3.06 万公顷，资源特色逐步显现。其中，2011 年，共完成造林绿化 8.58 万公顷，责任制目标完成率达 109.1%，人工造林 2.74 万亩、人工更新和人工促进天然更新 3.89 万公顷、疏林地补植 1.29 万公顷、非规划林地造林 0.56 万公顷。全市新造速生丰产林 7.67 万公顷，占现有速生丰产林总面积的 24.2%，并统一挂牌建设速丰林、混交林、大径材培育、药用植物和珍贵树木等示范片 131 片，面积 0.34 万公顷。全市竹林总面积达 29.33 万公顷，油茶林总面积达 3.8 万公顷，新造香樟、桂花、楠木、罗汉松等珍贵树木 1038 万株，累计建成苗木花卉基地 0.31 万公顷，新建林木良种基地 0.06 万公顷，年产良种 4000 公斤、优质苗木 1.3 亿株，良种使用率达 85% 以上。

第二，持续进行林权改革工作。三明集体林区改革试验区于 1998 年建立。进而，林业股份合作制改革以“分股不分山、分利不分林”为目标开展，“明晰产权、分类经营、落实承包、保障权益”的集体林经营体制改革也相继进行。福建省于 2003 年全面启动集体林权制度改革，三明市于 2005 年底基本完成林改主体任务。随后，进一步进行深化配套改革，先后在林权抵押贷款、合作经济组织和服务体系建设等领域取得突破。截至 2011 年年底，全市累计完成林权登记发证 169.04 万公顷，其中集体林权发证到户 151.82 万公顷、面积到户率 85.9%；制作发放林权证 66.2 万本，林权证到户率 97.6%。全市累计建立各类林业合作经济组织和专业协会覆盖面达 67.2%。全市林权抵押贷款惠及林农 15111 户。全市规范林木林地流转 15197 起、面积 20.20 万公顷(三明市林业森工统计年鉴，2011)。

第三，林产加工转型升级。全市规模以上林产加工业产值持续高速增长，2011 年全市生产人造板 434 万立方米，同比增长 26.9%；家具 78 万件，同比增长 8.3%；木竹地板 385.3 万平方米，同比增长 15.6%；纸及纸制品 114.3 万吨，同比增长 49.1%；松香及其系列加工产品 5.3 万吨，同比增长 10.5%；活性炭、竹炭等木材热解类产品 9.7 万吨，同比增长 15.6%，林果等加工品 5.6 万吨，同比增长 32.0%。林产加工业成为全市增长最快、规模最大的产业集群。三明市林产品先后获得中国名牌产品 1 个、中国驰名商标 3 枚、省级名牌 73 个(枚)。三明市建立林产品出口联席会议机制，全市林产品自营出口 1.4 亿美元、同比增长 28.8%，其中木竹制品 0.6 亿美元，同比增长 3.6%，纸及纸制品 0.2 亿美元、同比增长 85.2%，松香、松节油系列产品 0.2 亿美元，同比增长 52.7%，活性炭及炭制品 0.1 亿美元，同比增长 118.4%，森林食品 0.4 亿美元，同比增长 43.4%。

第四，特色产业发展较快。“十一五”期间，三明市特色产业发展迅速，诸如生物医药产业、苗木花卉等方面。特别是生物医药及生物产业作为林业转型升级的战略举措来抓，2005 年被列为全市重点培育的新兴产业后，发展迅速。全市累计建立药材基地 2.45 万公顷，2011 年，新建药材基地 0.91 万公顷，其中包括南方红豆杉、雷公藤、草珊瑚、无患子、香樟、金银花、互叶白千层和黄精。生物医药产值从 2005 年 2.5 亿元发展到 2010 年 43.58 亿元，实现每年翻一番。三明市在 2009 年被授予全国首个“国家林业生物产业基地”。

2011 年，新建丰产竹林基地 0.9 万公顷，完成竹林低改 2.56 万公顷，新增笋竹加工企业 54 家，累计 833 家，实现竹业总产值 84.6 亿元，同比增加 20.3%。新造油茶林 0.15 万公顷，完成油茶林抚育 1.44 万公顷，实现产值 6.1 亿元，同比增加 19.3%。苗木花卉累计 0.86 万公顷，实现产值 14.21 亿元，同比增加 29.7%，初步形成了清流、明溪、将乐、沙县等 4 个集中区和紫薇、罗汉松、红豆杉、果篮、玫瑰、荷花灯 6 个地方特色品种。尤其是清流拥有苗木花卉 3500 公顷，年销售收入达 2.65 亿元。森林旅游业加快开发，接待游客 110 万人次，实现收入 0.9 亿元、比增 5.0%。

第五，林业项目及林业企业建设。2011 年，新签约林业项目 83 项，总投资 90.7 亿元。其中亿元以上项目 37 项、完成投资 18.3 亿元、开工32项、开工率86.5%。对台合作交流项目也发展迅速，2011年，新批办涉林台资企业10家、利用台资2079万美元，新签订涉林台资项目17项、利用台资1.6亿美元，引进台湾“五新”21项、推广面积73.33公顷，清流台湾农民创业园对两岸合作发展做出巨大贡献。林业企业发展迅速。三明市规模以上林产加工企业从2005年的233家发展到2011年的454家，其中1亿元以上企业50家，10亿元以上企业有青山纸业、三和食品等2家，并拥有永安林业、青山纸业、南方林业、华健生物等4家上市公司。2012年6月金森林业在深圳证券交易所成功挂牌上市，募集资金4.2亿元，是全省新上市2家林业企业之一。同时，品牌建设取得新成效，新增福建省著名商标6枚。

3.3.3　三明市林业发展问题

第一，森林综合效益发挥不够。三明市森林资源丰富，森林蓄积量居全省第一，但是还有一定面积的水土流失区存在，以及部分郁闭度0.2~0.4的低质林分。森林生态优势难以发挥，森林文化建设尚处在探索阶段。需要不断的加强资源培育，重点生物防火林带造林，珍贵用材树种造林。深入推进“四绿”工程建设，提高城乡绿化一体化水平。当前，森林经营水平也需要进一步提高，从而推进树种结构调整和低产林改造，提高林分质量和效益。生态建设出现的新情况、新问题，还需要更加积极的探索各类林业主体营林投入、森林管护等新机制。

第二，集体林权制度改革配套政策不完善。三明市集体林权制度改革主要分为主体改革阶段、深化改革阶段和“回头看”等阶段。产权明晰不够彻底、联户发证面积过大、林权发证到户率偏低等问题一直存在于集体林权制度改革进程中。随着三明市集体林权制度的进一步深入改革，也逐渐涌现出很多的新问题和新情况，相关的配套制度不够完善。小林户与大市场之间的矛盾日益显现，建立林业经济专业合作组织同时又面临入社退社、利益分配、民主管理等法律法规政策制约。当前社会化服务水平不高，林业服务中心建设水平不够，也缺乏林业投入机制，制约着融资机制的发展，还存在艰巨的“兴林富民”的任务，比如林业合作组织的发展、林业保险的推进、林地流转的进一步规范以及林下经济发展等问题。

第三，林业产业转型升级紧迫。三明市产业链延伸无较大突破，产业升级面临着巨大的考验。林业产业还是以木竹初加工为主，产业链延伸不够。三明市林业企业和产品竞争力较低，普遍创新能力不强，缺乏科技含量较高的产品，也鲜有新技术和新设备的应用，精深加工不多，整体附加值不高，经济效益产出偏低。今后需要延伸产业链，提高产品附加值。同时要建立利益保障机制，改善县域资源封锁、各自为战、难以做大的困局，集中展开木材、竹材、林产品的深加工和深开发，致力于加快产业集聚、提升品牌、促进林业发展方式的转变。

第四，资源培育和生态保护有待加强。森林经营主体多元化，规模集约经营难度加大，营造林质量有待进一步提高。森林防火扑救手段和保障措施不够有力，林业有害生物形势比较严峻、木材加工企业乱收乱购等现象时有发生，产业发展与林地保护矛盾突出，资源保护亟需强化。现行的森林资源管理单位是以县级为单位，当前财政体制在透明性公开性还存在问题，地方保护现象极易引发，因此，需要对森林资源利用需要加大整合力度，进而将整体优势充分发挥。

第五，需要不断完善管理体制。林业管理过程中，涉及较多的法律法规政策，因而也存在较多、较繁琐的行政审核审批事项。现存的林业审核审批事项主要在省级和县级集中，省级应该采取精简、委托、下放的政策，同时各县市也要进一步探索创新审批服务的方式，亦达到清理简化程序流程的目的。当前对集体林业经营、管理等发展体制机制创新不够。林业科技创新能力不强，科技成果转化率不高。创新工作思路，转变方式方法，破解发展难题能力有待提高。三明市目前林业工作具有跨行性的特点，涉及行业拓展的领域较多，特别是在生物医药、制浆造纸、开发家具、会展筹办、两岸合作方面，必须不断的推进体制的变革创新，改进现行工作方式，以提高管理部门的服务水平。

3.4 三明市各市县林业发展情况对比分析

三明市现辖的12个县(市、区)的林业发展具有较大差异，根据2011年林业总产值来看(图3-4)，沙县林业总产值最高，达到131.19亿元，其次是永安市，林业总产值达到97.71亿元，尤溪县产值第三，达到49.92亿元，梅列区和清流县林业总产值相对最低，分别为17.02亿元和18.60亿元。其余各县林业总产值在20亿~40亿元之间，各地区林业产业发展有不均衡的现象。

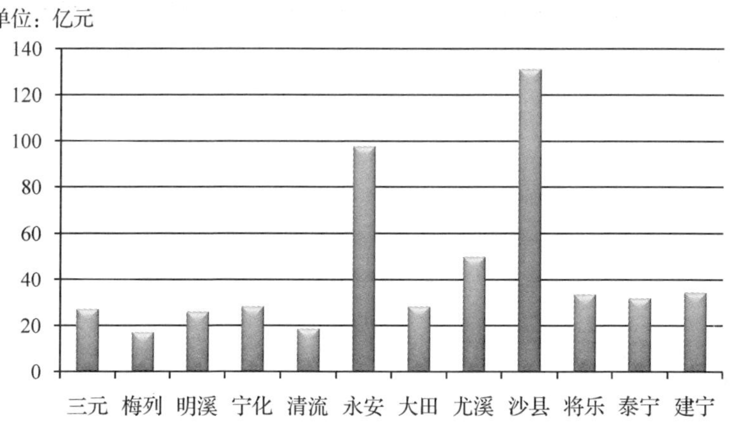

图3-4 2011年三明市各县(市、区)林业产值

Fig. 3-4 The forestry output value of each county in Sanming City in 2011

本部分主要概括了三明市及其县(市、区)林业发展概况，对于各县(市、区)林业发展不均衡以及当地林业成为优势及主导产业的原因的具体描述和分析将在后文中予以具体阐释。

3.5 本章小结

福建省林业资源丰富，林业发展水平相对较高，福建省林业发展对全国林业发展起着重要的贡献作用。三明市是福建省重要的集体林区，也是中共中央国务院集体林区改革的实验区，是改革开放以来两次林改的主要发源地。三明实验区林业发展经历了全面探索阶段、重点突破阶段和深化改革阶段，经过 20 多年不断地发展变化，三明市林业快速稳定发展，林业逐渐发展成为当地社会经济发展的重要支柱，其林业产业发展具有典型性和代表性。同时，三明市林业发展具有很多诸如森林资源丰富、集体林权制度改革成效显著、林业企业发展快速等优势，也存在着一些问题和困难，诸如森林综合效益发挥不够、集体林权制度改革配套政策不够、产业转型升级紧迫、资源培育和生态保护有待加强、创新能力不足，技术水平有限等方面。总体来看，三明市林业对全省林业发展具有重要的作用，同时存在各个县(市、区)林业发展不均衡的情况。基于对三明市林业发展现状的概述和梳理，对后文中林业产业发展中的具体问题的研究起到一定的铺垫和基础性作用。

第4章

三明市林业产业结构分析

产业结构是指产业体系内产业的联系与联系方式、产业间的比例关系以及产业间的技术经济联系。产业结构构成产业间相互制约、依存的方式。作为产业经济学中最重要的部分，产业结构与经济发展的关系甚为密切(黄烈亚等，2008；朴贤玉，2003)。产业结构与经济发展互为条件、互为因果，是经济发展的基本要素。而三次产业内部经济结构的调整和优化是解决当前经济发展的有效途径。因此本章旨在通过对林业产业结构变动及内部结构关联的分析，对林业产业结构变动趋势进行预测。进而分析和评价林业产业对地区社会经济发展的贡献。

本部分研究所用数据为 2000 ~ 2011 年林业生产总值以及其三次产业产值，数据来源为 2000 ~ 2011 年三明市林业森工统计年鉴。由于统计口径的变动，在 2003 年以前，木材和竹材的采运业产值统计为林业第二产业产值，从 2003 年以后，木竹材采运业产值被统计为林业第一产业产值范围，因此在本研究分析中，为保证数据来源的一致性，需要对数据进行调整，则将 2000 ~ 2002 年木材和竹材采运业产值从林业第二产业中剔除，并重新计算到林业第一产业中。

4.1 三明市林业产业结构发展变化规律

4.1.1 林业产业结构变动分析

4.1.1.1 林业产业总体发展态势

根据三明市林业森工统计年鉴，查阅2000～2011年三明市林业产业总产出及三次产业产值，为了更好的表示总产值以及三次产业产值的动态变化，将产出绝对值做初值化处理，最后绘出的折线图如图4-1所示。总体上来看，三明市林业三次产业发展与地区林业发展总体上态势一致，中间在部分年份有波动，整体上为快速增长的态势，同时，三次产业变化也各具特点。从发展速度值看出，林业第二产业发展速度占绝对优势，第三产业次之，第一产业发展速度最慢。说明三明市林业产业发展态势良好，林产品加工业逐渐成为三明市林业产业的支柱产业，传统产业由于对资源消耗较大，近年来发展逐渐缓慢，特色产业和新兴产业协调发展，林业产业结构规模扩大显著，林

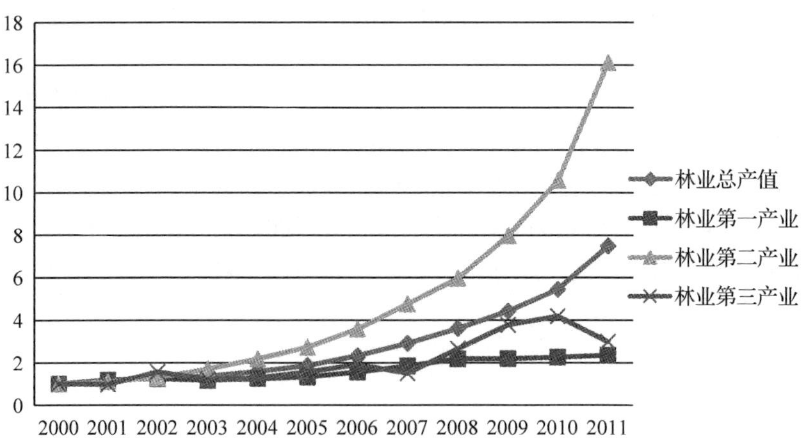

图4-1 2000～2011年三明市林业三次产值变化

Fig. 4-1 Thrice forestry industrial of Sanming City between 2000 to 2011

业工业产值占林业总产值的比例不断扩大。这也符合中国林业产业发展的趋势，同时也体现了作为林区，以木材加工利用为主体的产业发展格局，也体现了林业第二产业在三明集体林区的重要作用。但是以林业旅游与休闲服务为主的非木质林业资源开发利用产业发展缓慢，产业结构有待进一步优化和升级。

从图4-1中可以直观地看出，总体而言，近十年三明市林业第一产业产值比重下降趋势明显，林业第二产业比重快速增加，林业第三产业呈小幅波动，但总体来看比重减少。由图4-2可见，2000年三明市林业产业三次产业结构比重为58.30∶37.19∶4.51，2011年变动为18.30∶79.90∶1.80。林业第一产业所占比重下降了40个百分点，第二产业产值比重增加了42.71个百分点，第三产业比重不但没有增加，反而下降了2.71个百分点，所占比重极低，这与三明市丰富的森林资源、丰富的景观资源和广阔的森林服务市场极不相称。

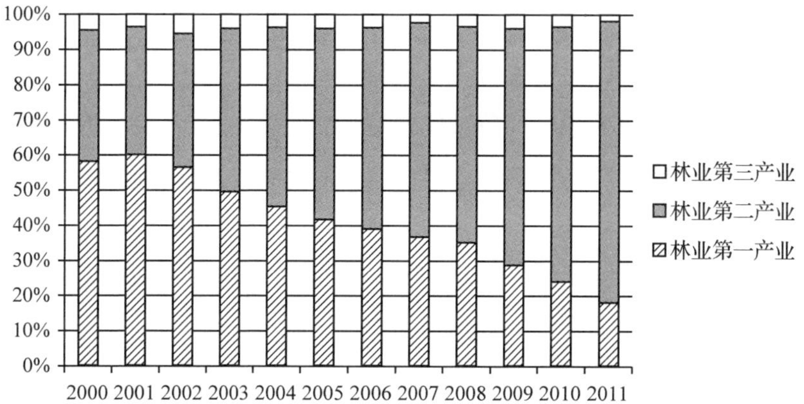

图4-2　2000～2011年三明市林业各产业产出结构

Fig. 4-2　The structure of Sanming City's forestry industry output between 2000 to 2011

由表4-1所示，在2001～2011年期间，三明市林业产业产值年平均增长率达20.35%，对地区生产总值的贡献率逐年增加。

表 4-1　2001～2011 年三明市林业产业增长率(%)

Tab. 4-1　The growth rate of forestry industry in Sanming City between 2001 to 2011

年份	林业总产出	第一产业	第二产业	第三产业
2001	14.69	18.81	10.34	-2.59
2002	10.79	3.94	16.96	61.15
2003	7.84	-5.56	32.31	-21.93
2004	16.73	7.15	27.98	5.42
2005	16.71	7.00	25.08	21.39
2006	24.96	17.24	31.06	22.24
2007	25.06	18.06	32.88	-21.34
2008	23.78	18.15	25.20	76.16
2009	22.38	0.44	33.92	42.35
2010	23.19	3.15	32.56	10.64
2011	37.76	3.93	52.29	-28.53

4.1.1.2　林业产业结构动态分析

在本章通过产业结构变动指标、产业结构熵数指标、Moore 结构变化值指标和产业结构超前系数来反映产业结构变动的程度(范金等，2004)。

(1)产业结构变动值

产业结构变动值的计算公式表示为：

$$K = \sum |q_{i1} - q_{i0}| \tag{4-1}$$

其中，K 为产业结构变动值，q_{i1} 为报告期构成比，q_{i0} 为基期构成比。计算出的 K 值越大，则说明产业结构的变动幅度越大。

根据三明市统计年鉴 2012、三明市林业森工统计年鉴 2001 等资料，2000 年和 2011 年林业三次产业产值在地区三次产业产值的分布构成数据，根据上述公式可以算得 $K=44.53$，则三明市林业产业结构三次年平均结构变动值为 4.48%。

(2)产业结构熵数

该指标是应用信息理论中干扰度的概念，将结构比变化为产业结构的干扰因素，用来综合反映产业结构变化程度的大小。其计算公式为：

$$e_t = \sum_{i}^{n} W_{i,t} \ln(1/W_{i,t}) \tag{4-2}$$

其中，e_t 为第 t 期产业结构熵数值，$W_{i,t}$ 为第 t 期第 i 产业所占的比重，n 为产业部门个数。一般来看，e_t 值的变动表示产业结构的变动。该指标能够较好的表示产业质变关系而非量变程度。假设全部产业共有 n 个部门，产业结构熵数最大值是 1nn；若各产业的结构比十分均等，则产业结构熵数值越大。e_t 值越大，表示产业结构发展形态趋于多元化；e_t 越小，则表示产业结构发展形态越趋于专业化。本研究将 i 表示为林业的三个产业，计算 2000 ~ 2011 年三明市林业产业结构熵数，结果见表 4-2。

表 4-2　2000 ~ 2011 年三明市林业产业结构熵数表

Tab. 4-2　Entropy table of the forestry industry structure in Sanming City between 2000 to 2011

年份	产业结构熵数	年份	产业结构熵数
2000	0.8222	2006	0.8092
2001	0.7973	2007	0.7587
2002	0.8506	2008	0.7802
2003	0.8337	2009	0.7519
2004	0.8229	2010	0.6949
2005	0.8197	2011	0.5624

计算结果表明，三明市林业产业结构熵数值较大，但十几年间有逐渐减少的趋势，说明三明市产业结构发展形态越趋于专业化，这是因为三明市林业第二产业发展较为迅速，占地方经济发展的比重持续增加；由于对森林资源的保护以及对森林资源使用的限制，第一产业发展发展缓慢，第三产业由于发展还处于初期，产值比重较小。

(3) Moore 结构变化值

Moore 结构变化值是反映产业结构变化程度的指标，是空间向量测定法的应用。把某一产业分为 n 个部门，构成一组 n 维向量，用各

个时期两组向量间的夹角表示产业结构的变动(廖文龙，2009)。其计算公式为:

$$M_t = \sum_{i=1}^{n} W_{i,t} / [\sum_{i=1}^{n} W_{i,t}^2]^{1/2} \times [\sum_{i=1}^{n} W_{i,t+1}^2]^{1/2} \qquad (4-3)$$

其中，M_t 表示 Moore 结构变化值，$W_{i,t}$ 为第 i 产业第 t 期所持的比重，$W_{i,t+1}$ 为第 $t+1$ 期的比重。在本章将林业共划分为三个产业，每一个产业作为空间的一个向量，就构成了空间的三维向量，当某一产业的份额发生变化时，累计起来所有的夹角变化，即为整个林业经济系统中产业结构变化情况。设产业份额之间变化的总夹角为 θ，$\theta = \arccos M$，θ 越大，表明产业结构变化的速率也越大。计算三明市 2000～2011 年 Moore 结构变化值，见表 4-3 所示。

表 4-3　2000～2011 年三明市林业产业 Moore 结构变化值表

Tab. 4-3　The Moore structure changes value of Forestry industry between 2000 to 2011

年份	2001～2002	2003～2004	2005～2006	2007～2008	2009～2010	2011～2012
Moore 值	0.9994	0.9865	0.9971	0.9973	0.9934	0.9949
θ	1.98	9.42	4.38	4.22	6.57	5.81

由表 4-3 中 θ 值可以看出，三明市林业产业结构变动最快的时期是 2003 年前后，最早两年的变化最小，2005～2008 年的结构变动相对较小，近几年结构变动稍有变化，但基本维持稳定不变。

(4)产业结构超前系数

该系数一般用来测定某一部门结构增长对经济系统中平均的增长趋势的超前程度，计算公式为:

$$E_i = \alpha_i + (\alpha_i - 1)/R_t \qquad (4-4)$$

其中，E_i 表示第 i 部门的结构超前系数。R_t 为同期经济系统中的平均增长率。α_i 为第 i 部门所占份额与期初所占份额之比。E_i 用于反映某一具体产业结构转换的程度和方向。现在计算三明市林业三次产业从 2000 年到 2011 年期间的产业结构超前系数，见表 4-4 所示。

表4-4 三明市林业三次产业结构超前系数

Tab. 4-4 The coefficient of Thrice Industrial of Forestry industry in Sanming City

产业结构超前系数	林业第一产业	林业第二产业	林业第三产业
E_i	-6.6589	7.60689	-3.5903

表4-4数据所示为从2000~2011年12年的变化，林业第一产业和第三产业的份额有下降的趋势，并且第一产业份额下降的趋势要大于第三产业份额下降的趋势。林业第二产业的产业结构超前系数大于1，说明其产业份额呈上升的趋势，有超前发展的倾向。

4.1.2 三明市林业三次产业构成

4.1.2.1 三明市林业第一产业构成

2011年，三明市林业第一产业产值为958678万元，主要包括涉林产业968240万元和林业系统非林产业438万元。由于林业系统非林产业涉及数额较少，主要以涉林产业作为分析对象。由于林业的特殊性，其生态效益显著，当前对于森林生态效益创造的价值还没有形成完备和规范的折算方式，基于前人对林业产业的研究成果，以及为保证前后数据的统一性，在价值核算中暂不考虑林业第一产业的生态价值的经济值体现，本部分研究均采用统计年鉴中的具体数据进行计量。

林业第一产业产值如图4-3所示主要分6个部分的内容：林木的种植和培育；木竹材采运业；经济林产品的种植和采集；花卉的种植和陆生野生动物繁育与利用；林业生产辅助服务。从产值比重来看，经济林产品种植与采集的比重最大，产值为490872万元，约占第一产业产值的51.23%。其中主要涉及的具体产品种植与采集如水果及干果约占经济林产品的39.01%，茶及其他饮料作物比重为19.47%，林产中药材比重为0.048，森林食品的比重为30.17%；木材和竹材的采运产值为375093万元，约占到第一产业产值的39.14%，其中，包括商品林、农民自用材和农民烧柴等木材采运产值的比重占整个木竹材比重的70.68%，竹材采运产值比重为29.32%；林木培育和种

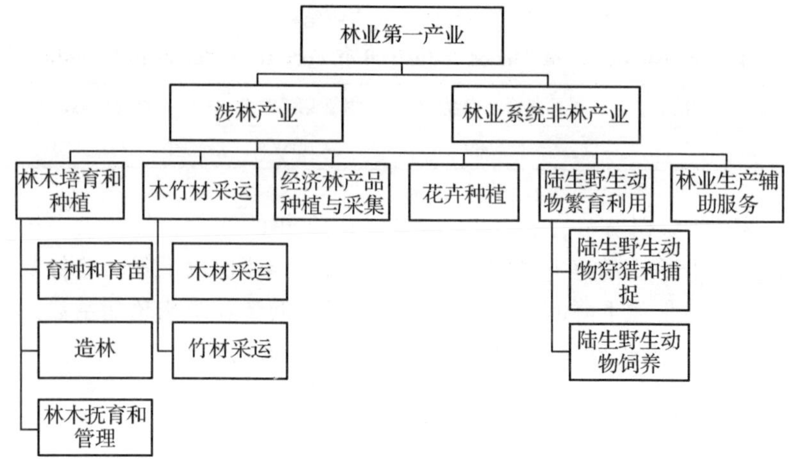

图 4-3　林业第一产业主要构成

Fig. 4-3　The content of forestry primary industry

植的产值为 60488 万元，约占到第一产业产值的 6. 31%，其中育种和育苗产值比重为 3. 42%，造林产值比重为 60. 68%，林木的抚育和管理产值比重为 35. 91%；陆生野生动物繁育和利用的产值为 16591 万元，约占第一产业产值的 1. 73%，其中，陆生野生动物狩猎和捕捉的比重为 21. 13%，陆生野生动物饲养产值比重为 78. 86%；此外花卉种植产值为 13059 万元，约占第一产业产值的 1. 36%，林业生产辅助服务产值为 2137 万元，所占比重较少，约为 0. 22%(图 4-4)。

4. 1. 2. 2　三明市林业第二产业构成

2011 年，三明市林业第二产业总产值为 4184858 万元，全部为涉林产业。具体产业构成如图 4-5 所示。主要包括 7 个方面的内容：木材加工及木、竹、藤、棕、苇制品制造；木、竹、藤家具制造；木、竹、苇浆造纸；林产化学产品制造；木制工艺品和木制文教体育用品制造；非木质林产品加工制造业及其他。

所有林业第二产业构成中，木材加工及木、竹、藤、棕、苇制品制造产值比重最大，产值为 2335291 万元，产值比重占第二产业比重为 55. 80%，其中，锯材、木片加工产值比重为 7. 54%，人造板制造

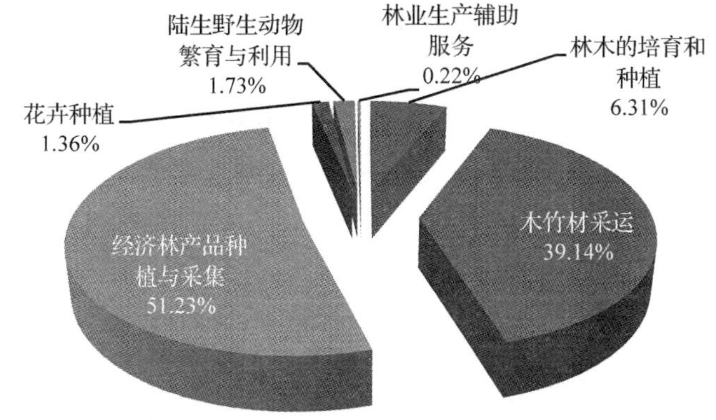

图4-4 林业第一产业涉林产业产值构成比重

Fig. 4-4 The forestry primary industry output constitute proportion

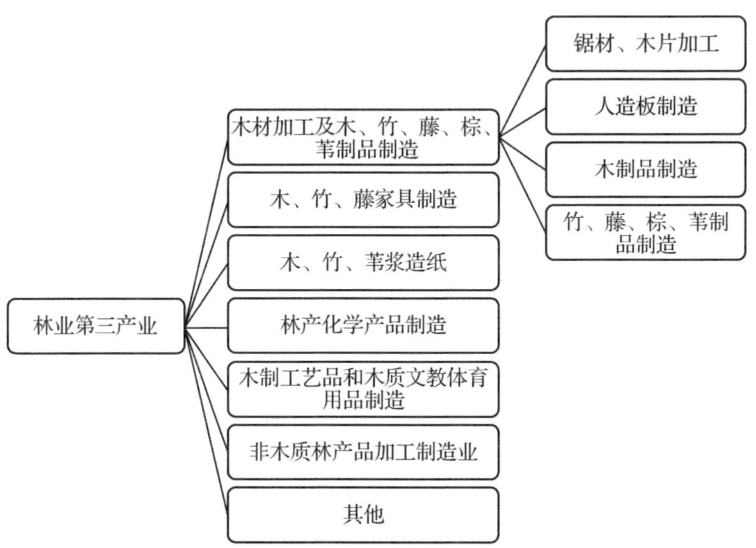

图4-5 林业第二产业主要构成

Fig. 4-5 The content of forestry secondary industry

产值比重为55.83%，构成比重最大，木制品制造产值比重为23.68%，竹、藤、棕、苇制品制造产值比重为12.95%；木、竹、苇浆造纸产值比重次之，为12.76%，产值为533995万元；非木质林产品加工制造业产值为499771万元，所占比重为11.94%；林产化学产品制造产值为300666万元，所占比重为7.18%；木制工艺品和木制文教体育用品制造产值为122373万元，比重为2.92%；木、竹、藤家具制造产值比重为2.83%，产值为118495万元以及其他产值274267万元(图4-6)。

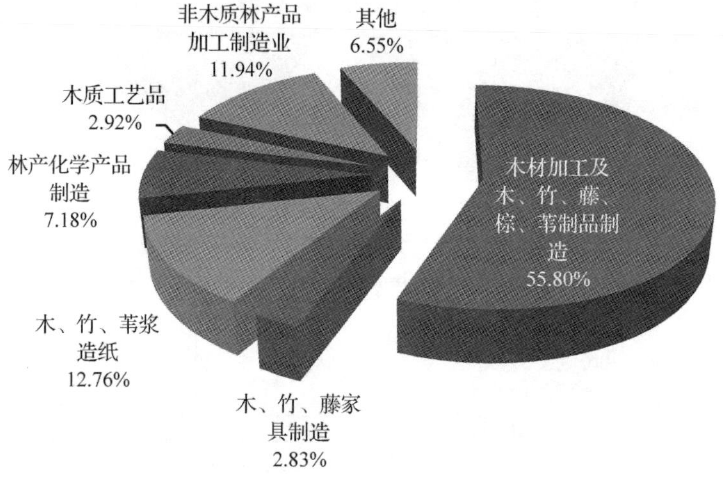

图4-6　林业第二产业产值构成比重

Fig. 4-6　The forestry secondary industry output constitute proportion

4.1.2.3　三明市林业第三产业构成

2011年，三明市林业第三产业产值为94231万元，包括涉林产业产值94153万元和林业系统非林产业产值78万元，下文仅对涉林产业进行阐述。涉林产业主要包括林业旅游与休闲服务，该项目产值为644405万元，所占比重为68.40%；林业公共管理及其他组织服务产值为20619万元，所占比重为21.90%；林业生态服务产值比重为6.41%，具体产值为6038万元；此外，林业专业技术服务产值为3091万元，所占比重为3.28%，如图4-8。

从林业亚产业分析来说，仍然主要体现了传统资源和优势资源利用方式，而新兴的森林资源产业发展所占比重仍然较小，如生物医药、苗木花卉，包括森林服务和旅游业等方面。这是三明市林业产业

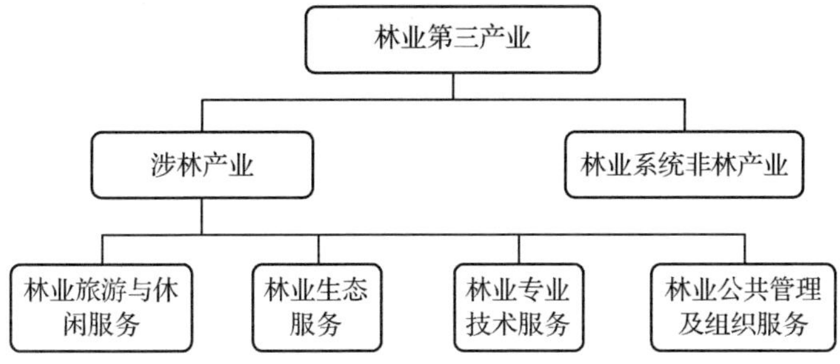

图 4-7　林业第三产业主要构成

Fig. 4-7　The content of forestry tertiary industry

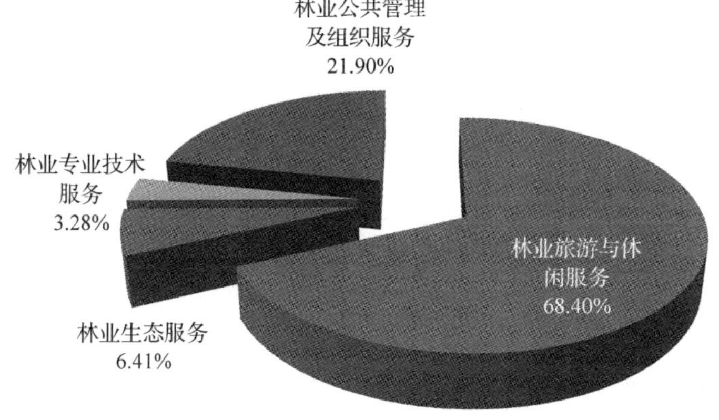

图 4-8　林业第三产业涉林产业产值构成比重

Fig. 4-8　The forestry tertiary industry output constitute proportion

结构的一个问题，同时也说明通过结构调整促进产业升级和产业效率提高的空间仍然较大。

4.2　三明市林业产业结构关联分析

林业内部经济结构，尤其是三次产业结构的调整和优化是当前促进林业经济发展的有效途径，也是提高林业综合竞争力的基本任务，对林业三次产业结构内部关联性的分析则是林业产业结构进行调整和优化的基础。由于灰色系统理论中对时间序列短、统计数据少、信息不完全系统的建模与分析具有独特的优势，并且与定性分析结论一致性较好，因此，本节基于灰色系统理论，采用灰色关联分析和灰色预测对林业三次产业结构变化的关联性和未来的发展进行计算和预测。

4.2.1 灰色系统理论

灰色系统理论是一门新的系统学科，于20世纪80年代由邓聚龙教授创建，用于研究和处理复杂系统的理论，而灰色关联度模型是该理论系统最为广泛的应用。灰色关联度分析是通过处理相应的数据，对不完全的信息中的随机因素序列，找出所关注的各个因子的关联性，发现主要矛盾、特性和影响因素(张爱美，2008；傅立，1992)。灰色关联度分析是用来描述因素间的相对变化情况，通过用关联度的大小描述系统发展过程中因素变化大小、方向和速度指标的相对性(唐启义等，2002；王桂涛等，2011)。也就是说，灰色关联分析是通过因素之间时间序列的相对变化对经济系统进行研究和预测的动态过程，通过对比较序列曲线集合形状相似程度的观察来判断因素联系是否紧密，如果几何形状在系统发展过程越紧密，相应序列之间变化趋势也就越趋同，关联度越大，反之亦然(刘思峰等，1999)。

灰色预测的原理是根据灰色系统理论建立的GM(n, N)模型，从而解释事物发展变化的连续过程。它不仅使用范围更大，而且便于描述系统动态变化的本质特征。灰色系统建模以灰色模块概念为基础。本研究主要用到灰色数列预测中的GM(1，1)模型。该模型为一阶单变量灰色模型，主要用于长期预测建模。该模型以指数形式为基础，以一次累加数据做原始数据，以初始观测值为准确定积分常数，预测未来某一时刻的发展方向和趋势。

4.2.1.1 灰色关联分析方法

第一，确定参考数列和比较数列，并进行原始数据的无量纲化处理。参考数列是反应系统行为特征的数据序列，比较数列是影响系统行为的因素组成的数据序列。

第二，计算参考数列 $X_0(K)$ 与比较数列 $X_i(K)$ 的关联系数。关联系数 $\varepsilon_i(K)$ 是序列点与点关联程度的体现，一般的，该值越大，表示关联程度越大，反之则表示关联程度越小(周莉等，2010)，计算公式为：

$$\varepsilon_i(K) = \frac{\Delta\min + \rho\Delta\max}{\Delta_i(K) + \rho\Delta\max} \tag{4-5}$$

其中：ρ 为分辨系数，$\rho > 0$，通常取0.5。$\Delta\min$ 和 $\Delta\max$ 分别表示二级最小差值和二级最大差值，由各比较数列曲线上的每一个点 X_i 与参考数列 X_0 曲线上的每一个点的绝对差值而得出。

第三，求关联度。由于关联系数信息分散不便于进行整体比较，因此有必要将曲线中的各点的关联系数集中为一个值，即求其平均值得到关联度的表达方式，计算公式为：

$$g_i = \frac{1}{N}\sum_{K=1}^{N} e_i(K) \tag{4-6}$$

第四，计算关联矩阵，并进行关联度排序，通过比较各关联度的大小来判断待识别因素对研究对象的影响程度。

4.2.1.2　GM(1，1)模型计算方法

第一，设原始时间序列 $x^{(0)}$ 有 n 个观察值，表示为 $x^{(0)} = \{x^{(0)}(1), x^{(0)}(2), \cdots x^{(0)}(n)\}$，通过累加生成新数列 $x^{(1)} = \{x^{(1)}(1), x^{(1)}(2), \cdots x^{(1)}(n)\}$，则GM(1，1)模型所表示的微分方程表示为：

$$\frac{dx^{(1)}}{dt} + \alpha x^{(1)} = m \tag{4-7}$$

其中：α、μ 表示待定参数，α 表示发展灰数，μ 表示内生控制灰数。

第二，设 $\hat{\alpha}$ 为待估计参数向量，$\hat{\alpha} = (\alpha, \mu)^T$，采用最小二乘法求解，得到：

$$Y_n = \begin{bmatrix} x^{(0)}(2) \\ x^{(0)}(3) \\ \cdots \\ x^{(0)}(n) \end{bmatrix}, X = \begin{bmatrix} -1/2(x^{(1)}(1) + x^{(1)}(2)) \\ -1/2(x^{(1)}(2) + x^{(1)}(3)) \\ \cdots \\ -1/2(x^{(1)}(m-1) + x^{(1)}(n)) \end{bmatrix}, E = \begin{bmatrix} 1 \\ 1 \\ \cdots \\ 1 \end{bmatrix} \tag{4-8}$$

记 $B = (X,E)$ 解得：$\hat{\alpha} = (B^T B)^{-1} BY_n$

第三，求解微分方程，建立 GM(1，1)灰色预测模型：

$$\hat{x}^{(1)}(k+1) = \left[x^{(0)}(1) - \frac{\mu}{\alpha}\right]e^{-\alpha k} + \frac{\mu}{\alpha}, k = 0,1,2\cdots n \quad (4-9)$$

第三，进行模型检验，通过计算残差的均值和方差，运用后验差比值。模型精度等级见表 4-5，理论上，当平均残差率不超过 5% 时，与测试精度满足要求。

表 4-5　灰色预测模型精度表

Tab. 4-5　The accuracy form of gray prediction model

等级	后验差比值 C	小误差频率 P
好	$C < 0.35$	$P > 0.95$
合格	$C < 0.45$	$P > 0.80$
勉强	$C < 0.50$	$P > 0.70$
不合格	$C \geqslant 0.65$	$P \leqslant 0.70$

4.2.2　林业三次产业与林业总产值关联分析

4.2.2.1　指数平滑法

指数平滑法是由布朗提出的主要用于中短期经济发展趋势预测的基于移动平均法的一种时间序列分析预测方法，布朗认为时间序列的态势具有规则性和稳定性，指数平滑法基于对指数平滑值的计算，结合时间序列预测模型对未来进行预测(陈超，2010)。该方法对整个时间序列分别给予不同的权属，进行加权平均。具体公式表达为：

$$F_{t+1} = ax_t + (1-a)F_t \quad (4-10)$$

其中，a 为平滑系数，且取值范围为[0，1]，x_t 为 t 期实际值，F_{t+1}、F_t 为 $t+1$ 和 t 的平滑值。即下一时刻的预测值等于本时刻的预测值与误差修正项的和。

指数平滑相对于移动算术平均法主要有两个方面的优势和改进：首先对历史数据没有严格的要求，不需要贮存较多时刻的数据。在时

刻 t 预测 $t+1$ 时刻的数值 F_{t+1} 时，只需要有 t 时刻的实际值 x_t 及预测值 F_t 就可以。进而又可以得到指数平滑的另一个表达式：

$$F_{t+1} = ax_t + (1-a)x_{t-1} + a(1-a)^2 x_{t-2} \cdots a(1-a)^n x_{t-n} \tag{4-11}$$

对于平滑系数值 a 的确定，一般，如果数据波动平稳，a 取较小值，如果数据波动较大，a 值取较大值。这主要依赖于时间序列的发展趋势和经验判断。

4.2.2.2　关联计算

选择 2000 ~ 2011 年时间序列数据，林业产业总产出序列为参考数列 x_0，其中林业第一产业产值、第二产业产值、第三产业产值为比较数列 $x_i(i = 1,2,3)$，根据 2000 ~ 2011 年三明市林业森工统计年鉴数据和资料，x_i 的原始数值见表 4-6 所示。

表 4-6　三明市林业产业产值(亿元)

Tab. 4-6　The industry output of Forestry industry in Sanming City

年份	林业总产值	林业第一产业	林业第二产业	林业第三产业
2000	69.84	40.72	25.97	3.15
2001	80.11	48.38	28.66	3.07
2002	88.75	50.28	33.52	4.95
2003	95.70	47.49	44.35	3.86
2004	111.71	50.88	56.76	4.07
2005	130.38	54.44	70.99	4.94
2006	162.92	63.83	93.04	6.04
2007	203.75	75.36	123.63	4.75
2008	252.20	89.04	154.79	8.37
2009	308.64	89.43	207.30	11.92
2010	380.22	92.24	274.79	13.18
2011	523.78	95.87	418.49	9.42

数据来源：2000 ~ 2011 年三明市林业森工统计年鉴。

由于三明市三次林业产值有波动变化，尤其是第三产业，在灰色关联模型运行中，极值对结果准确性影响很大，因此本部分对三次产业产值做指数平滑处理，根据指数平滑系数的确定方法和规律及本次数据的动态规律，经过运算并综合比较预测标准误差，现将系数 a 取值为0.3。现运用二次指数平滑法进行预测，得到指数平滑后的数据（表4-7）。

表4-7　指数平滑数列列表

Tab. 4-7　Exponential smoothing series list

年份	总产值（亿元）	一次指数平滑			二次指数平滑		
		林业第一产业产值	林业第二产业产值	林业第三产业产值	林业第一产业产值	林业第二产业产值	林业第三产业产值
2000	69.84	40.72	25.97	3.15	40.72	25.97	3.15
2001	72.92	43.02	26.78	3.13	41.41	26.22	3.14
2002	77.67	45.20	28.80	3.67	42.54	26.99	3.30
2003	83.08	45.88	33.47	3.73	43.55	28.93	3.43
2004	91.67	47.38	40.45	3.83	44.70	32.39	3.55
2005	103.28	49.50	49.62	4.17	46.14	37.56	3.74
2006	121.17	53.80	62.64	4.73	48.44	45.08	4.03
2007	145.94	60.27	80.94	4.74	51.99	55.84	4.24
2008	177.82	68.90	103.09	5.83	57.06	70.02	4.72
2009	217.07	75.06	134.35	7.65	62.46	89.32	5.60
2010	266.01	80.21	176.49	9.31	67.79	115.47	6.71
2011	343.34	84.91	249.09	9.35	72.92	155.55	7.50

根据上述方法公式计算，通过确定比较数列和参考数列，计算得出2000～2011年期间不同时期内三次产业与林业总产出关联系数和关联度，按照时间序列，形成产业结构各层次灰色动态关联矩阵（张爱美，2008；李元元等，2006），见表4-8所示。得到 $\gamma_2 > \gamma_3 > \gamma_1$，第二产业与总产出的平均关联度最大，第三产业次之，第一产业平均关联度相对最小，这也说明并验证了第二产业对三明市林业的重要作

用。同时由关联系数值清晰表明，第二林业产业产值在三明市林业产业发展中影响最强，贡献最大。从灰色理论动态发展角度，在时间阶段性的对比发现，林业第二产业从 2000 年起持续在三次产业中居首要地位，林业第一产业的关联度呈下降趋势，林业第三产业关联度有波动性。这表明经济发展对生态环境的破坏日趋严重，政府对森林资源实施各项保护政策和措施，开展生态项目，林业第一产业中木材生产的规模逐步减小；林业第二产业中，低层次原料加工和单一化经营模式已经向多元化经营和多效益综合利用转型，林产品附加值逐步得到提高，林业第二产业规模随即扩大；林业第三产业产出主要是指森林生态休闲旅游服务业，目前发展缓慢，还没得到很高的重视，作为生物多样性丰富且林业发展相对重要的城市，今后林业产业政策将对森林服务业加大重视，从长期来看，林业服务业和森林生态旅游业还有很大的发展潜力和上升空间。

表 4-8　三明市林业三次产业与林业总产出的灰色动态关联矩阵

Tab. 4-8　The gray dynamic association matrix between Thrice Industrial and forestry industry

阶段	γ_1	γ_2	γ_3
2000～2011	0.7173	0.8391	0.7286
2001～2011	0.7135	0.8981	0.7343
2002～2011	0.7697	0.9684	0.7867
2003～2011	0.6854	0.9519	0.7037
2004～2011	0.6521	0.9546	0.6755
2005～2011	0.6386	0.9436	0.6641
2006～2011	0.6542	0.9105	0.6805
2007～2011	0.6780	0.8750	0.7497
2008～2011	0.6974	0.8652	0.8231
2009～2011	0.6839	0.9041	0.7905
2010～2011	0.6796	0.9238	0.6971
平均值	0.6882	0.9122	0.7303

4.2.3 三次产业内部关联分析

4.2.3.1 第一产业内部关联分析

选择2006～2011年林业第一产业产出序列为参考数列 x_0 ，其中林木的种植和培育、木竹材采运业、经济林产品的采集与种植、花卉的种植、陆生野生动物繁育与利用为比较数列 $x_i(i = 1,2,3\cdots5)$ ，根据2006～2011年三明市林业森工统计年鉴数据和资料，x_i 的值分别如下(单位：亿元)：

$x_0 = (63.83, 75.36, 89.04, 89.43, 92.24, 95.87)$

$x_1 = (3.23, 2.34, 3.28, 3.41, 3.07, 6.05)$

$x_2 = (22.97, 29.47, 39.22, 38.41, 39.65, 37.51)$

$x_3 = (35.93, 41.82, 44.23, 45.01, 47.09, 49.09)$

$x_4 = (0.70, 0.66, 1.23, 1.52, 1.65, 1.31)$

$x_5 = (0.62, 0.64, 0.67, 0.59, 0.54, 1.66)$

无量纲化后得到新序列 $y_i(i = 0,1,2,3\cdots5)$ ：

$y_0 = (1.0000, 1.1806, 1.3949, 1.4010, 1.4451, 1.5019)$

$y_1 = (1.0000, 0.7250, 1.0148, 1.0554, 0.9538, 1.8736)$

$y_2 = (1.0000, 1.2828, 1.7075, 1.6722, 1.7259, 1.6329)$

$y_3 = (1.0000, 1.1639, 1.2308, 1.2646, 1.3104, 1.3661)$

$y_4 = (1.0000, 0.9362, 1.7515, 2.1662, 2.3610, 1.8650)$

$y_5 = (1.0000, 1.0314, 0.0725, 0.9496, 0.8674, 2.6729)$

进一步计算得到关联系数 $\varepsilon_i(i = 1,2,3\cdots5)$ ：

$\varepsilon_1 = (1.0000, 0.5892, 0.6322, 0.6540, 0.5780, 0.6374)$

$\varepsilon_2 = (1.0000, 0.8648, 0.6764, 0.7067, 0.6994, 0.8330)$

$\varepsilon_3 = (1.0000, 0.9751, 0.7993, 0.8170, 0.8291, 0.8280)$

$\varepsilon_4 = (1.0000, 0.7278, 0.6469, 0.4606, 0.4164, 0.6428)$

$\varepsilon_5 = (1.0000, 0.8314, 0.8050, 0.6817, 0.5959, 0.3333)$

最后求关联系数的平均值，得到2006～2011年关联度值。同理，计算得出林业第一产业内部灰色动态关联矩阵(表4-9)。

表 4-9　第一产业内部灰色动态关联矩阵

Tab. 4-9　The gray dynamic association matrix in primary industry

阶段	γ_1	γ_2	γ_3	γ_4	γ_5
2006 ~ 2011	0. 6806	0. 7967	0. 8747	0. 6491	0. 7079
2007 ~ 2011	0. 7452	0. 9074	0. 8949	0. 5485	0. 7681
2008 ~ 2011	0. 8255	0. 9454	0. 9733	0. 8551	0. 7252
2009 ~ 2011	0. 8074	0. 9665	0. 9887	0. 9134	0. 7338
2010 ~ 2011	0. 7621	0. 9581	0. 9984	0. 9017	0. 6667
平均值	0. 7642	0. 9148	0. 9460	0. 7736	0. 7203

从表 4-9 中可以看出，根据平均关联度，$\gamma_3 > \gamma_2 > \gamma_4 > \gamma_1 > \gamma_5$，即林业第一产业间与其关联度按照大小依次为：经济林产品的种植与采集、木材和竹材采运、花卉的种植、林木培育和种植、陆生野生动物繁育与利用。

具体来看，木竹材采运以及经济林产品的种植与采集与第一产业的关联度从 2006 年起逐年上升，除 2007 年外，经济林产品种植与采集一直与三明市林业第一产业的关联度最大，平均产业关联度达到了 0. 9460。同时产业发展绝对值也在第一产业中比重最大，说明经济林产品的种植与采集产业发展趋势较好，成为第一产业的优势产业，木材和竹材采运与第一产业的关联度次之。陆生野生动物繁育与利用、林木培育和种植与林业第一产业的关联度分别排在最后两位，且其关联度分别从 2007 年和 2008 年呈下降趋势说明。花卉的种植产业发展迅速，在 2010 ~ 2011 年，其第一产业的关联度比 2006 ~ 2011 年上升了 25. 27%，表明此产业有巨大的发展潜力。

4. 2. 3. 2　第二产业内部关联分析

同林业第一产业内部关联分析过程，选择 2006 ~ 2011 年林业第二产业产出序列为参考数列 x_0，其中木材加工及木、竹、藤、棕、苇制品制造，木、竹、藤家具制造，木、竹、苇浆造纸，林产化学产品制造，木质工艺品和非木质林产品加工制造业为比较数列 $x_i(i = 1,2,3\cdots6)$，根据 2006 ~ 2010 年三明市林业森工统计年鉴数据和资料，x_i

的值分别如下(单位：亿元)：

x_0 = (93.04,123.63,154.79,207.30,274.79,418.49)

x_1 = (46.89,65.55,83.62,115.29,147.94233.53)

x_2 = (1.79,2.03,2.03,4.76,6.78,11.85)

x_3 = (22.23,27.78,30.99,31.31,42.96,53.40)

x_4 = (8.38,10.74,12.10,15.04,20.26,20.07)

x_5 = (1.98,2.52,4.29,5.77,7.13,12.24)

x_6 = (9.91,12.25,13.06,27.26,25.21,49.98)

无量纲化后得到新序列 $y_i(i = 0,1,2,3\cdots6)$：

y_0 = (1.0000,1.3288,1.6636,2.2280,2.9534,4.4978)

y_1 = (1.0000,1.3980,1.7834,2.4589,3.1553,4.9806)

y_2 = (1.0000,1.3222,1.3222,2.4589,3.1553,4.9806)

y_3 = (1.0000,1.2498,1.3941,1.4083,1.9323,2.4021)

y_4 = (1.0000,1.2813,1.4440. 1.7939,2.4165,3.5870)

y_5 = (1.0000,1.2768,2.1695,2.9174,3.6076,6.1901)

y_6 = (1.0000,1.2363,1.3174,2.7502,2.5440,5.0430)

进一步计算得到关联系数 $\varepsilon_i(i = 1,2,3\cdots6)$：

ε_1 = (1.0000,0.9648,0.9405,0.8913,0.9037,0.7969)

ε_2 = (1.0000,0.9060,0.7809,0.8155,0.6941,0.4720)

ε_3 = (1.0000,0.9600,0.8754,0.6980,0.6497,0.4747)

ε_4 = (1.0000,1.9755,0.8961,0.8135,0.7792,0.6753)

ε_5 = (1.0000,0.9859,0.7095,0.5566,0.5307,0.3333)

ε_6 = (1.0000,0.9535,0.8455,0.7839,0.8223,0.7765)

最后求关联系数的平均值，得到 2006～2011 年关联度值。同理，计算得出林业第二产业内部灰色动态关联矩阵(表 4-10)。

从表 4-10 中可以看出，根据平均关联度，$\gamma_1 > \gamma_4 > \gamma_3 > \gamma_6 > \gamma_2 > \gamma_5$，即林业第二产业间与其关联度按照大小排列依次为：木材加工及木、竹、藤、棕、苇制品制造，林产化学产品制造，木、竹、苇浆造纸，非木质林产品加工制造业，木、竹、藤家具制造和木质工艺品。

表 4-10　第二产业内部灰色动态关联矩阵

Tab. 4-10　The gray dynamic association matrix in secondary industry

阶段	γ_1	γ_2	γ_3	γ_4	γ_5	γ_6
2006 ~ 2011	0. 9162	0. 7781	0. 7763	0. 8566	0. 6860	0. 8636
2007 ~ 2011	0. 9599	0. 6956	0. 7651	0. 8579	0. 6280	0. 8383
2008 ~ 2011	0. 9795	0. 6106	0. 8109	0. 9396	0. 8140	0. 7924
2009 ~ 2011	0. 9399	0. 6783	0. 7550	0. 9470	0. 6656	0. 6436
2010 ~ 2011	0. 9048	0. 7570	0. 7290	0. 9298	0. 6667	0. 6699
平均值	0. 9401	0. 7039	0. 7672	0. 9062	0. 6920	0. 7616

具体而言，木材加工及木竹等制品制造、林产化学产品制造这两个亚产业与第二产业的总产出关联度最大。尤其木材加工及木竹等制品制造亚产业产值占林业第二产业产值比重最大，且明显高于其他亚产业。但从 2008 年开始，其关联度有下降的趋势。林产化学产品制造关联度逐年上升，具有较好的发展潜力和发展前景。需要引进先进的设备、高新的技术和先进的管理模式，大力发展市场前景好的林化产品，提高产品附加值。木、竹、藤家具制造和木质工艺品与林业第二产业关联度最小，而且二者的关联度发展趋势基本相反，波动性较大。非木质林产品加工制造业关联度呈逐年下降趋势。木材加工及木竹制品制造业均以林木资源为基础材料，在林业生态建设大力推进的同时，也应该对木材资源消耗大的产业采取相应的限制和约束措施。要积极推进木材资源消耗较少的产业，大力发展非木质林产品的加工业。

4. 2. 3. 3　第三产业内部关联分析

同林业第一产业内部关联分析过程，选择 2006 ~ 2011 年林业第三产业产出序列为参考数列 x_0 ，其中的林业旅游与休闲服务、林业生态服务、林业专业技术服务和林业公共管理及其他组织服务为比较数列 $x_i(i = 1,2,3,4)$ ，根据 2006 ~ 2011 年三明市林业森工统计年鉴数据和资料，且 2006 年和 2007 年林业第三产业分类与 2008 ~ 2011 年中的分类方式不统一，为方便统一计算和分析，在本研究中对部分分类进行归类整合，调整后的 x_i 的值分别如下(单位：亿元)：

$x_0 = (6.04, 4.75, 8.37, 11.92, 13.18, 9.42)$

$x_1 = (3.11, 2.88, 3.91, 6.62, 9.24, 6.44)$

$x_2 = (0.69, 0.57, 0.42, 0.57, 0.52, 0.60)$

$x_3 = (0.49, 0.38, 0.57, 0.44, 0.38, 0.31)$

$x_4 = (1.34, 1.18, 3.45, 4.28, 3.03, 2.06)$

无量纲化后得到新序列 $y_i (i = 0, 1, 2, \cdots 4)$：

$y_0 = (1.0000, 0.7866, 1.3856, 1.9725, 2.1823, 1.5597)$

$y_1 = (1.0000, 0.9264, 1.2590, 2.1308, 2.9756, 2.0733)$

$y_2 = (1.0000, 0.8231, 0.6072, 0.8202, 0.7509, 0.8700)$

$y_3 = (1.0000, 0.7664, 1.1650, 0.9029, 0.7705, 0.6295)$

$y_4 = (1.0000, 0.8844, 2.5857, 3.2023, 2.2717, 1.5436)$

进一步计算得到关联系数 $\varepsilon_i (i = 1, 2, 3, 4)$：

$\varepsilon_1 = (1.0000, 0.8365, 0.8497, 0.8189, 0.4743, 0.5822)$

$\varepsilon_2 = (1.0000, 0.9515, 0.4790, 0.3831, 0.3333, 0.5093)$

$\varepsilon_3 = (1.0000, 0.9726, 0.7644, 0.4009, 0.3364, 0.4349)$

$\varepsilon_4 = (1.0000, 0.8797, 0.3736, 0.3679, 0.8890, 0.9780)$

最后求关联系数的平均值，得到 2006～2011 年关联度值。同理，计算得出林业第三产业内部灰色动态关联矩阵(表 4-11)。

表 4-11　林业第三产业内部灰色动态关联矩阵

Tab. 4-11　The gray dynamic association matrix in tertiary industry

阶段	γ_1	γ_2	γ_3	γ_4
2006～2011	0.7603	0.6094	0.6515	0.7480
2007～2011	0.7962	0.5385	0.5991	0.7032
2008～2011	0.6159	0.7587	0.5462	0.6428
2009～2011	0.7544	0.7568	0.8067	0.6875
2010～2011	0.9626	0.6667	0.8422	0.9316
平均值	0.7779	0.6660	0.6892	0.7426

从表 4-11 中可以看出，根据平均关联度，$\gamma_1 > \gamma_4 > \gamma_3 > \gamma_2$，即林业第三产业间与其关联度按照大小排列依次为：林业旅游与休闲服务、林业公共管理、林业专业技术服务、林业生态服务。

三明市林业第三产业近几年发展呈波动增长的方式，具有较大的可变因素，涉及繁多的部门种类，也受统计口径变动的影响。林业旅游与休闲服务产业与林业第三产业关联度最大，且发展还不够具规模，因此发展空间较大。林业专业技术服务业呈逐年上升的态势，也具有很大的发展潜力。

4.2.4 综合分析

根据上面4.2.2和4.2.3的结果，根据关联度平均值，综合得出三明市林业产业关联关系图如图4-9所示。

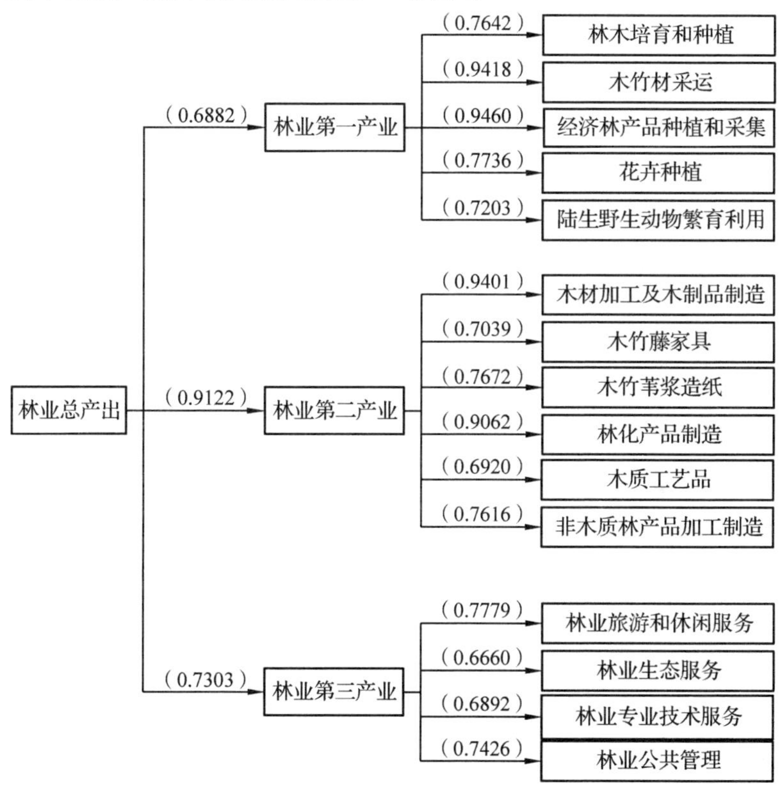

图4-9　三明市林业产业关联关系图

Fig. 4-9　Industrial association of forestry industry in Sanming City

4.2.5 林业产业灰色预测分析

根据4.2.1.2节公式和计算过程，现将林业第一产业，第二产业，第三产业生产总值原始数列(单位：亿元)分别记为 $x_1^{(0)}(t)$，$x_2^{(0)}(t)$，$x_3^{(0)}(t)$，$(t=1,2\cdots11)$，并在 Matlab 统计软件中进行运算，具体计算结果在不在文中做赘述。然后对原始数列进行累加，得数列 $x_1^{(1)}$，$x_2^{(1)}$，$x_3^{(1)}$ 以及矩阵 B_1，B_2，B_3。进而计算得出 α_1、μ_1，α_2、μ_2，α_3、μ_3，最后分别得出三次产业的 GM(1，1)模型，最后预测出 2012～2020 年三明市林业总产值和林业三次产业产值(表 4-12)。

表 4-12　林业产业产值灰色预测模型精度

Tab. 4-12　The accuracy of forestry industry's gray forecast model

	后验差比值	小误差频率 P	等级
林业第一产业	0.25	0.99	好
林业第二产业	0.25	0.99	好
林业第三产业	0.47	0.85	勉强

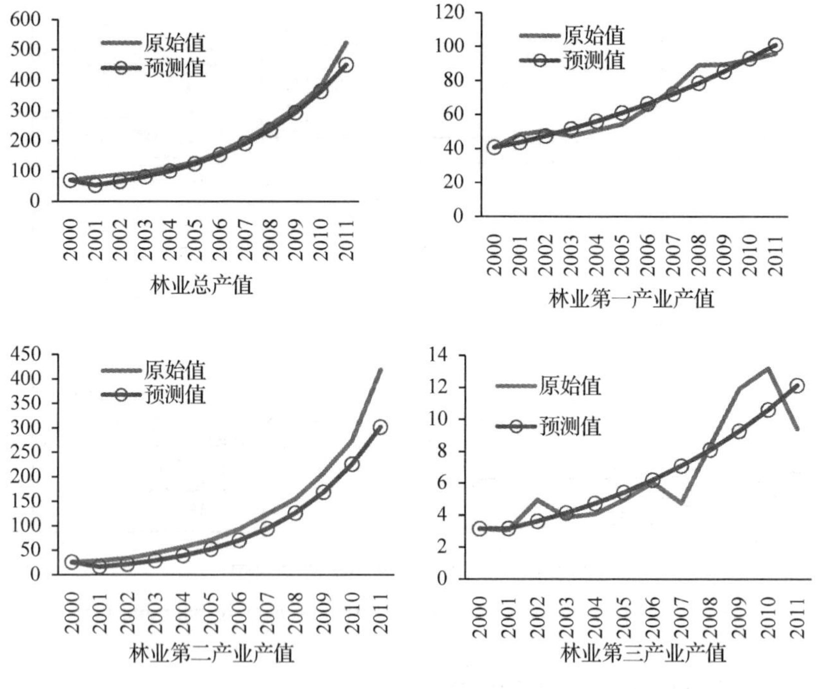

林业总产值

林业第一产业产值

林业第二产业产值

林业第三产业产值

图 4-10　林业产业灰色预测产值(单位：亿元)

Fig. 4-10　Gray forecast output value of forestry industry

由预测模型计算出的预测值与实际值的曲线图(图4-10)，以及经过后验差比值和小误差频率的计算发现林业总产出、林业第一产业产出和林业第二产业产出的模型很理想，等级为“好”，林业第三产业的产出的预测模型等级为“勉强”，虽然结果不是特别好，但也足以反映产值变化的趋势。

通过对近8年的林业产业产值的预测，林业第一产业、林业第三产业比重逐渐下降，第二产业比重逐年增加，但增加速度有所放慢(表4-13)。

表4-13　2012～2020三明市林业产业产值预测表(单位：亿元)

Tab. 4-13　The forecasting of forestry industry in Sanming City

年份	林业第一产业		林业第二产业		林业第三产业	
	产值	比重	产值	比重	产值	比重
2012	109.97	20.82%	404.38	76.55%	13.88	2.63%
2013	119.61	17.67%	541.36	79.98%	15.87	2.34%
2014	130.09	14.90%	724.74	83.02%	18.15	2.08%
2015	141.5	12.49%	970.24	85.67%	20.76	1.83%
2016	153.91	10.42%	1298.89	87.97%	23.74	1.61%
2017	167.4	8.66%	1738.88	89.94%	27.16	1.40%
2018	182.08	7.17%	2327.9	91.61%	31.06	1.22%
2019	198.04	5.91%	3116.44	93.03%	35.53	1.06%
2020	215.41	4.86%	4172.1	94.22%	40.63	0.92%

从预测结构可以看到，在短期内，二次产业仍然为林业产业发展的主导，三次产业比重趋于减少，如果不采取有效的产业政策进行调整，短期内这种产业格局将难以有较大的改变。

4.3　林业产业对地区社会经济发展贡献分析

产业结构和产业关联分析，不仅仅体现在产业内部，同时也体现在产业与区域经济发展的关系上，为此本章又通过几个方面的指标对三明市林业产业与社会经济发展的关系进行了总体的分析。

4.3.1 直接贡献分析

三明市林业产业对地区社会经济发展的贡献主要包括林业产业部分通过自身经济活动直接提供的增加值、居民收入和社会就业，以及对地方财政的贡献(康清恋，2011)。

4.3.1.1 对地区生产总值的直接贡献

林业产业对地区 GDP 的直接贡献度可以表示为：

$$\text{林业产业对 GDP 的直接贡献度} = \frac{\text{林业产业增加值}}{\text{地区 GDP}}$$

总体来看，2001 ~2011 年，三明市林业产业对全市地区生产总值的直接贡献率的绝对量呈上升的趋势，而且远高于国家层面林业对 GDP 的贡献度(表 4-14)。分阶段来看，2001 ~2003 年，林业产业对地区 GDP 的直接贡献呈下降趋势，但是从 2004 年以后，直接贡献绝对量持续增加。从相对贡献度的角度来看，从 2001 年开始，林业产

表 4-14 林业产业对三明市地区生产总值直接贡献表

Tab. 4-14 The direct contribution of the forestry industry to Sanming City's GDP

年份	全市 GDP (亿元)	林业对 GDP 的直接贡献 (亿元)	林业对 GDP 的贡献度
2001	245.87	10.26	4.17%
2002	265.54	8.64	3.25%
2003	295.22	6.95	2.36%
2004	344.47	16.01	4.65%
2005	406.23	18.67	4.60%
2006	470.58	32.54	6.91%
2007	571.76	40.83	7.14%
2008	723.01	48.45	6.70%
2009	800.24	56.44	7.05%
2010	975.10	71.58	7.34%
2011	1211.81	143.56	11.85%

数据来源：2012 三明统计年鉴，2000 ~2011 年三明市林业森工统计年鉴。

业对 GDP 的贡献率呈现波动的增长趋势。在部分年份贡献率下降，尤其在 2008 年，由于南方冰雪灾害对福建省的农林业造成了巨大的损失，因此，从林业产业对地方经济可以直观的反映林业产业在当年林业产业发展所遭受的损失。

4.3.1.2　对居民收入的直接贡献

林业产业对居民的直接贡献度可以表示为：

$$林业产业对居民收入的直接贡献度 = \frac{林业产业劳动者报酬}{全市劳动者报酬总额}$$

从绝对贡献的视角来看，林业对居民收入的直接贡献呈持续增加的趋势，2011 年相对于 2000 年增长量为 7360 万元，约增长了 3.74 倍。从相对贡献的角度来看，2000 ~ 2011 年间林业产业对居民收入的平均贡献度为 1.2%，从 2003 年以后，贡献度显著增加，基本维持在 1.33 % 左右（表 4-15）。这也反映了一个典型的以林为主的区域林业产业的发展贡献仍然不够大。

表 4-15　林业产业对三明市居民收入直接贡献表

Tab. 4-15　The direct contribution of the forestry industry to citizen's income

年份	全市居民总收入（万元）	林业对居民收入的直接贡献（万元）	林业对居民收入的贡献度
2000	235778	1966	0.83%
2001	258259	2171	0.84%
2002	278617	2192	0.79%
2003	301030	4169	1.38%
2004	317466	4421	1.39%
2005	338179	4656	1.38%
2006	382971	5274	1.38%
2007	446373	6231	1.40%
2008	500082	6984	1.40%
2009	565934	7067	1.25%
2010	626139	7844	1.25%
2011	795655	9326	1.17%

数据来源：2000 ~ 2012 年三明统计年鉴，其中居民收入指标选取城镇单位企事业机关职工年工资总额。

4.3.1.3 对社会就业的直接贡献

林业产业对社会就业的直接贡献度可以表示为：

$$林业产业对社会就业的直接贡献度 = \frac{林业系统就业人数}{全市就业人数}$$

林业产业对社会就业的直接贡献度与绝对量变化一致，呈小幅变动的明显下降趋势。2011 年林业产业就业人数相对 2000 年减少了 9791 人(表 4-16)。随着劳动力的外移，集体林权制度改革后产业集聚对高新技术的采纳，使得从事林业的人数在逐渐减少。这也符合现代产业发展的规律。

表 4-16 林业产业对三明市社会就业直接贡献表

Tab. 4-16 The direct contribution of the forestry industry social employment

年份	全市社会就业（人）	林业对社会就业的直接贡献（人）	林业对社会就业的直接贡献度
2000	243491	17407	7. 15%
2001	228364	13948	6. 11%
2002	218897	11739	5. 36%
2003	211354	12595	5. 96%
2004	208494	11143	5. 34%
2005	207021	10431	5. 04%
2006	206854	10234	4. 95%
2007	207096	8958	4. 33%
2008	205452	8459	4. 12%
2009	205803	8403	4. 08%
2010	205917	7903	3. 84%
2011	213542	7616	3. 57%

数据来源：2000 ~ 2012 年三明统计年鉴，其中全市社会就业指标选取城镇单位企业事业机关职工年末人数。

4.3.1.4 对地方财政的直接贡献

林业作为基础性产业，承担着兴林富民的重要使命。近年来，国家为刺激产业发展，推行税费减免制度，以促进林农增收。原来由企业和林农分担的许多税费纳入政策性转移支付，成为地方财税收入的组成部分，林业产业对地方财政的直接贡献度可以表示为：

$$\text{林业产业对地方财政的直接贡献度} = \frac{\text{林业上缴税费}}{\text{全市财政总收入}}$$

由于税费缴交情况计算繁多复杂，而且涉及国税、地税等众多部门，因此仅以2010年数据进行计算。2010年，全市林业行业的财税直接贡献为6.69亿元。全市财政总收入为82.16亿元，林业产业对地方财政的直接贡献度为8.14%。这相对于其他非以林为主导的非山区区域贡献度很高。但是相对于30年前三明市林业的财政贡献率，有显著的降低，这说明三明市作为一个担负生态功能的重要林区，地方政府对林业生态建设的重视程度越来越高。其中，由图4-11所示，35.99%为规模以上林业企业缴交税费，具体分别包括上缴国税和上缴地税；政府性基金收入，具体包括征收育林基金和征收森林植被恢复费；政策性转移支付或补助地方收入，具体包括木材特产税取消专项转移支付和育林基金减半征收中央财政补助资金。

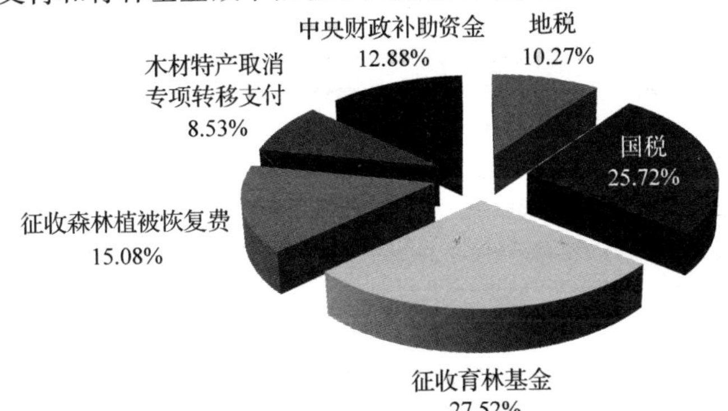

图4-11 林业上缴税费来源

ig. 4-11 The sources of fees and taxes from forestry industry

4.3.2 林业相关产业与地区 GDP 关联分析

选择 1952～2011 年之间共 41 年的时间序列数据，三明市地区生产总产出序列为参考数列 x_0，其中农业总产值、林业总产值、牧业总产值和渔业总产值为比较数列 $x_i(i = 1,2,3,4)$，根据 2012 年三明市统计年鉴数据和资料，x_i 的原始数值见表 4-17 所示①。

表 4-17 主要年份农林牧渔及地方总产值

Tab. 4-17 Agriculture, forestry, animal husbandry and fishery and local output value of major Year

单位：万元

年份	地区生产总值	农业总产值	林业总产值	牧业总产值	渔业总产值
1952	10349	7442	1427	1224	20
1957	15190	9293	1784	1530	25
1962	16824	9453	1815	1556	23
1965	26369	13060	2508	2152	32
1969	31616	14704	2822	2422	36
1970	42014	19004	3647	3128	52
1975	59388	23523	4517	3871	63
1978	82267	29331	5552	4789	103
1979	94721	35711	6902	5952	116
1980	112442	39284	7955	7531	185
1981	120719	45312	11154	8928	292
1982	136336	51613	11208	10212	499
1983	148418	55652	12763	11667	632
1984	173044	55196	16918	13180	916
1985	221844	69928	22327	19095	1953
1986	257036	78300	27504	23371	2680

① 注：其中产值均以现行价计算；地区生产总值的 2005 年及以后年度数据系根据第二次全国经济普查结果修订数；1990～1997 年畜牧业产值是根据 1996 年农业普查数据进行调整；2003 年以前数据按照 2003 年最新口径进行调整；2006、2007 年数据时根据 2006 年农业普查数据进行调整；林业总产值为统计局统计结果，与三明市林业局统计口径不一致，因此与三明市林业森工统计年鉴数据不完全一致，由于在此是研究农林牧渔产业产值与地区总产值的关联性，大部分数据是以 2012 年三明统计年鉴为依据，因此为统一数据口径，林业总产值也采用 2012 年统计年鉴数据。

（续）

年份	地区生产总值	农业总产值	林业总产值	牧业总产值	渔业总产值
1987	324595	95478	35553	32952	5238
1988	440732	127202	47713	49481	6180
1989	536600	152792	55124	71141	7582
1990	569729	175856	57986	55890	11366
1991	638574	206208	65438	57348	14914
1992	757477	259501	73699	62633	17530
1993	999857	291361	95926	69216	18383
1994	1440839	374253	127406	92190	26063
1995	1595856	479742	145453	105815	46208
1996	1726238	537999	159139	124975	65643
1997	1903898	542094	175257	134770	79049
1998	2042002	546189	184617	155684	78961
1999	2171617	550284	202221	165382	81427
2000	2309137	554379	223423	175892	84070
2001	2458687	571664	225132	189326	85888
2002	2655363	596130	228096	191936	86615
2003	2952172	624065	240627	218562	89851
2004	3444700	726660	267450	265104	95427
2005	4062277	798619	296056	289197	107827
2006	4705847	893157	327835	260519	78609
2007	5717644	1036587	382873	332471	85212
2008	7230052	1181810	478194	397173	95801
2009	8002444	1289455	531904	347808	102028
2010	9751020	1503366	636028	361655	125730
2011	12118142	1701423	758588	446854	154080

数据来源：2012 年三明统计年鉴。

无量纲化后得到新序列 $y_i(i=0,1,2,3,4)$，见表 4-18。

表 4-18 无量纲化序列

Tab. 4-18 no dimensional sequence

y_0	y_1	y_2	y_3	y_4
1.0000	1.0000	1.0000	1.0000	1.0000
1.4678	1.2487	1.2502	1.2500	1.2500
1.6257	1.2702	1.2719	1.2712	1.1500
2.5480	1.7549	1.7575	1.7582	1.6000
3.0550	1.9758	1.9776	1.9788	1.8000
4.0597	2.5536	2.5557	2.5556	2.6000
5.7385	3.1608	3.1654	3.1626	3.1500
7.9493	3.9413	3.8907	3.9126	5.1500
9.1527	4.7986	4.8367	4.8627	5.8000
10.8650	5.2787	5.5746	6.1528	9.2500
11.6648	6.0887	7.8164	7.2941	14.6000
13.1738	6.9354	7.8542	8.3431	24.9500
14.3413	7.4781	8.9439	9.5319	31.6000
16.7208	7.4168	11.8556	10.7680	45.8000
21.4363	9.3964	15.6461	15.6005	97.6500
24.8368	10.5214	19.2740	19.0940	134.0000
31.3649	12.8296	24.9145	26.9216	261.9000
42.5869	17.0924	33.4359	40.4257	309.0000
51.8504	20.5310	38.6293	58.1217	379.1000
55.0516	23.6302	40.6349	45.6618	568.3000
61.7039	27.7087	45.8570	46.8529	745.7000
73.1933	34.8698	51.6461	51.1708	876.5000
96.6139	39.1509	67.2221	56.5490	919.1500
139.2249	50.2893	89.2824	75.3186	1303.1500
154.2039	64.4641	101.9292	86.4502	2310.4000
166.8024	72.2923	111.5200	102.1038	3282.1500
183.9693	72.8425	122.8150	110.1062	3952.4500
197.3139	73.3928	129.3742	127.1928	3948.0500
209.8383	73.9430	141.7106	135.1160	4071.3500
223.1266	74.4933	156.5683	143.7026	4203.5000
237.5773	76.8159	157.7659	154.6781	4294.4000
256.5816	80.1035	159.8430	156.8105	4330.7500

（续）

y_0	y_1	y_2	y_3	y_4
285.2616	83.8572	168.6244	178.5637	4492.5500
332.8534	97.6431	187.4212	216.5882	4771.3500
392.5285	107.3124	207.4674	236.2721	5391.3500
454.7151	120.0157	229.7372	212.8423	3930.4500
552.4828	139.2888	268.3062	271.6266	4260.6000
698.6232	158.8027	335.1044	324.4877	4790.0500
773.2577	173.2673	372.7428	284.1569	5101.4000
942.2186	202.0110	445.7099	295.4698	6286.5000
1170.9481	228.6244	531.5964	365.0768	7704.0000

进一步计算得到关联系数 $\varepsilon_i(i = 1,2,3,4)$，见表 4-19。

表 4-19　关联系数表

Tab. 4-19　correlation coefficient

ε_1	ε_2	ε_3	ε_4
1.0000	1.0000	1.0000	1.0000
0.9999	0.9999	0.9999	0.9999
0.9999	0.9999	0.9999	0.9999
0.9998	0.9998	0.9998	0.9997
0.9997	0.9997	0.9997	0.9996
0.9995	0.9995	0.9995	0.9996
0.9992	0.9992	0.9992	0.9992
0.9988	0.9988	0.9988	0.9991
0.9987	0.9987	0.9987	0.9990
0.9983	0.9984	0.9986	0.9995
0.9983	0.9988	0.9987	0.9991
0.9981	0.9984	0.9985	0.9964
0.9979	0.9984	0.9985	0.9947
0.9972	0.9985	0.9982	0.9912
0.9963	0.9982	0.9982	0.9772
0.9956	0.9983	0.9982	0.9677

（续）

ε_1	ε_2	ε_3	ε_4
0.9944	0.9980	0.9986	0.9341
0.9923	0.9972	0.9993	0.9246
0.9905	0.9960	0.9981	0.9089
0.9905	0.9956	0.9971	0.8642
0.9897	0.9952	0.9955	0.8269
0.9884	0.9934	0.9933	0.8026
0.9827	0.9911	0.9879	0.7988
0.9735	0.9849	0.9808	0.7373
0.9733	0.9842	0.9797	0.6024
0.9719	0.9834	0.9806	0.5118
0.9671	0.9816	0.9779	0.4643
0.9634	0.9796	0.9790	0.4655
0.9601	0.9796	0.9776	0.4583
0.9565	0.9800	0.9763	0.4507
0.9531	0.9761	0.9752	0.4460
0.9487	0.9712	0.9704	0.4450
0.9419	0.9655	0.9684	0.4371
0.9328	0.9574	0.9656	0.4239
0.9197	0.9464	0.9543	0.3952
0.9071	0.9356	0.9311	0.4845
0.8877	0.9200	0.9208	0.4683
0.8582	0.8999	0.8972	0.4439
0.8448	0.8908	0.8698	0.4301
0.8153	0.8681	0.8347	0.3794
0.7761	0.8363	0.8021	0.3333

最后求关联系数的平均值，得到1952～2011年关联度值。同理计算得出农业、林业、牧业、渔业产业与三明市地区生产总值灰色动态关联度值，并按照时间序列形成关联矩阵（表4-20）。

表 4-20　三明市农林牧渔产业与地区总产值的灰色动态关联矩阵

Tab. 4-20　The gray dynamic association matrix between AFAF and Regional output value

阶段	γ_1	γ_2	γ_3	γ_4
1952 ~ 2011	0. 9624	0. 9754	0. 9731	0. 7405
1957 ~ 2011	0. 9694	0. 9830	0. 9803	0. 7354
1962 ~ 2011	0. 9752	0. 9879	0. 9852	0. 7300
1965 ~ 2011	0. 9791	0. 9921	0. 9892	0. 7237
1969 ~ 2011	0. 9807	0. 9934	0. 9909	0. 7166
1970 ~ 2011	0. 9789	0. 9929	0. 9902	0. 7082
1975 ~ 2011	0. 9835	0. 9948	0. 9916	0. 7008
1978 ~ 2011	0. 9820	0. 9936	0. 9892	0. 6910
1979 ~ 2011	0. 9807	0. 9937	0. 9895	0. 6818
1980 ~ 2011	0. 9752	0. 9910	0. 9855	0. 6694
1981 ~ 2011	0. 9580	0. 9810	0. 9769	0. 6537
1982 ~ 2011	0. 9306	0. 9726	0. 9616	0. 6324
1983 ~ 2011	0. 9153	0. 9638	0. 9485	0. 6142
1984 ~ 2011	0. 9061	0. 9364	0. 9349	0. 5890
1985 ~ 2011	0. 8255	0. 8645	0. 8424	0. 5566
1986 ~ 2011	0. 8309	0. 8436	0. 8262	0. 6183
1987 ~ 2011	0. 8384	0. 8374	0. 8013	0. 7558
1988 ~ 2011	0. 8409	0. 8401	0. 7794	0. 7402
1989 ~ 2011	0. 8440	0. 8581	0. 7521	0. 7416
1990 ~ 2011	0. 8037	0. 8400	0. 7832	0. 7427
1991 ~ 2011	0. 7747	0. 8232	0. 7935	0. 7472
1992 ~ 2011	0. 7471	0. 8379	0. 8160	0. 7330
1993 ~ 2011	0. 7662	0. 8216	0. 8363	0. 6613
1994 ~ 2011	0. 7705	0. 8270	0. 7981	0. 6155
1995 ~ 2011	0. 7443	0. 8345	0. 8194	0. 7408
1996 ~ 2011	0. 7444	0. 8400	0. 8419	0. 7493
1997 ~ 2011	0. 7652	0. 8346	0. 8348	0. 7177
1998 ~ 2011	0. 7682	0. 8250	0. 8165	0. 7135
1999 ~ 2011	0. 7724	0. 7990	0. 8010	0. 6988
2000 ~ 2011	0. 7785	0. 7634	0. 7825	0. 6806
2001 ~ 2011	0. 7731	0. 7680	0. 7565	0. 6610

（续）

阶段	γ_1	γ_2	γ_3	γ_4
2002～2011	0.7658	0.7790	0.7485	0.6429
2003～2011	0.7761	0.7875	0.7076	0.6196
2004～2011	0.7381	0.7952	0.6453	0.5947
2005～2011	0.7589	0.8367	0.6308	0.5455
2006～2011	0.6830	0.8303	0.6847	0.6243
2007～2011	0.7043	0.9141	0.6179	0.7148
2008～2011	0.8166	0.9179	0.5658	0.8886
2009～2011	0.6855	0.8001	0.5748	0.9526
2010～2011	0.6667	0.7171	0.9213	0.8450
平均值	0.8365	0.8797	0.8366	0.6972

如表4-20所示，得到$\gamma_2 > \gamma_3 > \gamma_1 > \gamma_4$，林业产业与地区生产总值的平均关联度最大，牧业产业和农业产业次之，渔业平均关联度相对最小，说明在农林牧渔大产业中，林业产业对三明市地区社会经济发展贡献最大。具体来看林业产业与地区总产值的关联系数，1952～1979年，三明市林业产业与地方总产值的关联度呈上升趋势，1980～2000年，三明市林业产业与地方总产值的关联度呈小幅波动下降趋势，2001～2008年，林业产业对区域经济发展的贡献率又开始显著提升，但是到2008年，关联度又开始下降。总体来看，林业产业在农林牧渔产业发展中，对地方GDP的增长的作用和相关性都相对较大，由于林业产业的发展速度还不及区域经济的发展速度，导致关联系数呈现不稳定的状态。

4.4 林业产业结构发展的问题

综合前文描述、计算、分析的结论，对三明市林业产业结构做进一步的阐释。总体来看，三明市林业产业产值逐年增加，且总产出、第二产业产值增长率都在不断提高，第一产业增长率小幅波动，第三产业增长率大幅波动。在社会经济不断发展过程中，林业产业结构还存在些问题，主要体现在以下几个方面：

第一，林业内部产业结构布局不合理。一般而言，产业结构的合理性主要体现在：首先，各产业生产的产品能够满足不断增长的物质文化要求；其次，各产业间能够相互协调，具有较高的运作效率。三明市林业作为全市发展的支柱产业，在结构的分配上缺乏合理性。2003年以前，林业第一产业产值的比重最大，其次为第二产业、第三产业，在2004年以后，林业工业逐步快速发展，一方面是由于为了减少对森林资源的基础性破坏，保持森林生态效益和环境效益，木材砍伐量明显减少，则产业结构优势由第一产业向第二产业、第三产业占优势的态势快速演进，但是第三产业的绝对量太小，一直占总产出5%左右。第二产业逐渐成为主导产业，这在一定程度上是林业产业发展合理化的一个重要标志。但是，在林业第二产业快速发展的同时，也会产生相关的其他技术、科学等因素的提高的步伐是否与产业发展速度同步的问题。发展过快是否带来对资源环境破坏更重的问题？这在经济快速发展中都应引起思考，因为经济发展往往是以产生资源大量消耗为代价。此外，林业加工业的快速发展，对木材的需求量逐年上升，而当地的木材供应量还不能够完全达到要求，还会产生部分企业从外省购进原材料的情况。国民经济水平的高度发展还体现在人们对生活质量提升的追求，第三产业相关的林业服务业的同步发展则是一个重要体现，对于三明市而言，这部分太薄弱，虽然近十年，产值比重稳步增加，而且与总产出增加比重关联十分紧密，但这并不能说明第三产业发展十分到位。

第二，在第一产业中，资源培育水平还需加强。当前三明市森林覆盖率居全国以及全省前列，但多是低产林，2011年，速生丰产林比重仅占用材林的6.82%。中幼林比重较大，而且林改后，通过人工造林的林木，林龄结构还不够合理，使得可采伐的林业资源少，活立木蓄积量低。人工造林的树种缺乏多样性，树种比较单一。第一产业中的森林资源培育很难跟上快速发展的林产加工业，即资源培育与木材利用联系不紧密，原料林规模基地建设还有很大的提升空间。在上面分析中，林业第一产业中的木竹材采运和经济林产品占据主导位置，林木的培育和种植应该得到更多的重视，此外，花卉、林业中药材的种植作为新兴的特色产业，具有很大的潜力，从长远来看，花卉产业、林业生物产业会对经济收益的增长带来巨大的作用，因此，花卉产业、林产中药材应该得到大力发展。还有根据市场需求，合理安排和统筹规划林地的利用，在有限的土地上优化林种结构，科学调整用材林、造纸林、经济林、薪炭林、特用林、防护林和竹林等林种的比例，以实现林业产业整体经济效益和生态效益的最大化。第二产业高速发展，势必也会产生产业链条中的短板，有关林业规模企业的发展将在后文中详细论述。第三产业发展非常缓慢，因此产生的就业带动率就低，带来的经济效益也低。

4.5 本章小结

本章基于对三明市林业产业结构，产业结构内外部关联的定性与定量分析，发展三明市林业产业结构有如下特点：

1）总体来看，三明市林业产业规模较大，总产值及三次产业产值快速增长，其中林业第二产业发展速度占绝对优势。但是林业产业结构变动较大，林业产业三次产业结构比重为由 2000 年的 58.30：37.19：4.51 发展为 2011 年的 18.30：79.90：1.80，产业结构不合理，林业第二产业发展较快，林业第三产业发展极为缓慢，并且在 2011 年林业第三产业产值较上一年减少了 28.53%。

2）在林业第一产业产值构成中，经济林产品的种植与采集与木竹材的采运共占到了 90.37%；林业第二产业产值构成以木材加工及制造为主，所占比重为 55.80%；林业旅游与休闲服务在林业第三产业产值构成中比重最大，所占比重为 68.40%。

3）林业第二产业与总产出的平均关联度最大，其次是林业第三产业，林业第一产业相关度最小。在大农业范畴中，林业相对于农业、渔业、牧业，与地区产业发展关联度最大，说明林业产业在大农业范畴中对地区社会经济发展贡献最大。

4）林业产业对地区 GDP 的直接贡献度在持续增加，从 2001 年的 4.17% 达到 2011 年的 11.85%；林业产业对居民收入的直接贡献在 1.33% 左右，增长量在 12 年间增长了 3.74 倍；林业产业对社会就业贡献从 2000 年的 7.15% 降为 2011 年的 3.57%；林业对地方财政贡献较大。这也预示着林业产业发展也将会得到政府和社会的更多重视，政策的制定也将有利于林业产业的发展。

根据计算结果分析，并结合三明市林业经济结构的现状，必须对现有林业三次产业结构进行合理的调整和优化。在林业产业结构中，林业第三产业的发展要引起足够的重视，在未来的发展中，技术密集型产业、资金密集型产业逐渐成为发展趋势，因此要加大对林业产业建设的资金支持和科技支持。首先要加强原料林基地建设，为林产加工业提供高效高质高量的原料林。还要合理开发和利用森林景观、人文景观、林区矿产、野生动植物驯养业等森林资源，提高林业第三产业在林业经济总量中的份额。资源要得到合理配置，进一步加快林产深加工业发展，提升产品附加值。通过提高科学技术，提高人工林培育的科技含量，实现集约、高效经营，推进林业可持续发展。对幼稚产业进行保护，对衰退产业进行调整，实施产业扶植与产业调整，更要加大对支柱产业的振兴、特色产业的保护、支援和扶持，实现林业产业结构合理化和高度化。从长远来看，林业产业结构的优化和调整还任重道远，应该在产值快速增长的同时，注意产业结构的合理化发展。

第 5 章

三明市县域林业产业发展差异分析

根据区域经济学中区域经济差异理论，区域经济差异一般指区域之间在经济发展中存在差别，它是社会经济发展不平衡规律的空间表现形式。区域经济差异不仅直接影响各区域的经济发展能力，而且还影响到各区域的社会发展能力。如果一个区域的经济发展水平高，经济实力强，就有能力投入更多的资源去发展社会事业，提高人民的物质生活水平和精神生活水平，改善生态环境。反之，如果一个区域的经济发展水平低，经济实力有限，区域就可能对社会发展问题无力顾及，对经济和社会发展的投入无法保证。区域之间的经济差异扩大后导致社会差异也随之扩大，区域经济差异的缩小，关系到区域经济和社会的统筹发展水平。林业产业作为三明市的主导产业，不同县(市、区)中林业产业的发展都对当地社会经济发展水平起着重要的作用。而且对不同县(市、区)林业产业发展差异性的判断，对三明市林业产业的整体发展都具有重要的统筹作用，可以作为政策发展导向的基础。

5.1 各县基本情况介绍

三明市现辖 2 区 1 市 9 县，三元区、梅列区、永安市、明溪县、清流县、宁化县、大田县、尤溪县、沙县、将乐县、泰宁县、建宁县(图 5-1)。从区域经济差异的表现形式来看，不同区域在条件差异、位势差异、趋势差异中均有所表现。

条件差异即区域在地理位置、自然条件和历史基础方面的差异。

图5-1　三明市行政区划图

Fig. 5-1　Administrative map of Sanming City

区域的条件基础提供了区域发展的最基本条件，由于这些条件是长期形成，基本上处于无变化或变化缓慢的状态，表现为静态差异，而且这些条件基础对区域经济的发展具有长远的综合的影响。表5-1为三明市各县(市、区)自然条件和林业资源基本情况，这些林业以及自然基础是区域林业产业发展的基础条件。

位势差异主要是指区域经济发展水平的现实差异。一般具体表现为两种形式：一种是绝对的位势差异，即为区域间经济发展水平的总量差别，另一种是相对的位势差异，即为区域之间经济发展水平的平均量差别。位势差异在不同的区域中，区域间的位势差异会产生变动，可能会缩小，也可能会扩大，有的区域还有可能会超越原来比它发达的区域，同时，同一区域位势差异的两种形式一般都不居于同一位次。表5-2为2011年三明市各县(市、区)绝对位势差异和相对位势差异，也可以看出，位次很少在同一水平上，除了市区和宁化县外，其他县(市、区)的绝对位势差异和相对位势差异均有所不同。个别县(市、区)的两个指标变化较大，如明溪县和泰宁县。

趋势差异表现为区域间未来经济发展趋势的差异，亦或是区域经济发展方向的差异，这是区域经济发展中长期存在的总体差异。一般

表 5-1　三明市各县(市、区)资源条件差异

Tab. 5-1　The different of nature resource between counties in Sanming City

县(市、区)	土地面积(平方公里)	林地面积(万公顷)	森林覆盖率	森林蓄积量(万立方米)	总人口(万)
三元	811	6. 96	81. 60%	656. 67	19. 92
梅列	353	2. 87	80. 60%	300	17. 77
明溪	1708. 6	14. 73	81. 30%	1277. 99	10. 27
宁化	2368	14. 72	70. 10%	1019. 91	27. 29
清流	1825	15. 36	79. 50%	1102. 6	13. 62
永安	2942	32. 17	83. 20%	1953	34. 83
大田	2295	10. 34	48. 60%	526. 9	31. 21
尤溪	3425. 3	25. 33	74. 20%	1600	35. 28
沙县	1815. 09	14. 77	75. 90%	1172	22. 76
将乐	2246	19. 5	84. 50%	1794. 77	14. 94
泰宁	4925	12. 47	77. 80%	624. 8	11. 05
建宁	1742. 3	13. 53	79. 20%	736. 39	12. 06

资料来源：三明市人民政府网站，各县(市、区)林业局网站，三明市各县(市、区)林业统计年鉴以及实地调研。

的，每个具体县(市、区)的未来林业产业发展趋势都会各有特色，根据本区域的资源禀赋情况、经济发展情况而显示不同的发展趋势。

区域经济差异的以上三种类型之间有着密切的联系，条件差异是区域差异的基础，它对位势差异和趋势差异起着直接的决定作用。同样，位势差异作为一种现实的区域差异，对趋势差异的形成也有一定的影响(聂华林，2006)。

5. 2　区域林业产业发展总体差异性分析

本部分通过对三明市不同县(市、区)间的林业产业发展差异分析，来反映三明市林业产业总体差异。

表 5-2　三明市各县(市、区)位势差异

Tab. 5-2　Potential differences between Sanming City's counties

县(市、区)	绝对位势差异		相对位势差异	
	地区生产总值(亿元)	位次	人均生产总值(万元)	位次
三明市	3016.77		4.84	
市区	783.64	1	7.30	1
明溪	90.39	11	3.93	8
宁化	157.16	7	2.68	7
清流	109.17	9	3.91	6
永安	567.74	2	6.49	3
大田	248.19	5	3.53	11
尤溪	272.71	4	3.52	2
沙县	415.36	3	5.80	5
将乐	162.52	6	4.69	9
泰宁	99.31	10	5.20	4
建宁	110.60	8	4.40	10

资料来源：2012 年三明市统计年鉴。

5.2.1　静态不平衡差

静态不平衡差是两类地区相同时期的水平差值与其中较低水平的对比，其计算结果反映地区差异的绝对值为低水平地区的倍数。计算公式表示为：

$$\text{静态不平衡差} = \frac{\text{高水平地区水平指标} - \text{低水平地区水平指标}}{\text{低水平地区水平指标}} \times 100\%$$

以三明市各县(市、区)林业产业产值(表 5-3)为指标，2000 年，沙县林业总产值最高，设为高水平地区水平指标，梅列区设为低水平地区指标，计算三明市区域最大静态不平衡差为 13.94；到 2011 年，静态不平衡差为 6.71，显示为减少趋势，从静态不平衡的角度来看，差距在变小。现在计算各县(市、区)的林业静态不平衡差，由于沙县

在2000年和2011年林业总产值都最高，因此在2000年也设为高水平地区水平指标。由表5-4可看出，在这十几年间，只有清流县、大田县、尤溪县和将乐县的林业静态不平衡差差距变大，其他县(市、区)落差在逐渐减小。

表5-3 三明市各县(市、区)林业总产值

Tab. 5-3 Output value of forestry in Sanming City's counties

(单位：亿元)

年份	三元	梅列	明溪	宁化	清流	永安	大田	尤溪	将乐	泰宁	建宁
2000	2.94	1.26	3.26	2.72	2.79	9.45	4.86	9.83	18.79	6.19	4.20
2011	27.14	17.02	25.86	28.21	18.60	97.71	28.25	49.92	131.19	33.53	31.84

表5-4 三明市各县(市、区)林业静态不平衡差

Tab. 5-4 Static unbalance of forestry in Sanming City's counties

年份	三元	梅列	明溪	宁化	清流	永安	大田	尤溪	将乐	泰宁	建宁
2000	5.40	13.94	4.76	5.91	5.73	0.99	2.87	0.91	2.04	3.47	5.12
2011	3.83	6.71	4.07	3.65	6.05	0.34	3.64	1.63	2.91	3.12	2.80

5.2.2 库兹涅茨比率

库兹涅茨比率是反映区域收入分配的平衡性的指标。设 P_i 和 Q_i 分别是区域人口比重和收入分配比重，K 值表示库兹涅茨比率。

$$K = \sum_{i=1}^{n} |P_i - Q_i| \tag{5-1}$$

本部分分别取2000年和2011年三明市各县(市、区)林业系统内从业人数和收入作为基础指标进行计算三明市区域收入分配的均衡性，具体计算结果见表5-5所示。2000~2011年，库兹涅茨比率从8.00%增加到44.61%。表明三明市经过这十几年的发展，林业产业收入差距变得越来越大。

表 5-5　三明市林业系统从业人数和收入库兹涅茨比率计算表

Tab. 5-5　Kuznets ratio about forestry employees' number and revenue calculations in Sanming City

县(市、区)	2000 年		2011 年	
	林业系统从业人数比重	林业系统收入比重	林业系统从业人数比重	林业系统收入比重
三元	5. 43%	5. 44%	7. 41%	6. 75%
梅列	3. 89%	3. 38%	3. 49%	8. 86%
明溪	5. 44%	5. 57%	5. 61%	8. 23%
宁化	5. 77%	5. 15%	6. 17%	7. 31%
清流	5. 84%	5. 78%	8. 43%	8. 65%
永安	21. 90%	21. 48%	21. 45%	6. 89%
大田	4. 19%	4. 95%	7. 17%	9. 77%
尤溪	15. 88%	15. 30%	13. 83%	9. 32%
沙县	11. 19%	13. 49%	12. 04%	9. 73%
将乐	11. 55%	10. 10%	6. 71%	6. 44%
泰宁	5. 67%	5. 31%	2. 71%	10. 16%
建宁	3. 23%	4. 05%	4. 98%	7. 89%
库兹涅茨比率	8. 00%	44. 61%		

资料来源：2000 年、2011 年三明市林业森工统计年鉴。

5. 2. 3　锡尔系数

锡尔系数(Theil coefficient)又名锡尔熵(Theil entropy)，是一种根据统计信息理论提出的测度不平等的指标。锡尔系数是一种具有空间可分解性的区域差异分析方法。计算公式为：

$$T = \sum_{i=1}^{n} y_i \log \frac{y_i}{p_i} \tag{5-2}$$

其中，y_i 表示第 i 个子区域的地区生产总值占区域总产值的比重，p_i 表示第 i 个子区域的人口比重，n 表示子区域的个数。通常来看，锡尔系数值越小，表示各区域间经济发展水平差异越小，反之，锡尔系数值越大，各区域间经济发展水平差异越大。计算结果见表 5-6 所示。

表 5-6　三明市锡尔系数表

Tab. 5-6　Sanming City's theil coefficient

县(市、区)	2000		2011	
	y_{i0}	P_{i0}	y_i	P_i
市区	0.0289	0.1898	0.0563	0.0076
明溪	0.1593	0.1141	0.2861	0.0059
宁化	0.0893	0.0650	0.1795	0.0027
清流	0.1496	0.1297	0.1704	0.0073
永安	0.0806	0.1219	0.1721	0.0100
大田	0.0994	0.0381	0.1138	0.0029
尤溪	0.1570	0.1644	0.1831	0.0042
沙县	0.2764	0.1423	0.3158	0.0068
将乐	0.1855	0.2054	0.2063	0.0043
泰宁	0.1322	0.1140	0.3206	0.0026
建宁	0.1355	0.0724	0.3120	0.0033
锡尔系数	0.1616	3.9459		

数据来源：2000 年、2012 年三明统计年鉴、三明市林业森工统计年鉴。

其中，本算法中 y_{i0} 、y_i 分别表示 2000 年、2011 年各县(市、区)林业总产值占当地 GDP 的比重，p_{i0} 、p_i 分别表示 2000 年、2011 年各县(市、区)林业系统从业人数占当地总从业人口的比重，由于统计年鉴的指标标注，将三元区和梅列区统一为市区，计算得，2000 年三明市林业产业锡尔系数为 0.1616，2011 年三明市林业产业锡尔系数增加到 3.9459，表明 2000 ~2011 年间，三明市各县(市、区)的林业产业经济发展水平差异变大。

5.2.4　区位商

区位商(Location Quotient)是用来表示区域的产业相对集中度。一般用一个地区的某一产业相对于国家或者地区的产业，其计算公式为：

$$LQ_{ij} = \frac{L_{ij}/\sum_{j} L_{ij}}{\sum_{i} L_{ij}/\sum_{i}\sum_{j} L_{ij}} \tag{5-3}$$

首先假定各地区的产业结构与全国相同，即分析前提是自给自足的经济体系。在式中，用 i 表示地区，j 表示产业，用 L_{ij} 代表为第 i 个地区，第 j 个产业的产出指标。LQ_{ij} 为 i 地区 j 产业的区位商。区位商 LQ_{ij} 表示 i 地区 j 产业在本地区总产值比重与全国或更大范围内的地区的 j 行业占整个社会经济总产值比重之比。当有差异存在与地区间与全国的产业结构，地区分工和产品贸易也同时存在。具体来看，当 $LQ_{ij}>1$ 时，表示 i 地区的 j 产业不仅能够满足本区域的需求，还占领了一部分的区外市场，即为超出 1 的部分份额。反之，当 $LQ_{ij}<1$ 时，表示 i 地区的 j 产业产生了贸易逆差，由于需求大于供给，区域内部无法满足区域内的需求。区域内产业供需能力和水平达到平衡时，区位商的值则正好等于 1。

本研究对三明市各县(市、区)的 2011 年区位商进行计算，指标选取 2011 年三明市各县(市、区)和全省 GDP，各县(市、区)和全省林业总产值，具体计算结果见表 5-7 所示。

表 5-7　三明市各县(市、区)区位商

Tab. 5-7　Location quotient of each county in Sanming City

县(市、区)	区位商	排名
三明市	2.68	
市区	0.87	11
明溪	4.41	4
宁化	2.77	7
清流	2.63	8
永安	2.65	8
大田	1.75	10
尤溪	2.82	6
沙县	4.87	2
将乐	3.18	5
泰宁	4.94	1
建宁	4.81	3

从结果可以看出，三明市的林业产业的区位商为2.68，大于1，可见三明市林业产值在经济发展中处于优势地位。三明市林业产业发展在当地具有产业竞争力，由于资源丰富和发展较为成熟，拥有相对较低的生产成本和机会成本，诸如劳动力、原料、技术等生产要素的质价比。三明市林业产业一直为地区的支柱产业，因此，相对于全国平均水平，拥有较强的营销能力和管理能力，对现有资源利用和销售能够较好的整合在一起。三明市的林业产业集群相对来说发展完整，外部规模经济产生的效用较强。这些都促使三明市林业产业的主导产业和优势地位。

由于统计资料获取，本部分将三元区和梅列区整体整合为市区，现对于福建省林业产业发展，三明市区区位商小于1，说明当地林业产业的供给能力不能满足本区域的需求，是因为市区作为经济开发区，主要没有作为林区进行林业生产，而是作为行政主管部门执行其他经济发展任务，相对于其他山区县(市、区)来说，资源禀赋相对较弱。其他县(市、区)的区位商值都大于1，则表明林业产业在当地其他区域具有较强的优势。尤其泰宁县、沙县、建宁县和明溪县，区位商都大于4。对于不同区域具有不同水平的区位商，将在下文中详细分析影响林业产业区域差异的不同因素和指标。

5.3 区域林业产业优势评价

5.3.1 区域产业优势内涵

区域优势通常是指比较优势，但在迈克尔·波特发表文章《国家竞争优势》和出版《国家竞争优势》书籍后，竞争优势理论便被广泛传播，从区域经济的角度来看，区域经济的优势逐渐从比较优势扩展到竞争优势。

(1)比较优势

区域差异化决定区域比较优势，没有差异也就无所谓优劣势。区域比较优势，是指相对于一定的目标而言，区域在其发展过程中所具有的特殊有利条件，亦或体现在包括区位、自然资源等自然禀赋上，亦或体现在包括经济资源、社会资源等获得性禀赋上。从有利于区域经济在总体或在某一方面的发展而言，区域间的差异就形成了地区所具备的比较优势。具体来看，比较优势是一个相对的概念，只有在于其他的区域比较时才能够显现出来。同时，比较优势是可以变化的。构成区域比较优势的条件是处于不断的变化之中的，随着社会经济的发展，产业发展布局的改变，一些不利条件或者一般条件可能会转变成区域经济发展的有利条件，构成区域产业经济发展的比较优势，而部分有利条件会逐渐变成区域经发展的一般条件甚至是不利条件。此外比较优势同时兼具区域性和跨区域性。

(2)竞争优势

在研究初始，对于竞争力的研究主要偏重于企业发展战略和竞争力问题，后逐步扩展到产业和国家的层面，进而形成了国家竞争优势理论。在国家竞争优势理论中，波特提出了“钻石体系”模型，具体来说体系主要包括如图 5-2 所示的几个方面。

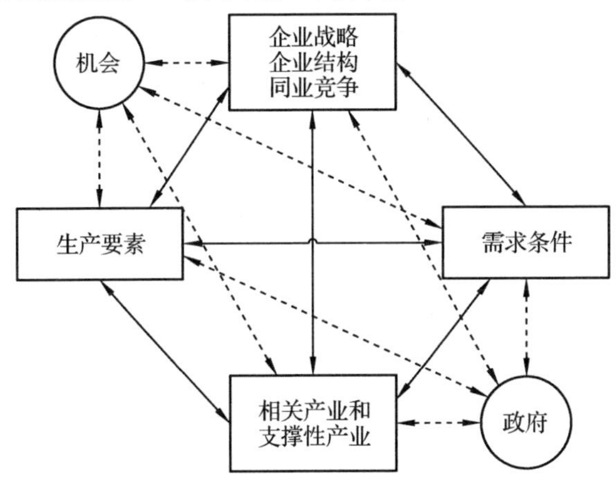

图 5-2　迈克尔·波特的“钻石体系”

Fig. 5-2　Michael Porter's Diamond System

5. 3. 2　区域林业产业贡献率

三明市所辖的 12 个县(市、区)的林业发展情况各不相同，根据

2011 年三明市林业森工统计年鉴，如图 5-3 所示。

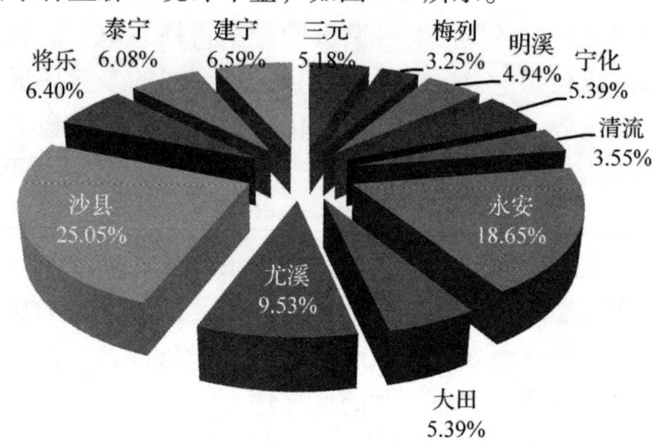

图 5-3 三明市各县(市、区)2011 年林业产业比重

Fig. 5-3 The forestry industry ratio of each county in Sanming City in 2011

沙县、永安市、尤溪县的林业产业产值占三明市林业总产值的比重最大，比重分别为25.05%、18.65%和9.53%。三明市区三元区和梅列区林业总产值为44.15亿元，比重为8.43%。相对而言，清流县林业生产总值是县域中最少的，比重占三明市总体的3.55%。

具体而言，三明市各县(市、区)林业发展也不均衡，林业发展对泰宁县、沙县、建宁县、明溪县、将乐县贡献较大，林业产值分别占地区生产总值的31.58%、32.06%、31.02%、28.16%和20.63%。永安市、清流市、大田市、尤溪县林业对当地经济发展的贡献率也均达到15%以上，分别为17.21%、17.04%、17.98%和18.31%。宁化县和梅列区林业发展地区贡献率达11.37%和11.05%，对于三元区，林业产值比重最小，为4.31%，林业产值所占比重最小，为5.63%(图5-4)。

同时，三明市各县(市、区)的林业三次产业结构构成比例也不均衡，由图5-5可以看出，对于林业第一产业，尤溪县的林业第一产业比重占林业总产出最大，为37.50%，大田县和宁化县分别为31.65%和31.03%，沙县和永安市的林业第一产业比重最小，分别为8.51%和8.62%。第一产业产值相对较大的县(市、区)资源基础较好，林产品采集利用、木竹材采运较多；对于林业第二产业发展，与

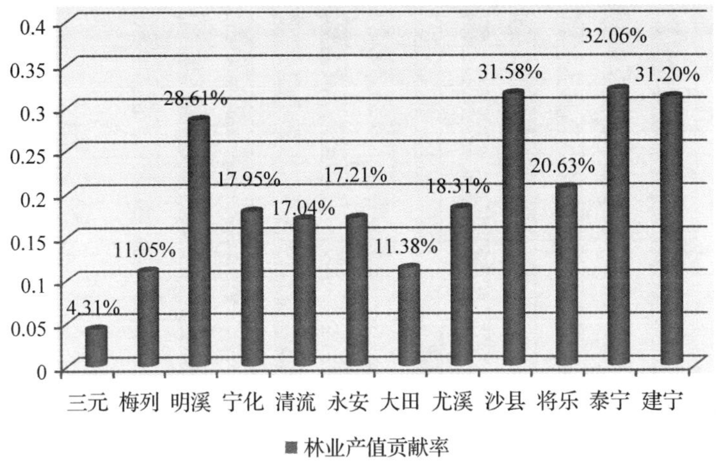

图5-4　三明市各县(市、区)林业产值贡献率

Fig. 5-4　Forestry output value of the contribution rate about each county in Sanming City

第一产业相反，沙县和永安市林业第二产业占当地林业总产出比重最大，分别达到91.29%和82.25%，这是由于该区县木材加工业发展较快。宁化县、大田县和尤溪县的林业第二产业比重相对较小，分别为62.4%、67.38%和67.19%；对于林业第三产业，永安市发展相对较好，林业第三产业产值占林业总产出的6.13%，将乐县、三元区、泰宁县、梅列区、建宁县和宁化县第三产业比重在1%~2%之间，其余各县的林业第三产业比重都在1%以下。在不同县(市、区)，林业第二产业仍然是占据绝对主导地位的产业，木材加工业、制造业等方面对地区国民经济发展的贡献率较大。但是各个县(市、区)的林业第三产业发展都较为缓慢，这在以后的林业产业政策制定中，应当加以偏重，从整体上提高林业服务业、林业生态旅游和休闲服务的发展水平。

5.3.3　方法选择

根据迈克尔·波特的钻石模型、已有研究以及三明市林业产业发展的特点，本部分构建了三明市各县(市、区)林业产业竞争力差异性

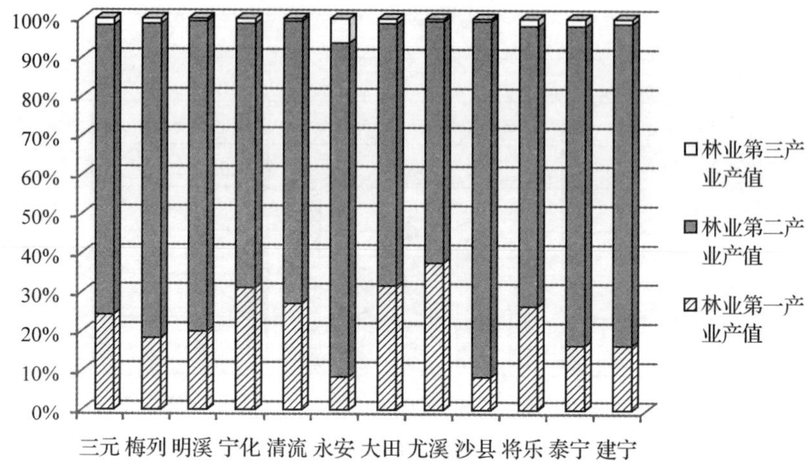

图 5-5　三明市各县三次林业产值比重

Fig. 5-5　Proportion of the forestry industry structure of each county in Sanming City

评价的指标体系，并进行主成分分析和聚类分析。

5.3.3.1　主成分方法介绍

基于各个变量之间相关关系的研究，主成分分析方法通过降维的思想，采用变量替代的方式，将原始大量的变量替代少量的新变量，同时对原始变量信息尽可能多的予以保留和覆盖。

具体来看，设定有 p 个指标能够基本反映 n 个区域的综合特征和差异。主成分分析方法就是筛选 $m(m<p)$ 个指标，这 m 个指标可以基本保持所有指标所反映出来的综合特征和差异。具体计算步骤由以下几个方面构成：

(1)相关系数矩阵的计算

首先整理原始数据，并对其进行标准化处理。这是为了消除由于观测量纲的差异及数量级的影响，将样本进行标准化，使标准化后的变量均值为0，方差为1。然后计算 p 个原始变量的先关系数矩阵。即为：

$$R = \begin{bmatrix} r_{11} & r_{12} & \cdots & r_{1p} \\ r_{21} & r_{22} & \cdots & r_{2p} \\ \vdots & \vdots & \vdots & \vdots \\ r_{p1} & r_{p2} & \cdots & r_{pp} \end{bmatrix}$$

$$r_{ij} = \frac{\sum (x_{ki} - \bar{x}_i)(x_{kj} - x\bar{x}_j)}{\sqrt{\sum (x_{ki} - \bar{x}_i)^2 \sum (x_{kj} - x\bar{x}_j)^2}} \tag{5-4}$$

(2)特征值与特征向量的计算

首先，通过解特征方程 $|\lambda I - R| = 0$，计算出特征值 λ_i（$i=1$, 2, …, p）。然后按照大小顺序将特征值排列（$\lambda_1 \geqslant \lambda_2 \geqslant \cdots \lambda_p \geqslant 0$）。

进而，分别求出对应的特征向量 l_i（$i=1$, 2, …, p）。

(3)主成分贡献率和累计贡献率的计算

计算主成分 Z_k 的方差贡献率公式表示为：

$$Z_k = \lambda_k / \sum_{i=1}^{p} \lambda_i \tag{5-5}$$

计算前 m 个主成分的累计贡献率公式表示为：

$$\sum_{k=1}^{m} \lambda_k / \sum_{i=1}^{p} \lambda_i \tag{5-6}$$

通过计算方差贡献率，主要是希望能够将变量个数减少，达到数据简化的目的。还可以用来计算主成分的权重，公式表示为：

$$W_i = \lambda_i / \sum_{i=1}^{m} \lambda_i \tag{5-7}$$

(4)主成分载荷的计算

描述主成分经济意义主要用主成分载荷量来表示，通过计算其绝对值的大小是解释主成分。第 k 个主成分 Z_k 与原始变量 x_i 的相关系数 $R(Z_k, x_i)$ 就是第 k 个主成分在第 i 个指标上的载荷量。主成分得分矩阵即由相关系数矩阵构成，即载荷矩阵。

计算主成分载荷的公式为：

$$R(Z_i, k_i) = \sqrt{\lambda_k} l_{ki} (k = 1,2,\cdots,m; i = 1,2,\cdots,p) \tag{5-8}$$

由此可以进一步计算各主成分得分

$$Z = \begin{bmatrix} z_{11} & z_{12} & \cdots & z_{1m} \\ z_{21} & z_{22} & \cdots & z_{2m} \\ \vdots & \vdots & \vdots & \vdots \\ z_{n1} & z_{n2} & \cdots & z_{mn} \end{bmatrix}$$

5.3.3.2 聚类分析

区域经济系统是由多要素、多类型、多种区域组合在一起，具有特殊结构和功能的综合体。因此在区域经济的分析和研究中，经常需要对研究问题设计的样本进行分类。通过分类，可以将样本归类化简。本研究选用系统聚类法(层次聚类法)进行分析。层次聚类法包括聚集法和分解法两种。聚集法具体算法为：第一步将每个研究对象分别看做一类，首先合并距离最近的两类，进而在此计算不同类型之间的距离，继续合并距离最近的两类，以此类推，每一步合并一类，即减少一类，最后直到所有的研究对象成为一类为止。而相对于聚集法，分解法过程相反，算法类似，层次聚集法是聚类分析中应用最广泛的聚类方法。

层次聚类法主要有以下几个步骤：①确定基础数据，选定一种相似性度量准则，计算出相似性度量矩阵；②认为各样本(对象)自成一类，即 N 个样本(对象)就有 N 类；③将各类中最相似的两类合并成新类；④按某种求新类相似性的方法，计算新类与其余各类之间的相似性，再将其中最相似的两类合并，并重复这一步，知道最后聚为一大类为止。层次聚类法的聚类过程一般最后用谱系图(树状图)表示出来。

5.3.4 区域林业产业竞争力差异评价指标体系构建

基于产业优势评价的内涵以及三明市林业产业发展的特点，本书首先设定了六方面的一级指标。第一，资源禀赋要素。资源禀赋是区域林业产业发展的基础，林业资源为林产加工和制造业提供原材料。第二，内需市场要素。主要是考虑林产品的产量和销售情况。第三，劳动力要素。林业劳动力资源的数量和质量对林业产业的发展起着重要的作用，是林业发展具体的执行者。第四，企业结构要素。林业企业是林业加工产值主要创造者，通过对林业企业发展的分析，可以对林产加工业、制造业等方面进行更多的了解。第五，投资要素。林业投入是对林业产业发展的资金支持，一般投入越大，产出越大，产业规模化越容易形成。第六，产业化水平要素。主要是通过对不同区域林业第二产业、林业第三产业贡献率的对比，来观察区域的产业化发展水平。具体来看，区域林业产业竞争力差异评价指标体系涉及 18 个次级指标。具体见表 5-8 所示。

表 5-8　区域林业产业竞争力差异评价指标体系

Tab. 5-8　Regional forestry industry competitiveness evaluation index system

	一级指标	次级指标	指标表示
三明市区域林业产业竞争力差异评价指标体系	资源禀赋要素	林地面积（万公顷）	X_1
		森林覆盖率（%）	X_2
		森林蓄积量（万立方米）	X_3
		当年造林面积（公顷）	X_4
	内需市场要素	林业第一产业产值比重	X_5
		商品材产量（万立方米）	X_6
		主要经济林产品产量（吨）	X_7
	劳动力要素	林业系统从业人员人数（个）	X_8
		林业系统从业人员工资（元）	X_9
		基层林业站数量（个）	X_{10}
	企业结构要素	林业系统国有林业企业数量（个）	X_{11}
		林产工业规模以上企业产值（亿元）	X_{12}
		林产工业规模以上产值企业自营出口额完成度（万美元）	X_{13}
	投资要素	林业本年累计完成投资（万元）	X_{14}
		林业利用外资金额（万美元）	X_{15}
	产业化水平要素	林业产业总产值占地方生产总值比重（%）	X_{16}
		林业第二产业产值占林业总产出比重（%）	X_{17}
		林业第三产业产值占林业总产出比重（%）	X_{18}

(1)资源禀赋要素

资源禀赋主要包括四个具体指标：林地面积(X_1)，森林覆盖率(X_2)，森林蓄积量(X_3)和当年造林面积(X_4)四个指标。这些指标主要用来反映各个县(市、区)的森林资源的规模大小和水平，同时也反映了当地森林资源的丰富程度，能够衡量森林生态环境的优劣。其中，当年造林面积选取了主要用于林业产业发展建设的用材林和经济林。

(2)内需市场要素

内需市场要素主要包括三个具体指标：林业第一产业产值占林业总产出比重(X_5)，商品材产量(X_6)，主要经济林产品产量(X_7)。这些指标主要用来反映林产品市场的需求情况。其中主要经济林产品包括水果(苹果、柑橘、梨、葡萄、桃、杏、荔枝、龙眼、猕猴桃和其他水果)、干果(核桃、板栗、枣、柿子、银杏、榛子、松子和其他干果)、林产饮料产品(主要为毛茶)、森林食品(竹笋干、食用菌、山野菜和其他森林食品)、木本药材(杜仲、黄柏、厚朴、枸杞、山茱萸和其他木本药材)、木本油料(油茶籽、油橄榄、文冠果和其他木本油料)和林产工业原料(生漆、油桐籽、乌桕籽、五倍子、棕片、松脂、和紫胶)。

(3)劳动力要素

劳动力要素主要包括三个具体指标：林业系统从业人员人数(X_8)、林业系统从业人员工资(X_9)、基层林业站数量(X_{10})。劳动力要素是林业产业发展的人力基础和保障，林业产业的发展也带动劳动力的就业。

(4)企业结构要素

企业结构主要包括三个具体指标：林业系统国有林业企业数量(X_{11})、林产工业规模以上企业产值(X_{12})、林产工业规模以上产值企业自营出口额完成度(X_{13})。林业产业发展离不开林业企业的发展，林业企业规模、林业企业生产效率都关系到林产加工业的繁荣和发展。特别是已具规模企业、龙头企业，对当地林业经济的发展都起着举足轻重的作用。

(5)投资要素

投资要素主要包括两个具体指标：林业本年累计完成投资(X_{14})和林业利用外资金额(X_{15})。林业投资力度和林业资金到位情况，是林业产业发展的资金保障，林业外资利用也能反映出不同区域的政策开放程度，一般来说，林业投资力度越大，林业产业发展速度越快。

(6) 产业化水平要素

产业化水平要素主要包括三个具体指标：林业产业总产值占地方生产总值比重(X_{16})、林业第二产业产值占林业总产出比重(X_{17})、林业第三产业产值占林业总产出比重(X_{18})。

5.3.5　区域林业产业发展差异性分析

本部分采用的数据全部通过搜集二手数据而获得，主要来源有《2012 年三明统计年鉴》、《2011 年三明市林业森工统计年鉴》和《2012 三明市林业产业发展资料汇编》等年鉴和三明市林业局等官方网站。通过运用 SPSS 16.0 进行数据的整合、处理和分析。

(1) 相关系数矩阵计算

本部分内容首先对数据进行无量纲化处理，进而进行相关性分析，结果发现这 18 个指标之间有较强的相关性，因此对有效降低数据维度有计量意义，由于数据较多，具体结果将作为附录一。

(2) 主成分计算结果

将标准化后的数据输入 SPSS 16.0 软件进行计算，通过采用四分位最大正交旋转法进行旋转。主成分分析计算结果见表 5-9。计算得到前四个主成分累计方差贡献率为 84.20%。其中，第一主成分的特征值为 6.33，方差贡献率为 35.19%。前四个主成分的变量数值变化基本可以代表 18 个原始变量的变化。

表 5-9　方差分解主成分提取分析表

Tab. 5-9　Total Variance Explained

Component	Initial Eigenvalues			Extraction Sums of Squared Loadings		
	Total	% of Variance	Cumulative %	Total	% of Variance	Cumulative %
X_1	6.334	35.191	35.191	6.334	35.191	35.191
X_2	4.016	22.311	57.502	4.016	22.311	57.502

（续）

Component	Initial Eigenvalues			Extraction Sums of Squared Loadings		
	Total	% of Variance	Cumulative %	Total	% of Variance	Cumulative %
X_3	3.249	18.049	75.551	3.249	18.049	75.551
X_4	1.558	8.653	84.204	1.558	8.653	84.204
X_5	1.338	7.432	91.636			
X_6	0.566	3.142	94.778			
X_7	0.380	2.112	96.890			
X_8	0.231	1.282	98.172			
X_9	0.192	1.069	99.240			
X_{10}	0.099	0.549	99.789			
X_{11}	0.038	0.211	100.000			
X_{12}	$4.453E-16$	$2.474E-15$	100.000			
X_{13}	$1.454E-16$	$8.078E-16$	100.000			
X_{14}	$9.907E-17$	$5.504E-16$	100.000			
X_{15}	$9.301E-17$	$5.167E-16$	100.000			
X_{16}	$-8.69E-17$	$-4.828E-16$	100.000			
X_{17}	$-1.83E-16$	$-1.018E-15$	100.000			
X_{18}	$-4.99E-16$	$-2.773E-15$	100.000			

(1)主成分载荷矩阵

由表5-10，可以找出影响每个主成分较大的指标：

第一主成分解释了较多的指标，主要有林地面积、森林蓄积量、林业第一产业产值比重、商品材产量、林业系统从业人员人数、林业本年累计完成投资、林业利用外资金额、林业第三产业产值占林业总产出的比重。这些指标主要包含了两个方面的内容，一方面是森林自然基础，即资源禀赋，另一方面是林业投资要素。

第二主成分主要解释了当年造林面积、主要经济林产品产量、林业系统国有林业企业数量、林产工业规模以上产值企业自用出口额完成度。主要反映了森林资源支持建设和林业企业发展的因素。

第三主成分主要解释了森林覆盖率、基层林业站数量、林产工业规模以上企业产值、林业产业总产值占地方生产总值比重和林业第二产业产值占林业总产出比重。这些指标主要包括了区域林业产业化水平要素、基础建设要素以及林产加工业发展要素。

第四主成分解释了区域林业系统从业人员工资，主要从劳动力要素的角度进行了反映。

表 5-10　主成分载荷矩阵表

Tab. 5-10　Component Matrix

指标	第一主成分	第二主成分	第三主成分	第四主成分
X_1	0. 915	0. 263	-0. 042	-0. 005
X_2	0. 248	-0. 511	0. 513	-0. 443
X_3	0. 816	0. 181	0. 061	-0. 237
X_4	0. 303	0. 698	-0. 551	0. 255
X_5	0. 811	-0. 460	-0. 084	0. 092
X_6	0. 708	0. 353	0. 093	-0. 019
X_7	0. 205	0. 938	0. 112	-0. 040
X_8	0. 872	0. 291	0. 095	-0. 170
X_9	-0. 424	0. 515	0. 197	0. 531
X_{10}	0. 278	0. 271	-0. 840	0. 268
X_{11}	-0. 158	0. 668	0. 043	-0. 624
X_{12}	0. 542	0. 289	0. 678	0. 113
X_{13}	0. 066	0. 745	0. 601	-0. 104
X_{14}	0. 892	-0. 163	-0. 060	0. 135
X_{15}	0. 810	-0. 232	-0. 237	0. 061
X_{16}	0. 052	0. 151	0. 564	0. 548
X_{17}	0. 154	-0. 353	0. 830	0. 321
X_{18}	0. 811	-0. 460	-0. 084	0. 092

通过以上内容的阐释，可以将影响区域林业产业差异性的影响因素按照作用大小分为以下几个方面：

第一，资源禀赋和投资要素。森林资源禀赋为林业产业发展提供了最基础的原材料，是林产加工业的资料来源，而林业资金支持，即林业投资是林业产业发展的动力，一般来说，森林资源越丰富、林业建设资金越充裕的地区，林业产业化发展水平越高。此外劳动力因素中的林业系统从业人员的数量也是产业化发展和提高的基础。

第二，林业企业发展和森林资源再建设因素。林业产业发展最为直接的反映是林产加工业的发展，当地林业企业规模和自主经营能力对当地区域林业产业的发展起着举足轻重的作用。森林自然条件固然很重要，但是对森林资源的补充建设和更新建设更为重要，本研究选取的当年造林面积主要是指用材林和经济林，加上经济林产品两项指标可以共同说明商品林和经济林的发展建设对林业产业的提高有着积极的带动作用。

第三，林业产业化水平因素和基层林业建设。林产工业规模以上企业的产值，林业第二产业的产出水平直观的反映林业加工制造产业的实际能力，林业对地方经济发展的贡献率也是衡量地区林业产业发展的重要指标之一。此外，基层林业站的建设为林业产业发展提供积极的保障。

(2)主成分表达式为：

根据因子得分系数矩阵(表 5-11)，我们可以根据写出主成分表达式，其中，x_i为标准化后的数据：

$$F_1 = 0.144x_1 + 0.039x_2 + 0.129x_3 + 0.048x_4 + 0.128x_5 + 0.112x_6 + 0.032x_7 + 0.138x_8 - 0.067x_9 + 0.044x_{10} - 0.025x_{11} + 0.085x_{12} + 0.010x_{13} + 0.141x_{14} + 0.128x_{15} + 0.008x_{16} + 0.024x_{17} + 0.128x_{18}$$

$$F_2 = 0.066x_1 - 0.127x_2 + 0.045x_3 + 0.174x_4 - 0.115x_5 + 0.088x_6 + 0.234x_7 + 0.072x_8 + 0.128x_9 + 0.067x_{10} + 0.166x_{11} + 0.072x_{12} + 0.186x_{13} - 0.040x_{14} - 0.058x_{15} + 0.038x_{16} - 0.088x_{17} - 0.115x_{18}$$

$$F_3 = -0.013x_1 + 0.158x_2 + 0.019x_3 - 0.170x_4 - 0.026x_5 + 0.029x_6 + 0.034x_7 + 0.029x_8 + 0.060x_9 - 0.258x_{10} + 0.013x_{11} + 0.209x_{12} + 0.185x_{13} - 0.018x_{14} - 0.073x_{15} + 0.174x_{16} + 0.255x_{17} - 0.026x_{18}$$

$$F_4 = -0.003x_1 - 0.284x_2 - 0.152x_3 + 0.164x_4 + 0.059x_5 - 0.012x_6 - 0.026x_7 - 0.109x_8\ 0.341x_9 + 0.172x_{10} - 0.400x_{11} + 0.073x_{12} - 0.067x_{13} + 0.087x_{14} + 0.039x_{15} + 0.352x_{16} + 0.206x_{17} + 0.059x_{18}$$

表 5-11　因子得分矩阵

Tab. 5-11　Component Score Coefficient Matrix

指标	A1	A2	A3	A4
X_1	0.144	0.066	-0.013	-0.003
X_2	0.039	-0.127	0.158	-0.284
X_3	0.129	0.045	0.019	-0.152
X_4	0.048	0.174	-0.170	0.164
X_5	0.128	-0.115	-0.026	0.059
X_6	0.112	0.088	0.029	-0.012
X_7	0.032	0.234	0.034	-0.026
X_8	0.138	0.072	0.029	-0.109
X_9	-0.067	0.128	0.060	0.341
X_{10}	0.044	0.067	-0.258	0.172
X_{11}	-0.025	0.166	0.013	-0.400
X_{12}	0.085	0.072	0.209	0.073
X_{13}	0.010	0.186	0.185	-0.067
X_{14}	0.141	-0.040	-0.018	0.087
X_{15}	0.128	-0.058	-0.073	0.039
X_{16}	0.008	0.038	0.174	0.352
X_{17}	0.024	-0.088	0.255	0.206
X_{18}	0.128	-0.115	-0.026	0.059

(3)综合排名

计算主成分综合得分，综合计算模型计算公式表示为：

$$F = W_1F_1 + W_2F_2 + W_3F_3 + W_4F_4$$

计算得，$W_1=0.418$，$W_2=0.265$，$W_3=0.214$，$W_4=0.103$，并根据 F_1、F_2、… F_4 的计算公式，最后得出三明市各县(市、区)主成分综合得分，结果见表 5-12。

通过计算得出的三明市各县(市、区)林业产业竞争力综合得分排序表，可以把林业产业竞争力分为两个层次，综合得分大于 0 的为第一个层次，分别有永安市、沙县、尤溪县和建宁县。第二个层次为综合得分小于 0 的区域，分别有将乐、泰宁、大田、清流、明溪、宁化和市区。三明市林业产业区域差异性较为明显。综合排名靠前的县(市、区)在林业资源禀赋和林业产业专业化程度方面均具有优势，林业产值对地方经济的贡献率不是绝对的影响林业产业发展水平，林业产业发展更多的是取决于区域林业特有的规律性，是多方综合而成。对于排名较后的县(市、区)，林业基础性资源相对薄弱，产业专业化程度也相对偏低，但是不同县(市、区)又具有自身的林业特色产业。主成分分析结果也比较符合当前各县(市、区)林业实际发展情况，这也是对前文的单因素指标分析结果较好的验证和补充，同时也验证了指标体系选择的科学性。

表 5-12　三明市各县(市、区)林业产业竞争力综合得分排序

Tab. 5-12　The Competitive score about each county's forestry industry in Sanming City

区域	第一主成分得分	第二主成分得分	第三主成分得分	第四主成分得分	综合得分	排名
三元	-0.630	-0.801	-0.048	-1.951	-0.686	11
梅列	-1.115	-1.157	0.306	-0.183	-0.725	12
明溪	-0.440	-0.599	0.309	0.388	-0.236	9
宁化	0.008	-0.127	-1.155	0.087	-0.269	10
清流	-0.265	0.170	-0.339	-0.764	-0.217	8
永安	2.834	-0.866	0.014	0.370	0.996	1
大田	-0.582	0.997	-1.632	1.333	-0.192	7
尤溪	0.430	2.126	-0.513	-0.910	0.539	3
沙县	-0.024	1.345	2.474	0.159	0.893	2
将乐	0.471	-0.430	-0.169	-0.780	-0.034	5
泰宁	-0.547	-0.609	0.394	1.624	-0.139	6
建宁	-0.139	-0.049	0.360	0.628	0.071	4

(4)聚类分析

根据三明市各县(市、区)林业产业竞争力综合得分排序表，结合各区域的综合得分，分别采用层次聚类法中的最短距离法和最长距离法，对不同区域进行聚类，均得到了一致的聚类结果，通过对聚类结果进行归类，将三明市 12 个县(市、区)分为四类，如图 5-6 所示。

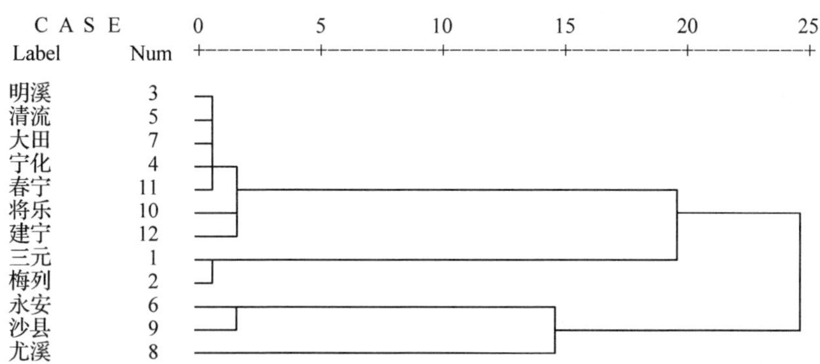

图 5-6 三明市各县(市、区)林业产业区域竞争力聚类结果

Fig. 5-6 Regional competitivenessresults about each county's forestry industry in Sanming City

从树状图中的分类可以看出，第一类区域为永安市、沙县；第二类区域为尤溪县；第三类区域为明溪县、清流县、大田县、宁化县、将乐市和泰宁县；第四类区域为三元区和梅列区。

5.4 林业产业区域空间差异性分析

5.4.1 林业产业区域差异性因素分析

根据上述主成分分析综合得分和聚类分析的结果，将这四类区域的关键性指标摘取出来，进一步分析其林业产业发展产生差异性的原因。三明市 12 个县(市、区)共分为四类地区，其中按照顺序排列为综合得分越来越低的趋势。所有指标为四类地区中每一类的平均值。根据表 5-13 各类指标平均值来看，森林资源禀赋对林业产业发展起着十分重要的作用，一类地区和二类地区的平均林地面积和森林蓄积量在数量上具有绝对的优势。林业第一产业产值的比重对林业产业竞争力强弱影响不大，由于林业产业结构的调整，对资源保护力度的不断加大，早期对森林资源依赖性逐渐减弱。商品材产量和经济林产量主

表 5-13 不同类区域关键性指标对比

Tab. 5-13 Key index contrast about different area

平均指标	一类区域	二类区域	三类区域	四类区域
林地面积(万公顷)	23.47	25.33	14.38	4.92
森林蓄积量(万立方米)	1562.50	1600.00	1011.91	478.34
当年造林面积(万公顷)	0.42	1.04	0.47	0.09
商品材产量(万立方米)	21.20	18.82	15.15	6.16
主要经济林产品产量(万吨)	1.34	2.12	7.21	3.04
林业系统从业人员人数(个)	1241	1025	442	404
林业系统国有林业企业数量(个)	4	11	3	5
林产工业规模以上企业产值(亿元)	100.04	30.87	20.36	16.87
林产工业规模以上产值企业自营出口额完成度(万美元)	3609	4991	409	204
林业本年累计完成投资(万元)	3001	1582	660	146
林业利用外资金额(万美元)	4410	1050	1661	0
林业产业总产值占地方生产总值比重	24.40%	18.31%	22.70%	7.68%
林业第一产业产值占林业总产出比重	88.27%	62.04%	74.68%	77.31%
林业第三产业产值占林业总产出比重	3.17%	0.46%	1.07%	1.46%

要反映林业加工原材料的供给，产量越大，则林产加工和制造业的成本越低，进口量则越少。林业系统从业人员个数反映了劳动力供给水平，林业产业发展越强，劳动力越充足。由于数据获取有限，没有得到林业私营企业的数量，但是理论上来讲，企业越多，创造的产业价值越大。同时，规模以上企业的重要性尤为凸显，从数据中也得到了反映，规模以上企业产值越高，区域林业产业综合发展越快。林业企业发展越好，产量越高，因此产生的企业自用出口额也越大。林业投资力度和林业融资能力对林业产业的发展作用十分显著，投资力度越大，林业产业发展经费越充足，则越有利于扩大规模，提高产品附加值，同样，林业利用外资能力越强，则融资能力越强，越有利于扩大林业生产规模。林业总产值对地方经济的贡献率以及林业第二产业的

产值比较重要，但是也没有发挥绝对的作用。林业第三产业产值发展相对缓慢，还未具规模，因此对林业产业发展的综合竞争力影响作用较小。

虽然不同类型的县(市、区)间差距很大，但是不同的区域具有不同的地域特点和特色产业，不能完全根据林业产业综合竞争力分数来判定一个区域的产业发展水平，应该将其作为制定产业政策的一个基础和依据，具体落实还要根据不同区域的产业发展特点、产业优势来因地制宜(刘晓等，2009)。

5.4.2 林业产业区域空间布局差异性

根据三明市不同县(市、区)区位差异以及林业发展基础，以三明市行政区划图(图 5-7)为标准，对三明市林业产业的发展做了较为合理的空间布局(表 5-14)，这也与三明市林业发展“十二五”规划的布局相一致。

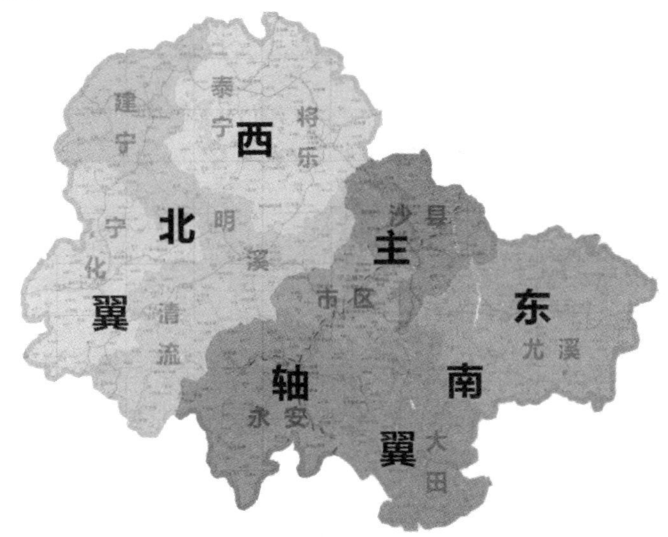

图 5-7　三明市林业产业区域发展布局图

Fig. 5-7　Regional development layout about Sanming City's forestry industry

表 5-14　三明市林业产业布局战略

Tab. 5-14　Strategy layout about Sanming City's forestry industry

空间分布	构成	区域特点	主要发展重点
主　轴	永安 三元 梅列 沙县	资源丰富 交通便利 产业基础强 两岸合作投资平台 林改发展示范区	重点开发人造板、纸制品 装饰装潢材料、家具 林产化工产品 森林食品、生物医药 推进木材战略储备
东南翼	尤溪 大田	邻近沿海地区 人口密度大 栽培高产高效经济林基础好	培育高产高效经济林基地 发展毛竹、油茶等特色产业 林产品深加工出口
西北翼	明溪 清流 宁化 建宁 泰宁 将乐	人口密度小 特色资源培育基础好 生态区位重要 森林旅游资源丰富	特色资源培育 生物医药、苗木花卉、 生物质能源产业基地建设 建设南方林区综合实践基地 发展森林旅游

首先，基于区位情况，三明市将永安市、市区(三元区、梅列区)和沙县构成三明市林业发展主轴。这些区域森林资源禀赋具有区域优势，且位于三明市中轴线上，具有便利的交通，林业产业发展的基础较好。本区域在林业总体发展相对较好，因此在战略布局上，继续做优做强林业，首先对闽江干流沙溪流域生态公益林积极保护，继续发展扩展海西三明生态工业贸易区。同时，依托众多工业园区，主要有三明台商投资区、三明市高新技术产业区金沙园、荆东生物医药园区、永安木材竹材加工区和永安台湾农民创业园等园区，发挥骨干龙头企业的示范带头作用。该区域中有一批规模以上企业，具有较强的产业发展优势：三和食品、青山纸业、永安林业、永林竹业、大亚木业、健盛食品和华健生物等。在人造板、纸及纸制品、装潢装饰材料和家具、林产化工产品、森林食品和生物医药等系列产品方面，重点开发，积极推进。为提升林业的综合效益，推进建设三明市整体木材战略储备基地、笋竹两用林基地、森林食品基地和生物医药基地。此外，永安市作为全国林业改革与发展的示范区，要充分发挥其先行先

试的优势，积极推进林业改革，进而将林业改革与发展扩展到全市区域。

其次，位于东南方向的尤溪县和大田县，定位为与东南沿海发达地区福州、莆田、泉州市连接的枢纽区域。该区域有较大的人口密度，属于闽江支流尤溪流域，有基础较好高产高效经济林培育基地。在战略发展重点上，首先也要对尤溪流域生态公益林实施有效的保护，进而重点培养高效高产经济林基地。目前在本区域已经发展起来一些自主品牌，初具品牌效益，要继续发挥“中国竹子之乡”、“中国油茶之乡”、“中国高山茶之乡”等的品牌优势，将森林特色产业如毛竹、绿竹、油茶、高山茶、森林食品等发扬光大，做强做大。尤溪县和大田县紧邻福建省沿海发达区域，具有区位布局优势，对于林产品出口贸易具有得天独厚的优势，因此，大力发展外向型装潢装饰材料等林业产业是本区域的另一发展重点，加强林产品深加工出口基地建设工程，提高林产品附加值，增加出口规模，从而提高林业产业化水平，增加对地方经济发展的贡献率。

最后，在西北区域，清流县、宁化县、明溪县、建宁县、泰宁县、将乐县构成了三明市西北方向的林业产业集群区域。本区域具有十分重要的生态区位，闽江干流沙溪和一级支流金溪贯穿于西北西区，而且区域人口密度相对较小，生态林业发展是区域发展的基础。在本区域的发展战略中，首先对沙溪、金溪生态公益林进行有效的保护，提高区域森林生态效益和社会效益，进而以丰富的森林旅游资源为契机，大力发展森林旅游业。林业休闲和森林旅游产业重点发展地区为泰宁县、宁化县和清流县，发展方向为红色旅游、生态旅游、森林人家等旅游产业。同时，本区域具有较好的特色资源培育基础，特色资源培育是带动区域林业产业发展的主要源动力，建设了一批具有区域特色的林业生产基地，主要包括生物医药及生物产业基地、苗木花卉基地和生物质能源等基地。此外，明溪县建立了现代农林合作示范区，有效的推进了林药用品的开发和研制。该区域具有丰富的林业医药物种、山茶和特色品种，包括南方红豆杉、厚朴、金线莲、雷公藤、虎杖、银杏、油茶等，合作示范区的发展扩大也促进了明溪县、泰宁县、宁化县等县(市、区)的生物医药级生物产业基地建设。苗木基地建设在本区域也属于重点发展产业，尤其是依托清流国家级台湾农民创业园的龙头带动作用，众多珍贵绿化观赏苗木花卉发展已呈现规模，红枫、桂花、竹柏、乐昌含笑、罗汉松等珍贵绿化观赏苗木基地建设正在不断发展，台湾兰花、非洲菊、百合、康乃馨、玫瑰等新鲜切花生产基地对地方林业产业的提高和带动都发挥着重要的作用。本区域的生物质能源基地建设主要以建宁县和宁化县为中枢，林业科技和物种多样性保护基地主要以将乐县为主，重点依托南方林区综合实践基地的建设而伴随发展。

5.5 县(市、区)特色产业发展案例研究

在大的产业布局的构架下，如何发挥区域的资源优势是林业产业发展的重要原则之一，本研究分别选择明溪、清流、永安三县的特色产业作为案例进行具体分析。

5.5.1 明溪县林业生物产业发展

生物产业是明溪林业产业发展中重要的产业品牌，被省、市重点支持，而且被列为全省 3 个生物医药重点县之一。明溪县拥有 12 家诸如南方制药、紫杉园等生物医药企业，3 家国家高新技术企业，包括百事达、南方制药和海斯福，当前，紫杉醇及其他紫杉烷类化合物的生产加工基地以及南方红豆杉短周期药用林速生丰产种植基地在全国具有最大规模。明溪县被定位为“循环型生物医药示范县”。而且近年来，明溪县利用生态优势，对林业生物产业也进行大力培育。

5.5.1.1 林业生物产业总体发展情况

根据在明溪县林业局实地调研得知，明溪县生物产业从 2001 年南方红豆杉公司成立为始，经过近十多年的发展，到 2008 年全县生物产业产值 4.14 亿元；2009 年完成产值 5.74 亿元、2010 年 1～11 月份，完成产值 10.3 亿元、2011 年 1～11 月份生物产业产值 13.37 亿元，同比增长 47.2%，2011 年全年产值达 13.5 亿元，林业生物医药得到了高速高效的发展。2011 年明溪县新增药用植物基地 645 公顷，

其中红豆杉基地 347 公顷(大田种植 166 公顷、山地种植 180 公顷)、芳香樟 129 公顷、春砂仁 2.87 公顷、魔芋 8.67 公顷、厚朴 41 公顷、雪莲果 5.67 公顷、水蛭 20 公顷、百香果 8 公顷、排草 20 公顷、绞股蓝 17.67 公顷、金银花 40 公顷、互叶百千层 3.33 公顷。从表 5-15 中可以看出，明溪县林业生物种植面积在全市最大，到 2011 年底，累计种植 6299.6 公顷，这也为明溪县林业生物产业发展提供必要的资源基础。

表 5-15　2011 年底三明市各县(市、区)林业生物基地种植情况

Tab. 5-15　Crops in the counties' biological basement in 2011

县(市、区)	累计至 2011 年年底面积(公顷)	种植面积所占比重
合计	24460.47	
三元区	1436.47	5.87%
梅列区	416.47	1.70%
明溪县	6299.60	23.79%
清流县	797.33	3.26%
宁化县	728.47	2.98%
永安市	1492.27	6.10%
大田县	878.67	3.59%
尤溪县	966.87	4.03%
沙县	356.00	1.46%
将乐县	2506.67	10.25%
泰宁县	2938.87	12.01%
建宁县	6103.53	24.95%

表 5-16 所示为 2008 ~ 2011 年明溪县药用植物基地的种植面积，2011 年底红豆杉累计种植数量最多，为 2941.73 公顷，金银花为 239.53 公顷，其他药用植物为 3098.33 公顷，其中主要包括草珊瑚 32.67 公顷，香樟 911.93，无患子 13.33 公顷，互叶白千层 12.4 公顷，厚朴 1798.27 公顷，杜仲 13.33 公顷，绞股蓝 35.87 公顷，春砂仁 24.87 公顷，排草 36 公顷，百香果 24.13 公顷，雪莲果 28.93 公顷，白术、贝母、红花等他药用植物 166.6 公顷。

表 5-16 明溪县药用植物基地种植面积

Tab. 5-16 Base area under cultivation of medicinal plants in Mingxi county

年份	年底累计面积（公顷）	红豆杉（公顷）	金银花（公顷）	其他药用植物（公顷）
2008 年	4600	2267	/	2333
2009 年	4971	145	/	226
2010 年	5395	153	13	256
2011 年	6300	377	226	300

5.5.1.2 林业生物产业项目工作进展情况

(1)续建项目

金线莲产业不断壮大。一是福建君草种业建立 1 万平方米金线莲培育温室大棚，并开展大规模营养土培育，已完成金线莲培育 1300 万株；福建海华药业扩大投资领域。一是在夏坊建立 20 公顷水蛭养殖基地，二是拟在生态经济园区建立中药饮片加工厂，三是拟在明溪县建立中药材物流园；南方制药 GMP 生产线开工建设。已完成 7000 平方米 4 条 GMP 紫杉醇精包装生产线建设，年内投入生产。

(2)新建项目

第一，药博园已开工建设。由大田云盖山农业科技综合发展有限公司投资 3000 万元的药博园开发项目已落户沙溪乡月亮湾，已建立金银花种植示范基地 300 亩，金银花加工提取加工厂开工建设。

第二，建立联合实验中心。北京大学化学生物学和生物技术学院与明溪县政府就提升中国红豆杉暨紫杉烷类抗肿瘤药产业化签订合作备忘录，获国家发改委批准项目资金 5000 万元。

第三，高紫杉醇红豆杉原料林基地建设项目开工建设，已建立高紫杉醇红豆杉苗木基地 3 公顷，计划在 5 年内建立高紫杉醇红豆杉原料林基地 333 公顷。

(3)市级生物医药重点项目进展情况

第一，明溪南方制药医药生产项目。总建筑面积 2 万平方米，红豆杉 GAP 种植基地 400 公顷，建设年产 500 公斤半合成紫杉醇、200 公斤多西紫杉醇、5 吨盐酸吉西他滨、500 公斤 10 - DABⅢ、10 公斤氟迈拉滨、100公斤盐酸依立替康、50公斤地西他滨、1.5吨甲磺酸伊马替尼等符合美国FDA认证要求的原料药中间体生产线。目前抗肿瘤药物GMP综合大楼建设已完成，吉西它滨、半合成紫杉醇、多西紫杉醇、10-DABⅢ获得药品生产许可证，南方红豆杉GAP种植基地已建成400公顷。

第二，明溪医用吸入式麻醉剂项目。建设占地面积7公顷，建设年产10000吨医用吸入式麻醉剂项目。目前已完成项目选地工作。

第三，明溪紫杉烷类生物碱综合利用项目。建设南方红豆杉原料林基地6667公顷。

5.5.1.3 林业生物产业存在的问题

明溪县林业生物产业发展快速，在创造了巨大收益的同时，也存在着一些发展中的问题。

第一，林业用地无法满足林产工业发展的需求。随着项目工作的推进，工业用地量增加，2011年福建省给明溪县的林业征占用地仅13余公顷，无法满足明溪工业发展的需求。

第二，生物医药产业是全市也是明溪县最重要的新兴产业，而且从国家层面来看，生物技术与生物医药产业都得到了较高的重视。国家层面先后出台了《生物产业发展“十一五”规划》和《促进生物产业加快发展的若干个政策》，都把生物产业作为高新技术领域的支柱产业和国家战略性新兴产业，但是明溪县生物产业发展资金相对于国家其他中生物医药园区的发展建设存在严重不足的现状，投入资金的缺乏也成为限制明溪县生物产业发展的一个重要影响因素；建立生物产业基地建设专项基金不够。基地建设是发展生物产业的基础，为进一步推动全县生物产业基地扩大规模，建议县里设立基地建设专项资金用于药材基地推广种植和GAP示范基地建设

第三，产业发展仍处于起步阶段，产业规模较小，企业的核心竞争力有待进一步提升。产业自我发展能力，上下游产业配套能力、技术(尤其是技术集成)能力和市场拓展能力的相对不足以及人力资源缺乏等方面因素，制约了林业生物产业的进一步发展。药用植物开发利用潜力尚未得到充分发掘，资源利用水平与产业发展需求之间还有一

定差距，资源优势有待进一步发挥。生物医药产业报批手续门槛高，在一定程度上制约了生物医药产业的发展。

第四，缺乏高素质管理人才和专业人才，目前明溪县建立了生物办，但由于相关人员都是从事业单位抽调的林业工程技术人员，职称聘任无法解决。需要提升生物办行政级别(或成立独立办公机构)，核定其编制，并预算内核拨财务专项经费。充分发挥生物职能，真正履行规划指导，开展政策研究，协调跟踪服务，了解国内外生物医药产业动态职责。

5.5.2 清流县苗木花卉产业发展

作为福建花卉主产区之一，具有良好的投资环境和丰富的物种资源，清流县被授予“福建省鲜切花之乡”、“福建省花木之乡”、“中国桂花之乡”、“中国罗汉松之乡”、“中国绿化苗木之乡”称号，经过十余年的发展，苗木花卉产业逐渐发展成为清流县的优势和特色林业产业。

5.5.2.1 苗木花卉产业总体发展情况

清流县初步建立了以省道 204 沿线长校、里田、龙津、嵩溪、林畲 5 个乡镇为重点的鲜切花产业发展区，以李家、灵地、田源、嵩口、嵩溪、温郊、林畲为重点的苗木发展区，以龙津、嵩溪、林畲为重点的盆栽花卉发展区。

根据在清流县实地调研所得数据材料了解到，2012 年清流县共新增花卉种植面积 33 公顷(其中兰花 7 公顷)，绿化苗木种植面积 200 公顷，实现销售收入 5.2 亿元，其中花卉 2.8 亿元。全县已形成了花卉 620 公顷(含兰花 40 公顷)、绿化苗木 3013 公顷，总面积达 3613 公顷的种植规模。新增 12 家花卉苗木专业合作社、9 家花卉苗木公司，全县共有苗木花卉企业 46 家、苗木花卉协会(合作社)28 个，带动 3300 多户农户参与种植，从业人员达 1.5 万人。与三明市其他县(市、区)相比，清流县苗木花卉产业发展具有一定的优势，从表 5-17 中看出：2011 年，清流县切花切叶产量居全市最大，大中型花卉企业在全市发展具有绝对优势，清流县也有不少花农在从事花卉活动，专业技术人员比例相对于其他区域较大，其中专业技术人员比例最高。

表5-17 2011年三明市花卉产业发展情况

Tab. 5-17 The development of flower industry in Sanming City in 2011

县(市、区)	花卉种植面积	切花切叶产量	盆栽植物产量	观赏苗木产量	花卉企业	其中：大中型企业	花农	花卉从业人员	其中：专业技术人员
	公顷	万支	万盆	万株	个	个	个	个	个
三元	323	/	17	38	/	/	79	60	11
梅列	65	9	60	53	3	/	111	65	25
明溪	362	300	100	300	21	8	96	7000	83
宁化	9	24	1	/	5	/	/	51	9
清流	555	44707	64	7	43	25	1800	6025	121
永安	995	680	4	10	33	3	780	2400	75
大田	22	3052	9	93	3	/	/	275	25
尤溪	23	/	4	10	/	/	8	42	5
沙县	426	133	90	586	14	/	45	234	61
将乐	117	10	1	555	/	/	/	120	35
泰宁	49	108	30	61	4	4	16	129	28
建宁	78	/	1	/	/	/	2	89	5

5.5.2.2 苗木花卉产业项目工作进展情况

清流县当前主要进行的花卉苗木项目见表5-18所示。其中，台湾优质兰花(国兰)繁育中心项目中，森源兰蕙公司新增兰花种植面积6.7公顷，建成兰花组培中心600平方米，正在扩建800平方米的全自动炼苗室和组培室；金线莲种植与加工项目，已完成36000平方米的组培棚架及6000平方米恒温炼苗大棚、移栽大棚的建设，组培室已投入使用；海峡两岸花卉物流中心及电子交易市场建设项目已经完成电子交易市场一期建设，已承接鲜花订单10万多个，销售额达6000多万元，实现税收700余万元；绿化苗木产业化项目2012年新增苗木种植面积200公顷；花卉产业化项目2012年新增33公顷花卉种植面积；金银花产业化项目已经完成133公顷基地建设，落实金银花盆景生产基地0.7公顷，培育金银花种苗800万株；购置烘干设备、制茶设备一套、生产金银花干1吨、金银花茶2吨；清流玫瑰谷项目已调进玫瑰种苗120万株，其中食用玫瑰100万株、树状玫瑰20万株；完成租赁土地100公顷，并与农户签订租赁合同；完成树状玫瑰种植13公顷，其中嵩口基地7公顷；兰花(蝴蝶兰)精品示范园建设项目已搭建温控钢架大棚30亩及苗床、水池、排水沟渠、道路等配套设施，并种植兰花50盆(株)。

表5-18 清流县主要花卉苗木项目

Tab. 5-18 The project of planting flower in Qingliu county

项目名称	完成投资(万元)
台湾优质兰花(国兰)繁育中心项目	1000
金线莲种植与加工项目	6300
海峡两岸花卉物流中心及电子交易市场建设项目	4000
绿化苗木产业化项目	3100
花卉产业化项目	1500
金银花产业化项目	1000
清流玫瑰谷项目	1000
兰花(蝴蝶兰)精品示范园建设项目	700

由清流县主要花卉企业名录来看，有20%的花卉企业投资额在1000万元以上，34%的企业投资额在100万以下，规模较小(表5-19)。

5.5.2.3 苗木花卉产业存在的问题

清流县花卉产业虽具备一定产业基础，但大部分仍然停留在传统栽培上，专业化、标准化、规模化生产水平还比较低，产业发展仍处在初级阶段，存在不少困难和问题。

第一，发展规划不够完善。花卉产业中长期发展规划有待进一步修订和完善，提高种植品种区划的导向性、科学性等。

表 5-19 清流县花卉苗木企业名录

Tab. 5-19 The business directory of planting flower in Qingliu county

公司名称	投资额（万元）	公司名称	投资额（万元）
福建省清流县盛雄花卉有限公司	1200	三明桂园生物科技有限公司	3000
清流县元生花卉有限公司	800	清流县星原生物科技有限公司	500
清流县鸿翔农庄农业发展有限公司	500	清流县九龙奇苑园林有限公司	50
清流县绿景生态农业有限公司	300	厦门劲美生物制药有限公司	1200
清流县宁金园艺有限公司	200	清流县万乔谱苗木有限公司	200
福建省富贸生物科技有限公司	800	清流县雄亮花卉有限公司	50
清流县嵩溪阳光农业有限公司	500	清流县鹏程花卉有限公司	30
清流县长盛花卉有限公司	500	三明市益晟农林有限公司	3000
清流县仙野兰园	100	台湾(清流)森源兰蕙有限公司	2800
清流县金福兰花园艺	200	清流县永明园艺场	1000
清流县嵩溪花卉种植有限公司	50	清流海派园林	60
清流县鸿运花卉有限公司	30	三明市福升园艺有限公司	300
清流县城关留芳花苑	120	清流春舞枝花卉有限公司	100
清流县三木花业有限公司	50	龙岩范氏花业有限公司	200
清流县吉祥花卉有限公司	30	清流县福景园艺有限公司	30
清流县立新苗木花卉有限公司	30	台湾花仙子科技有限公司	600
三明市景秀园林工程有限公司	10000	清流县绿茵林业发展有限公司	500
福建嘉成现代农业开发有限公司	500		

第二，资金短缺，融资渠道不畅。花卉产业投入较高，仅标准钢架大棚每亩需要 2 万多元；行业贷款难，担保机制不健全，信贷服务滞后。花卉尚未列入农业政策保险的扶持范围，近年来台风、冰雹、洪灾等增多，自然灾害风险大，有的花卉企业因此改行，导致种植面积有所减少。

第三，品种结构单一，科技创新滞后。全县种植的花卉品种虽有 30 余个，但以非洲菊为主，占种植面积的 65%，难以满足市场多样化的需求，特别对注重花卉档次和品位的消费者吸引力不强。花卉技术人员短缺。清流县除了非洲菊、玫瑰在种植上有优势外，其他品种种植管理技术均跟不上，基本无法推广种植。新品种选育和产品深加工研发等具有自主知识产权的品种严重缺失。

第四，产业链尚未形成。花卉产业链中真正实现较高利润的是种苗培育、品种知识产权购买、物流、销售、插花花艺等环节，而清流县花卉主要是鲜切花直销，选种育苗、标准体系建设、工厂化生产，关联产业等薄弱，休闲观光花旅产业尚未起步，这些已成为制约花卉产业发展的瓶颈。

5.5.3 永安笋竹产业发展

永安市被誉为“中国竹子之乡”“中国笋竹之乡”，而且，永安闽笋干有“贡笋”和“闽西八大干”的称号。笋竹产业是永安市最具发展优势和发展潜力的特色产业，永安市政府通过实施“科技兴竹、以竹富民”的发展战略，将笋竹产业确定为永安市发展农村经济、提高林农收入的主导产业。

5.5.3.1 笋竹产业总体发展情况

永安市竹产业产值对三明市整体竹产业发展的贡献是很大的，一直都占到30%左右的份额。近十年来，永安市竹产业产值持续增长，在2002年，竹产业产值为4.18亿元，2011年，竹产业产值增长为25.79亿元，增长了6.17倍。以2011年为例，其中商品竹产量值为3.20亿，鲜笋产值为4亿元，竹制品产值为16.42亿元，笋制品产值为2.01亿元，竹炭产值为0.16亿元(图5-8)。

2011年，永安竹业产量主要包括以下几个部分，商品竹，其中毛竹1900万根、篙竹650万根、小竹材8680吨；自产自用竹，其中毛竹275万根、篙竹125万根、小竹材772吨；鲜笋生产量包括冬笋和春笋共16.53万吨；笋干2.95吨；竹制品，其中竹胶板17.3万立方米、竹地板132万立方米等；笋制品7839吨，竹炭960吨和竹浆1050吨。在2011年末竹林面积达到67600公顷，占到三明市的22%，其中毛竹林32320公顷，小径竹13146公顷。

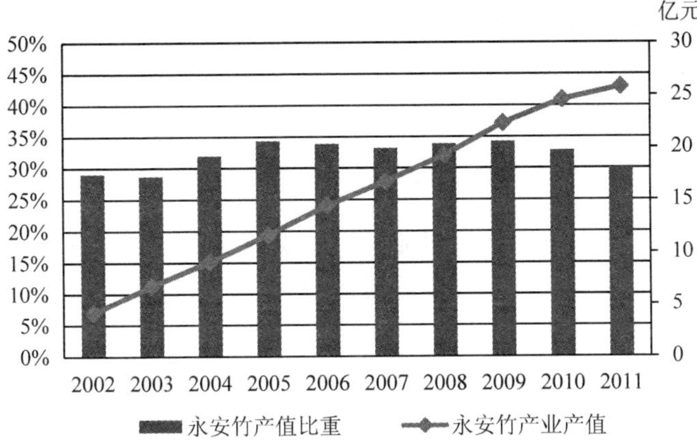

图5-8　永安市竹产业发展情况

Fig. 5-8　The development of bamboo industry in Yongan city

5.5.3.2　笋竹产业项目工作进展情况

永安市当前主要将现代竹业生产发展项目，建设永安现代竹林示范基地作为主要发展内容和方向。

主要有低产竹林改造，并计划到2015年全市培育丰产竹林0.67万公顷，高效经营竹林单位面积竹材、竹笋产量在现有基础上增长了50%以上，单位面积产值达1500元以上；中小径竹种苗繁育基地，依托永安大湖竹种园和洪田镇磉溪村的“福建中小径竹科技示范园”以及青水龙头竹子种苗繁育基地，开展乡土竹种和外来竹种的筛选和驯化，抓好安砂镇新建村、青水乡柯山村的糙花少穗竹、青水乡刚竹、洪田镇留山村、湍石村四方竹等一批优良乡土经济竹种的开发，开发具有地方特色的名优中小径竹，优化竹种结构，满足市场对笋竹产品日益多元化的需求；竹山便道建设项目，在偏远无竹山便道等地扶持和引导群众采取集资投劳、“以竹换路”等办法，加快竹山便道建设步伐，更好地发挥竹山经济效益，提高竹山经营路网化水平，在2011年，永安市新增竹山便道历程203公里。此外，还有竹材高效利用加工中心，国家级林竹交易期货(永安)市场的建设和发展，主要依托永安及周边地区丰富的林竹资源和木、竹材两个加工中心建设，在永安林业高新技术开发园区内建成占地 7 公顷、年成交期货合约 5000 万手(张)的国家级林竹交易期货(永安)市场，成为全省乃至全国木材及林产品价格指标、市场信息国家级林竹交易期货(永安)市场。

5.5.3.3 笋竹产业存在的问题

现有木竹加工产品多以粗加工生产或半成品生产为主，产品品牌少、规模小，普遍存在森林资源利用率低、档次低、附加值不高的问题，资源通过加工实现增值的潜力没有很好地挖掘出来。龙头企业带动力不强，利用资金、技术、品牌优势整合中小加工企业等方面成效不明显，产业化经营仍处于初级发展阶段。

此外，三明市其他县(市、区)也林业产业发展也格局特色，比如尤溪县随着油茶示范基地的建设项目的实施，油茶产业快速发展，2011 年末，油茶林面积达到 14853 公顷，占三明市油茶总面积的 29.69%，尤溪县油茶产业产值达到 2.25 亿元，占三明市油茶总产值的 37.69%，油茶籽产量为 4319 吨，被称为“中国油茶之乡”；宁化县还有天然野生红菇，作为当地特色森林食品，也有具有巨大的发展潜力。

5.6 县(市、区)林业产业协调发展建议

通过上文的分析，可以了解到三明市林业产业在不同县(市、区)具有显著的差异性，而且不同县(市、区)也有自身的优势和劣势，对于三明市整体来讲，差异性的存在既存在问题，又同时是发展的契机。

第一，发挥各县(市、区)林业特色产业，带动其他相关产业发展。首先，三明市利用不同县(市、区)的森林资源禀赋的差异、林业投资环境的差异以及内需市场等方面的差异性，因地制宜。当前三明市已经通过战略布局，将不同县(市、区)进行划分，分别就其自身发展优势位于明确定位，进而继续发挥林业优势产业，提高林业特色产业。今后，政府应该进一步进行引导，形成林业产业集群，推动林业产业示范基地以及林业合作项目的促进，使其现在的优势产业进一步

得到发展，进而对周边地区和其他相关产业产生示范作用，从而带动地区经济增长和扩大社会效益。

第二，协调各个区域共同发展，资源共享并且要合理分工。森林资源的差异、劳动力的差异、技术水平的差异产生区域林业产业发展的差异，为尽量平衡区域之间竞争力的良性发展，有必要协调各个区域，使各县域之间的产业发展紧密衔接，在不同林业相关产业链中，担任不同的角色，发挥各自优势，规避自身劣势，促进互补的资源组合，形成县(市、区)间的比较优势，弥补其他区域需要加强的部分，要充分共享资源和劳动技术，形成稳定的产业链，减少同质产品的恶性竞争，各自积极努力生产相对附加值高的优势产品，既要避免某一地区资源浪费，同时也要将自身优势的最大化利益发挥出来。

第三，提高竞争力水平，需要加大扶持力度。政府扶持，首先是资金的投资力度，政策的倾斜，同时也要加大技术水平的支持。高技术水平是提高生产力水平有效手段。目前，三明市的各县(市、区)，林业产业的技术水平总体不高，林业企业的发展规模也十分有限，规模以上企业的数量不多。因而，高层次或者深加工林产品不够，林产品附加值不高。要努力提高林业产业发展中的技术含量，提高林业生产效率。

第四，森林资源禀赋是林业产业发展的根本，没有资源就没有原材料，也就限制了林业产业的发展和壮大，三明市总体来看森林资源丰富，但还应该提高森林质量，提高林业生产经营效率，为地方林业产业发展提供丰富高质的林木资源。

第五，加快林业项目的进展步伐。政府要积极加快林业特色产业建设的步伐，就要积极的推进相关合作交流项目的落实。通过采取招商引资，积极宣传等方式引进利于县(市、区)发展而且有发展潜力的项目，扩大投资渠道，并且对项目的实施做好基础性工作，制定配套政策，吸引多方资金的融合，鼓励高水平、深加工的投资项目，扩大基地建设规模。

5.7 本章小结

本章基于定性与定量、动态与静态的综合分析，得到以下结论：

1)三明市12个县(市、区)林业产业在当地其他区域具有较强的优势，但是存在着明显的林业产业区域差异，而且差异在逐年拉大。

2)通过主成分计算得出的三明市各县(市、区)林业产业综合竞争力排名，综合来看，排名靠前的县(市、区)相对来说在林业资源禀赋和林业产业专业化程度方面均具有优势，对于排名较后的县(市、区)，林业基础性资源相对薄弱，产业专业化程度也相对偏低，但是不同县(市、区)又具有自身的林业特色产业。

3)虽然不同类型的县(市、区)间差距很大，林业产业综合竞争力也相差较大，但是不同的区域具有不同的地域特点和特色产业，不能完全根据林业产业综合竞争力分数来判定一个区域的产业发展水平，应该将其作为制定产业政策的一个基础和依据，具体落实还要根据不同区域的产业发展特点、产业优势来因地制宜，进行空间布局，发挥地区优势，弱化地区弱势。

4)通过对三明市不同县(市、区)特色产业的案例分析得知，特色资源和优势资源，产业转化的优势更大，产业发展的利润、市场和规模空间也更大，同时特色产业的发展，也将进一步汇集于林改后林农自身的实际利益。

总体来看，三明市林业产业在不同县(市、区)具有显著的差异性，而且不同县(市、区)也有自身的优势和劣势，差异性的存在说明不同区域林业产业水平不均衡的同时，也说明依据不同区域类型进行差异性布局的重要性。因此，要协调区域发展，发展优势产业，加大投资力度和拓宽融资渠道，引导产业集群，多开展合作和交流，创造不同县(市、区)的林业产业比较优势。

第6章

林业产业组织分析

随着我国经济体制改革日益深入，市场机制的作用日益强化，市场竞争及政府规制的突出地位日益明显。三明市林业产业作为地方国民经济的支柱产业，对地方经济发展有着显著的贡献，有必要对其产业组织状况进行系统的梳理和分析，通过对市场竞争策略及市场绩效的分析和判断，可以为政府制定林业产业组织政策提供理论依据和实证支持。本部分基于产业组织相关理论，对三明市林业产业市场进行阐述和分析，并对林产工业的产业组织运行情况尝试进行理论与实践相结合的梳理和概括。

6.1 产业组织概念和分析方法

根据产业经济学的产业组织理论，产业组织理论的主流学派哈佛学派将产业按照结构、行为、绩效三个方面分解成特定的市场，构建了市场结构(structure)—市场行为(conduct)—市场绩效(performance)的产业组织分析框架，即SCP范式。

市场结构是反应市场竞争和垄断关系的概念，是指对产业内竞争程度及价格因素影响的市场组织特征。一般的，主要包括市场集中度、产品差异和进入壁垒等影响市场结构的因素；市场行为是指企业在市场上为实现其目标而采取的适应市场要求不断调整的战略性行为，一般市场行为有价格行为和非价格行为；市场运行效率的综合性概念则用市场绩效来反映，即在一定的市场结构下，通过企业的市场行为使得某一产业形成的资源配置和利益分配状态，一般通过生产力累计、技术创新和利润率等指标进行界定。

6.2　基于 SCP 范式分析的林业产业组织评价

市场结构是反映市场竞争和垄断关系的概念。它是指卖方(企业)之间、买方(企业或消费者)之间、买卖双方以及市场内现有的卖方、卖方与正在进入或者可能进入该市场的买方之间关系的状况及其特征，是 SCP 分析框架最基础的概念和研究主体(范金，2004)。

6.2.1　市场结构分析

市场结构是反映市场竞争和垄断关系的概念。一般的对市场结构的度量主要通过市场集中度、企业规模与产业集群、产品差异化程度和进入壁垒来判定(范金，2004)。

6.2.1.1　市场集中度

对于市场结构的度量，根据产业经济学相关研究，主要通过对产业集中度指数和赫芬达尔指数的度量来判断市场集中度。

(1)集中度指数

集中的指数(或产业集中度，concentration ratio)是衡量市场结构最为直接、最为明显和最易操作的指标。产业集中度是以产业内企业规模分布为基准的测度方法，是指产业内规模处于前几位的企业的相应指标占整个产业的比重。根据集中度指数的公式，结合林业产业相关指标，我们将三明市林业产业市场集中度公式表达为(石奇，2011)：

$$CR_n = \sum_{i=1}^{n} X_i / \sum_{i=1}^{N} X_i , i = 1,2,3,\cdots,n \tag{6-1}$$

其中：CR_n 表示市场集中度，X_i 为林业企业的产值指标，n 通常取 $n=4$ 或者 $n=8$，表示企业数目，N 为林业产业内企业的总数。CR_n 不仅反映了林业产业内企业数目，依托几个等级反映了林业产业内各企业的规模分布状况。根据美国经济学家贝恩对产业集中度的划分标准，将产业市场结构粗分为寡占型($CR_8 \geq 40$)和竞争型($CR_8 < 40\%$)两类，具体见表 6-1 所示。

表 6-1　市场集中度分类

Tab. 6-1　The Category of Market concentration

市场结构	市场集中度类型	CR_4	CR_8
寡占型	寡占Ⅰ型－极高寡占型	$CR_8 \geq 85\%$	
	寡占Ⅱ型－高度集中寡占型	$75\% \leq CR_4 < 85\%$	$CR_8 \geq 85\%$
	寡占Ⅲ型－中上集中寡占型	$50\% \leq CR_4 < 75\%$	$75\% \leq CR_8 < 80\%$
	寡占Ⅳ型－中下集中寡占型	$35\% \leq CR_4 < 50\%$	$45\% \leq CR_8 < 75\%$
	寡占Ⅴ型－低集中寡占型	$30\% \leq CR_4 < 35\%$	$40\% \leq CR_8 < 45\%$
竞争性	低集中竞争型	$CR_4 < 30\%$	$20\% \leq CR_8 < 40\%$
	分散竞争型		$CR_8 < 20\%$

资料来源：贝恩(1981)；孙智君(2010)。

根据对三明市实地调研获取的资料数据，2012 年，三明市地区生产总值为 1339.29 亿元，三明市规模以上林产加工企业有 444 家，工业总产值达 459.76 亿元，对三明市地区经济发展的贡献率为 34.32%。

表 6-2　三明市林业加工产业前 8 位企业(按当年生产总值)

Tab. 6-2　Top eight companies of the forestry processing industry in Sanming City

企业名称	主要经营产品	工业总产值(亿元)	排名	区域
福建省青山纸业股份有限公司	纸浆、机制纸	13.96	1	沙县
福建省永安林业(集团)股份有限公司	中纤板、木地板	10.99	2	永安
大亚木业(福建)有限公司	刨花板	10.3	3	沙县
福建省沙县明福木业有限公司	松胶板	8.8	4	沙县
福建三和食品集团有限公司	清水笋	8.63	5	建宁
永安市永盛人造板有限公司	人造板	7.07	6	永安
福建省铙山纸业集团公司	拷贝纸、薄页纸	5.56	7	建宁
永安市兴国人造板有限公司	人造板	5.19	8	永安

根据计算得 $CR_8 = 15.33\% < 40\%$，$CR_4 = 9.58\% < 30\%$，均为极端分散型的产业，属于分散竞争型，说明林业产业内各企业间的竞争比较激烈，并且大型规模企业主要分布在沙县、建宁县和永安市。特

别是沙县，对地方工业产值贡献率最大的四个企业都坐落于沙县(表6-2)。

根据表6-3计算得出的三明市各县(市、区)林业企业市场集中度来看，当 $n=4$ 时，三元区、梅列区为中上集中寡占型，明溪县、清流县、大田县、沙县和建宁县为中下集中寡占型，宁化县、永安市、将乐县和泰宁县为竞争型；当 $n=8$ 时，梅列区为高度集中寡占型，三元区、明溪县、清流县、大田县、沙县和建宁县为中下集中寡占型，永安市和尤溪县为低集中寡占型，宁化县、将乐县和泰宁县为低集中竞争型。

表6-3　三明市各县(市、区)林业企业市场集中度

Tab. 6-3　The concentration of counties' forestry enterprise market in Sanming City

县(市、区)	CR_4	类型	CR_8	类型
三元	52.36%	寡占Ⅲ型	72.97%	寡占Ⅳ型
梅列	64.01%	寡占Ⅲ型	96.57%	寡占Ⅱ型
明溪	47.55%	寡占Ⅳ型	60.15%	寡占Ⅳ型
清流	37.71%	寡占Ⅳ型	61.23%	寡占Ⅳ型
宁化	18.07%	竞争型	28.68%	低集中竞争型
永安	28.98%	竞争型	43.51%	寡占Ⅴ型
大田	38.44%	寡占Ⅳ型	59.99%	寡占Ⅳ型
尤溪	28.40%	竞争型	41.47%	寡占Ⅴ型
沙县	37.70%	寡占Ⅳ型	51.91%	寡占Ⅳ型
将乐	17.98%	竞争型	31.33%	低集中竞争型
泰宁	17.83%	竞争型	31.59%	低集中竞争型
建宁	40.45%	寡占Ⅳ型	51.93%	寡占Ⅳ型

市场集中度指标的优点在于能较好地反映产业内的生产集中状况，从而了解产业的垄断和竞争程度，但是，该指标也存在一定的缺点，它只考察了少数大厂商的生产集中程度，而没有对产业内全部厂商的规模分布状况进行考量，如果 n 取的数值不同，不同产业集中度的大小关系也可能不同。

(2)赫芬达尔指数

赫芬达尔指数(赫芬达尔指数－赫希曼指数，Herfindahl－Hirschman index，HHI)是一种反映产业中厂商规模分布的指标。HHI 采样范围涵盖了整个行业的所有企业，因此具有更大的广泛性，能够更好地反映市场集中度，其计算公式为：

$$\mathrm{HHI} = \sum_{i=1}^{N}\left(\frac{X_i}{T}\right)^2 = \sum_{i=1}^{N} S_i^2 \tag{6-2}$$

其中：N 为产业中的企业数目；X_i 为第 i 位企业的市场规模；T 为产业企业的总规模；S_i 为产业内第 i 位企业的市场占有率。当市场处于完全垄断时，该指数等于 10000；当所有企业规模相同时，该指数等于 100，这一指数在 100 到 10000 之间变动。数值越大，表明企业规模分布的不均匀度越高。日本公正贸易委员会 1980 年公布了市场结构分类方法则以 HHI 指数为依据，具体分类见表 6-4。

表 6-4　以 HHI 值为基准的市场结构分类

Tab. 6-4　The classification of market structure based on HHI

市场结构	寡占型				竞争型	
	高寡占Ⅰ型	高寡占Ⅱ型	低寡占Ⅰ型	低寡占Ⅱ型	竞争Ⅰ型	竞争Ⅱ型
HHI 值	HHI≥3000	3000 > HHI≥1800	1800 > HHI≥1400	1400 > HHI≥1000	1000 > HHI≥500	500 > HHI

资料来源：产业经济学，孙智君。

赫芬达尔指数一般是计算市场上 50 家最大企业(如果少于 50 家企业就是所有企业)，三明市有林业企业 444 家，在此取市场占有率排名前 50 的林业企业的工业总产值为基础数据，计算得出三明市林业加工企业的 HHI 是 292.82。表明企业规模分布的不均匀度较高，市场结构属于竞争Ⅱ型。这与产业集中度指数估算的结果基本一致，即三明市林业企业总体上属于竞争型的市场结构。

根据三明市各县(市、区)的林业企业工业产值数据，分别计算出各县(市、区)的 HHI 值(表 6-5)，梅列区的林业企业属于寡占型，即表明市场具有寡头企业。三元区、明溪县、清流县、大田县和建宁县林业企业市场结构属于竞争Ⅰ型，宁化县、永安县、尤溪县、沙县、将乐县和泰宁县林业企业市场结构属于竞争Ⅱ型，即属于不同程度的市场竞争，厂商规模分布的不均匀程度较低，属于主导性厂商市场。

表 6-5　三明市各县(市、区)林业企业 HHI 指数

Tab. 6-5　The HHI of counties' forestry enterprise in Sanming City

县(市、区)	HHI	类型
三元	857	竞争Ⅰ型
梅列	1415	低寡占Ⅰ型
明溪	798	竞争Ⅰ型
清流	603	竞争Ⅰ型
宁化	256	竞争Ⅱ型
永安	378	竞争Ⅱ型
大田	661	竞争Ⅰ型
尤溪	379	竞争Ⅱ型
沙县	471	竞争Ⅱ型
将乐	275	竞争Ⅱ型
泰宁	282	竞争Ⅱ型
建宁	645	竞争Ⅰ型

赫芬达尔指数包含了所有企业的规模信息，能反映出产业集中度无法反映的集中度差别；由于在计算赫芬达尔指数时用到“平方和”的计算，其值具有相对放大型，则对规模最大的前几个企业的市场份额的变化反应较为敏感。因此它能较为真实地反映市场中企业之间规模的差距大小。赫芬达尔指数既衡量了绝对集中度，也衡量了相对集中度。

6.2.1.2　企业规模

三明市规模以上工业企业有 1741 个，规模以上林产加工企业有 444 家，林产加工企业的比例为 25.96%。三明市规模以上工业企业工业总产值为 1982.04 亿元，三明市林产加工业企业工业总产值为 459.76 亿元，对全市工业总产值的贡献率为 23.20%。同时，三明市各县(市、区)的规模以上林业加工产值对总体的贡献率具有很大差异性，由图 6-1 所示：沙县和永安市规模以上林产加工业产值占全市的比重最大，分别占三明市林业工业总产值的 24.06% 和 20.71%，清流县和梅列区的规模以上林产加工业产值相对较小，比重分别为3.47%和3.55%。而对于规模以上林产加工业企业数量，沙县、永安、尤溪数量最多，分别为66家、57家和48家，梅列区的规模以上林产加工业企业数量最少，为10家。

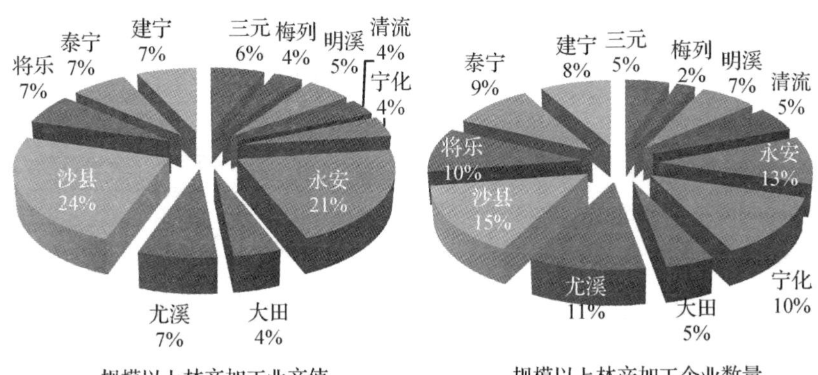

图 6-1　三明市各县(市、区)规模以上林产加工企业数量及产值比重

Fig. 6-1　The number and proportion of forest products processing enterprises above designated size in Sanming City

三明市亿元以上林产加工企业有119家，亿元以上林产加工业企业所占规模以上企业为26.80%。具体见表6-6所示，其中：梅列区虽然规模以上林产加工企业只有10家，但是其中8家企业为亿元以上林产加工业企业，永安市亿元以上林业加工业企业比重为56.41%，宁化县虽然有规模以上林产加工业企业45家，而亿元以上林产加工业企业只有2家，建宁的亿元以上林产加工业企业的比重也仅为8.11%。

表 6-6　三明市各县(市、区)林产加工企业数量及产值

Tab. 6-6　The number and proportion of o forest products processing enterprises

区域	企业个数(个)			工业总产值(亿元)		
	规模以上林产加工企业	亿元以上林产加工企业	比重	规模以上林产加工企业	亿元以上林产加工企业	比重
三元	23	8	34.78%	29.58	21.59	72.97%
梅列	10	8	80.00%	16.33	15.78	96.57%
明溪	30	3	10.00%	25.05	10.96	43.76%
清流	24	5	20.83%	15.97	7.07	44.28%
宁化	45	2	4.44%	20.03	2.22	11.06%
永安	57	32	56.14%	95.20	79.15	83.14%
大田	20	8	40.00%	20.16	12.09	59.99%
尤溪	48	7	14.58%	33.25	12.82	38.57%
沙县	66	27	40.91%	110.60	84.53	76.43%
将乐	42	6	14.29%	29.83	7.61	25.50%
泰宁	42	10	23.81%	31.02	11.87	38.27%
建宁	37	3	8.11%	32.74	12.26	37.46%
合计	444	119	26.80%	459.76	277.95	60.46%

6.2.1.3　产品差异化程度

产业内相互竞争的企业所生产的具有不完全替代关系的商品状态称为产品差别化，也就是指企业向市场提供或销售产品过程中的条件，与同行业的其他企业相比较，在产品质量、属性、信息等方面存在着显著差异，达到使企业在市场竞争中占据有利地位的目的。

对于林业产品，主要有锯材、人造板、林产化学产品、家具、纸制品等分类，根据对三明市林业加工企业不同加工产品的分类(本部分分类为粗分类，其中有些企业生产多种产品，就按照其生产规模最大的林产品进行类别划分)，形成图 6-2。到 2012 年末，三明市规模以上主要林业加工企业中，人造板企业数量最多，共计有 145 家，占林业加工企业的 32.66%，工业总产值为 138.61 亿元，如图 6-3 所

示，其中细分为胶合板产品、纤维板产品、刨花板产品和细工木板等人造板产品；锯材企业有 17 家，工业总产值为 13. 55 亿元；竹产品企业有 81 家，占林业加工企业的 18. 24%，工业总产值为 55. 76 亿元，其中细分为木竹地板、竹制品、笋制品等；林产化学产品企业有 64 家，占林业加工业的 14. 41%，工业总产值为 52. 38 亿元，其中细分为松香类产品、松节油类产品、木材热解产品(木炭、活性炭)；纸浆、纸及纸制品企业有 43 家，占林业加工业的 9. 68%，工业总产值为 47. 31 亿元；家具类产品、工艺品及装饰品企业有 63 家，占林业加工业的 14. 19%，工业总产值为 38. 13 亿元；二次加工材及相关板材企业有 31 家，占林业加工业的 6. 98%，工业总产值为 31. 72 亿元，细分为单板、指接板等。

对比图 6-2 和图 6-3，人造板企业为三明市主导企业类型，并对林业加工业生产总值产生最大的贡献率，竹产品企业较多，但是工业产值比重与企业数量比重没有形成正比。总体来看，三明市林产品较丰富，种类多样，但是初、中级林业加工产品的比重偏大，精深加工能力不足，高附加值的产品比重不大，科技含量还有待进一步提升。

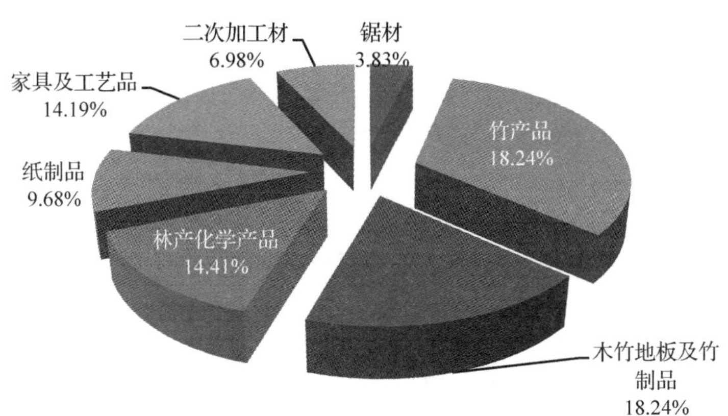

图 6-2　三明市不同林产品企业比重

Fig. 6-2　The proportion of different forest products company in Sanming City

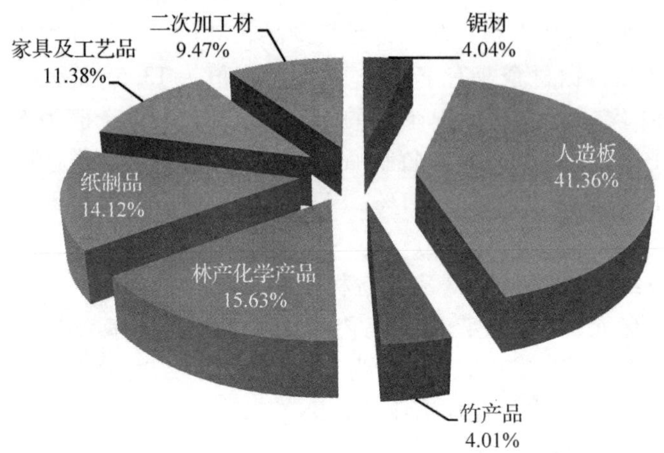

图 6-3　三明市不同类型企业产值比重

Fig. 6-3　The proportion of different type company in Sanming City

分区县来看(表 6-7)：

表 6-7　三明市各区县不同类型林业企业概况

Tab. 6-7　The overview of different types of forestry enterprise in Sanming City's counties

企业类型			三元	梅列	明溪	清流	宁化	永安	大田	尤溪	沙县	将乐	泰宁	建宁
锯材企业	数量	个	0	1	0	0	1	1	0	1	2	1	10	0
	频数	%	0	10	0	0	2.22	1.75	0	2.08	3.03	2.38	23.81	0
	产值	亿元	0	0.39	0	0	0.29	1.17	0	0.37	2.33	0.62	8.39	0
人造板企业	数量	个	12	3	16	14	16	19	9	9	17	11	13	6
	频数	%	52.17	30	53.33	58.33	35.56	33.33	45	18.75	25.76	26.19	30.95	16.22
	产值	亿元	11.28	2.8	7.92	8.73	7.43	47.44	9.35	4.96	32.48	7.07	10.43	3.77
竹产品企业	数量	个	3	1	3	1	12	18	1	10	13	4	5	10
	频数	%	13.04	10	10	4.17	26.67	31.58	5	20.83	19.70	9.52	11.90	27.03
	产值	亿元	7.45	3.93	1.18	0.88	4.27	27.11	1.13	5.37	21.04	2.43	2.29	5.33
林化产品企业	数量	个	3	2	5	3	8	10	0	7	9	7	3	7
	频数	%	13.04	20	16.67	12.50	17.78	17.54	0	14.58	13.64	16.67	7.14	18.92
	产值	亿元	5.28	3.03	12.41	2.78	3.90	9.52	0	4.01	11.81	5.75	2.75	5.79

（续）

企业类型			三元	梅列	明溪	清流	宁化	永安	大田	尤溪	沙县	将乐	泰宁	建宁
纸制品企业	数量	个	4	1	0	0	0	2	4	11	16	1	1	3
	频数	%	17.39	10	0	0	0	3.51	20	22.92	24.24	2.38	2.38	8.11
	产值	亿元	5.05	1.30	0	0	0	4.85	3.61	7.01	28.84	1.08	0.63	10.07
家具及工艺品企业	数量	个	1	0	3	4	6	7	5	2	6	9	9	11
	频数	%	4.35	0	10	16.67	13.33	12.28	25	4.17	9.09	21.43	21.43	29.73
	产值	亿元	1.52	0	1.98	2.41	2.61	5.11	5.67	1.11	8.44	7.14	6.18	7.80
二次加工材企业	数量	个	0	2	3	2	2	0	1	8	3	9	1	0
	频数	%	0	20	10	8.33	4.44	0	5	16.67	4.55	21.43	2.38	0
	产值	亿元	0	4.90	1.55	1.17	1.54	0	0.39	10.41	5.65	5.75	0.36	0

(1)在三元区，最主要的林业企业是人造板企业，人造板产值达到11.28亿元，企业比重达到52.17%，主要产品为胶合板，还有少部分刨花板、细木工板和杉木工板；其次是竹产品企业，主要生产笋制品，创造产值7.45亿元；林产化工产品企业比重达到13.04%，产品产值为5.28亿元；纸及纸制品企业有4家，比重为17.39%，主要产品为纸制品、纸箱和印刷品，产品产值达到5.05亿元；还有1家家居工艺品企业，主要生产木材雕刻产品，2012年企业产品产值达到1.52亿元；三元区没有锯材产品产业和二次加工材及相关板材加工企业。

(2)梅列区的10家林业加工企业中，除了家具及木材工艺品产品，其他林产品均有涉及，其中锯材产品企业有1家，同时还加工一些板材产品；相对来说，人造板企业频数最高，但是产值最高的企业生产产品为指接板和集成材，产生产值为4.90亿元；有1家笋制品企业，单位产值最高，工业总产为3.93亿元；还有2家林产化学产品企业，工业总产值为3.03亿元；1家纸制加工企业工业总产值为1.30亿元。

(3)明溪县有53.33%的企业生产人造板，工业总产值为7.92亿元，无亿元以上企业，主要人造板产品有防火贴板、松胶板、细木工板、刨花板、指节板等；竹产品主要有竹胶板、竹片和竹地板条，企业比重为10%，竹产品工业总产值为1.18亿元；共有5家林产化学产品，其中三家为亿元以上规模企业，主要林化产品包括松香、紫杉醇、变性淀粉、活性炭等，工业总产值为12.41亿元，为明溪县创造产值最多的企业；此外，还有3家家具及家居衍生品企业，生产家具工艺品、门框材料和家居装饰材料，3家企业指接板生产材料。

(4)清流县同样也有较多的人造板生产企业，共创造工业产值为8.73亿元，细工木板和胶合板为主要人造板产品；1家竹制品企业，工业总产值为0.88亿元；3家林产化学产品加工企业，主要加工聚合松香、松油醇和茶油，工业总产值为2.78亿元；16.67%的企业生产木门等家具产品，工业总产值为2.41亿元；还有两家企业生产指接板，共创造工业产值1.17亿元。

(5)宁化县锯材企业工业产值为0.29亿元，人造板企业数量比重为35.56%，比重最大，工业总产值为7.43亿元，主要产品类型为胶合板、细工木板和花格板；竹制品和竹拉丝、香芯产品加工企业比重为26.67%，工业总产值为4.27亿元；林产化学产品加工企业有17.78%，工业总产值为3.9亿元，主要加工树脂、松香、浮选剂、杉精油、机制炭和精茶油；家具产品及工艺产品产值为2.61亿元。

(6)永安市的57家林产品加工企业中，1家锯材加工企业，产值为1.17亿元；33.33%的企业为人造板加工企业，共产生47.44亿元的产值，主要产品为胶合板和细木工板；31.58%的竹制品企业，创造的工业总产值为27.11亿元；17.54%的企业为林产化学产品企业，工业总产值为9.52亿元；纸制品产品和家具产品企业分别产生4.85亿元和5.11亿元的工业总产值。

(7)大田县人造板企业为主要林产品加工企业，企业比重占到将近一半，工业总产值达到9.35亿元，主要生产胶合板；只有1家竹业企业生产竹胶板，产生工业产值1.13亿元；造纸企业的工业总产值为3.61亿元；同时，还有5家家具及其相关产品加工企业和1家指接板企业，分别产生工业总产值5.76亿元和0.39亿元。

(8)尤溪县有1家锯材加工企业，指接材加工企业为尤溪县林业加工企业创造出最多的工业产值，为10.41亿元；22.92%的企业生产机制纸、瓦楞纸、彩页纸、有光纸、薄页纸、纸板和纱管纸等纸制品，而且每家企业只生产一种类型的纸张，工业总产值为7.01亿元；

有两家企业专门生产木制厨具、木制家居用品，工业产值为1.11亿元；人造板加工企业、竹产品加工企业和林产化学产品加工企业分别产生工业总产值4.96亿元、5.37亿元和4.01亿元。

(9)沙县拥有最多数量的林业加工企业，其中锯材产品加工企业2家，工业总产值2.33亿元；25.76%的企业为人造板加工企业，工业总产值为32.48亿元；竹产品加工企业主要生产竹胶板、竹藤席、竹地板和清水笋，工业总产值为21.04亿元；13.64%的企业生产林产化学产品，包括精致塔尔油、活性炭、松焦油、萜烯树脂等，工业总产值为11.81亿元；沙县纸制品制造加工业产生的工业总产值为28.84亿元；家具及工艺品和指接板的工业总产值分别为8.44亿元和5.65亿元。沙县林业加工产品种类较为丰富且企业类型多样，因此对三明市林业加工业产值贡献率最大。

(10)将乐有26.19%的企业加工人造板，16.67%的企业加工林产化学产品，各有21.43%的企业做家具生产加工和指接板加工；人造板产品加工和家具加工产生了相对较多的工业总产值，分别为7.07亿元和7.14亿元。

(11)泰宁县是锯材产品加工企业最多的区县，有23.81%的企业生产加工锯材，工业总产值为8.39亿元；30.95%的人造板加工企业生产松胶版、细工木板和胶合板，工业总产值为10.43亿元；竹产品主要有清笋干、笋丝、清水笋和竹地板，产值为2.29亿元；还有2家林产化学产品加工企业，生产活性炭、雷公藤甲素等产品，其中两家企业为亿元产值企业；家具加工企业也产生了6.18亿元的产值。

(12)建宁县没有锯材和二次加工材产品加工企业，主要集中于细工木板加工、竹笋产品加工、机制炭产品加工、拷贝纸等纸制品加工和沙发、家具加工。纸制品产值相对较高，为10.07亿元，其次为家具产品，产值为7.8亿元，人造板、竹产品和林化产品产值分别为3.77亿元、5.33亿元和5.79亿元。

总体来看，各区县产品偏重不同，人造板加工仍然为主要林业加工产品，锯材加工、家具制造和二次加工材产品发展相对缓慢。亿元以上规模企业的带动示范作用应该进一步加强。

6.2.1.4 进入壁垒

进入壁垒是影响市场结构的重要因素。进入壁垒的高低，不仅反映了市场内已有企业优势的大小，也反映了新进入企业所遇到障碍的大小。进入壁垒的高低是行业市场垄断和竞争关系的直接反映。对于我国林业产业发展中，进入壁垒主要涉及制度性障碍、资源性障碍和管理障碍。而三明市林业具有典型性和代表性，虽然其森林资源丰富，但也存在着一定的进入壁垒。我国目前实行林权管理制度、森林采伐限额管理制度、年度木材生产计划管理制度、木材采伐许可证制度、木材凭证运输制度等，成为经营者进入林木种植业的制度性瓶颈。

三明市林业企业经营中还面临着一些问题和困难，最主要的是企业木材原料短缺，生产要素诸如木材、松脂等原料日趋紧张。2009年，全市木材生产 203.59 万立方米、比降 31.94%，由此带来木材原料供应的结构性矛盾。由于正常采伐作业减少，引起枝丫材及木片产量下降，大亚木业等纤维板、刨花板同类企业原料紧张。大亚木业 75% 木质原料从省外购进，并且由于原料不足而停产的时间增加。受全省采伐政策调整的影响，木材产量比往年大幅下降，部分企业由于原料短缺处于停产或者半停产状态，形势严峻。“十五”期间，三明市年生产商品材稳定在 200 万立方米左右，但每年用材量达 500 万立方米以上。2010 年，青山纸业因木材供应不足，倒是桨板线上半年停机 65 天、7 月份全月挺急的局面。林产化工原料松脂 50% ~60% 从外省购进。福建省森林采伐方式转变为“严控低产林改造，暂停对天然阔叶林采伐、暂停对天然针叶林皆伐，全市皆伐面积控制在主伐面积的 50% 以内，”预计全市年木材产量将减少 20% ~30%。木材、松脂等原料紧张问题日益突出。

国际贸易壁垒进一步提高。各国为应对国际金融危机，纷纷出台保护本国企业、抑制进口的措施，国际贸易壁垒进一步提高。欧美等国家和地区针对木制品出台更加严格的新法规。美国 2009 年 4 月 1 日开始实施莱西法修正案，要求进口商申报木制品中每种植物成分的拉丁学名、进口货值、数量、采伐货收获国名；5 月份又公布了《建议法案——中国木制工艺品输美检疫要求》，要求中国输美的所有木制品都必须经熏蒸或热处理、出具植物检疫证证书、贴可溯源标示等。种种国际贸易的壁垒影响三明市木质林产品的出口规模，对内部生产加工流程、检疫要求提出了更为苛刻的要求。此外，三明市大部分出口林产品缺乏自主品牌，处于外经贸产业链的低端，林业企业没有掌握定价权，国内成本上升无法转嫁给国外消费者，企业利润空间越来越小，而且人民币持续升值，出口企业的产品以美元定价，致使企业蒙受汇率变化带来的损失。

林业加工企业资金还面临不足的问题，受国家银根紧缩影响，林产工业企业，特别是中小微企业通过银行贷款变得越来越困难，民间融资成本又太高。企业资金占用上升的压力加大。一方面受国际金融危机的影响，目前林产品市场疲软，下游企业流动资金紧缺，拖欠贷款现象比较严重，导致林产工业企业产品存货和应收账款上升。另一方面，林产工业企业亏损面逐步扩大，全市规模以上林产工业企业有45家亏损。同时企业资金需求增加，据初步统计，永安林业、青山纸业、大亚木业、三林木业、瑞森木业、鸿伟木业等重点林业企业产品价格下调，贷款回笼缓慢，流动资金缺口很大，大约需要信贷资金5亿~6亿元。林业企业的生产成本大幅的提高。木材原料采购半径不断扩大，加上原料紧缺，造成木材原料采购价格不断攀升；林产化工——松脂价格升降幅度巨大；工人工资提高，煤、气、油等燃料和其他材料价格、运输成本上升，这些都大幅度增加了企业生产成本，摊薄利润，盈利难。

一些林业项目用地落实较难，部分省市重点项目进展缓慢。三明市项目用地价格、政策等，与林产加工业发达的地区比没有优势，而且项目选址余地较小，增加了招商引资难度。2010年以来引进的、被列为省、市重点的部分项目因用地困难、资金紧张、市场变化等因素影响，进展缓慢。其中上海福建商会和上海喜盈门家具建材有限公司拟投资5.8亿元建设以经营家具建材为主的城市商业综合体项目，需要用地4~5公顷，客方多次来三明考察接洽，至今尚未落实用地；总投资2亿元的三达(三明)松香松节油深加工项目因为投资转向而搁浅；总投资2亿元的三元明商集团农林产品深加工产业园项目，因投资意向改变而终止；总投资 12 亿元的大田人造板和实木家具生产项目，平整工业用地 20 公顷后因县城配套用地未解决影响项目进展；总投资 5.2 亿元的尤溪正和竹纤维生产项目，也没有进行下去；总投资 9.67 亿元的沙县丽达环保竹纤维新材料产业化项目，因生产技术尚不成熟，造成项目进展缓慢。

林业产业转型升级压力巨大，虽然近年来三明市林产工业产业结构得到明显优化，但是"高消耗、高排放、低效益"的小规模企业还很多。这些小企业布局不合理，与骨干企业抢资源、争市场、不符合产业发展政策。三明市初级木竹产品加工基本饱和，人造板、纸及纸板、松香等林产品产量较大，但精加工项目少。具有龙头带动意义的项目特别是家具制造、林化精细加工等项目仍然缺乏，林产工业结构调整和产业升级难度很大。

此外，还存在一些管理障碍，营林行业特别是公司造林在现场管理、森林防火、病虫害防治以及建立有效的授权和决策机制方面面临诸多挑战，对经营者的管理能力有较高的要求。公共服务体系不够完善，扶持政策不到位，现有扶持林产工业发展的政策不多，已经出台的也未完全落实到位，如市政府对获得国家级品牌的奖励政策近年尚未兑现。林产品外销服务平台建设不到位，没有建立起对企业开拓市场的补助和鼓励机制，不利于提高全市林产品市场占有率和知名度。

6.2.2 市场行为分析

市场行为是指企业在市场上为实现其目标(如目标最大化、更高的市场占有率等)而采取的适应市场要求不断调整的战略性行为。

6.2.2.1 价格行为

三明市还有很多林业加工企业规模较小，技术水平较低，营销方式较为落后，大多数企业对市场需求的影响力和调节能力十分有限，因而价格策略是目前市场上用得最频繁，且最有效的策略。然而我国政府长期以来对木材实行严格的管制，在一定程度上，木材价格的变化很难反映出林业企业的竞争行为，木材供给与需求在长期以来也缺乏价格弹性。我国从新中国成立以来，木材定价方式大致可以分为四个经历阶段(陈向华，2006)。第一个阶段为集中定价阶段，时序在改革开放前的 1953 ~ 1979 年。这一阶段产生的问题是木材价格偏低，价格构成也不够合理，同时价格体系协调不够，因此对生产者的积极性没有起到有效的作用，并引起了社会福利的损失和生产者剩余的减少，同时刺激了不合理的木材消费。究其原因，是因为在这一阶段，我国处在计划经济的体制下，木材是生产资料作为国家统筹管理的理论依据，木材被定为国家一级统筹配置物质，因而本应该作为反映市场供需指标的木材，只能够作为木材生产企业内部核算和结算用；第二个阶段为木材加工的议购议销制阶段，时间段为 1979 ~ 1985 年，第三个阶段为木材价格的双轨制和有调控的市场机制阶段，时间段为 1985 ~ 1998 年，这两个阶段的发展过程中，国家逐渐减少了统配木材的比重，使得市场定价机制不断发挥效果和作用；第四个阶段是木材市场定价机制，从 1998 年一直延续至今。从 1998 年天然保护林工程的实施，林业生态效益被列为林业的主要发展战略和目标，木材采伐量得到了较大程度的限制，但是伴随着国民经济快速增长对木材的需求持续增大，使得林业加工企业产生了激烈的竞争，尽可能的扩大企业自身的产能，使得自身利益最大化。在林业产业发展初期，为扩大市场，众多较小规模、较低集中度、优势较差策略行为的林产工业企业的理性选择必定是采取激烈的价格竞争。而微观主体获得短期利润最大化价格的后果往往导致林产品价格水平偏低、企业缺乏产品和技术创新和改造意识薄弱，市场运行效果较差，从而林业产业生命周期的演替发展被制约。

对于一些林业企业还属于初级阶段的市场，其生存方式影响了整个行业良性竞争的空间和层次，使得大多数企业尽可能地回避和减轻竞争。三明市林业企业属于竞争性产业环境，相当一部分企业生产是低水平的重复，林业加工产业同构现象客观存在，因此，有企业在制定价格时，会通过采用组织竞争对手进入的定价行为，使得林产品的价格水平偏低。进而导致了企业弱化了进行技术创新和新兴产品的开发研制，对整个产业、市场的进一步发展有一定的制约。

6.2.2.2 非价格行为

非价格行为一般是指企业进行产品多样化选择、广告促销、产品与技术开发等行为，达到扩大本企业的产品差异化程度、增加企业的产品销售能力、扩大市场占有率、限制其他企业的进入的目的。

总体上来看，三明市林产工业企业的非价格行为较为明显。品牌提升是企业非价格行为一个重要方式，三明市林业加工业企业也比较注重品牌战略的发展，从而提升产业竞争力。2012 年 9 月，宁化县三和木业公司“翠竹鸟”、福建天顺祥木业公司天顺祥“tsx wood”、将乐恒鑫木业公司“青枝”、永安市绿健食品公司“双林及图”、福建和其昌竹业公司“和其昌及图”、永安市黄泥家公司“黄泥家及图”、沙县晓康家具公司“海楠阳光”等 7 家林业企业的商标认定为“福建省著名商标”。2012 年 11 月，家园木业、永安林业、闽山化工等 39 家林业企业认定为“2011 年度三明市守合同重信用企业”。2012 年 12 月，清流县闽山化工公司“闽山及图”商标认定为“中国驰名商标”，建宁黄花梨、三元草珊瑚获批为“地理标志保护产品”。永安市黄泥家公司“黄泥家 + 图形牌金线莲”、永安市燕晟木业公司“燕晟木业 + 图形牌人造板(细木工板)”、福建和其昌竹业公司“和其昌牌集装箱底板”、永安市兴国人造板公司“永庆 + 图形牌竹胶合板”、永安市大地竹业公司“家丰 + 图形牌竹制切菜板”、大田县广联木业公司“文盘 + 图形牌人造板(细木工板)”、福建省杉优实业公司“杉优 + 图形 + SHANYOU 牌木制工艺品”、清流县鸿翔农庄农业发展公司“翔韵 + 图形 + XIANG YUN 牌鲜切花”、健盛食品公司“明健盛牌水煮笋”、福建铙山纸业集团“铙山 + Naoshan + 图形牌 $14g/m^2$ 薄页纸”、福建铙山纸业集团“铙山 + Naoshan + 图形牌 $16g/m^2$ 影摹纸”、福建铙山纸业集团“铙山 + Naoshan + 图形牌炊蒸原纸”等 11 项产品认定为“福建名牌产品”。目前，三明市林产品拥有中国名牌产品 1 个、中国驰名商标 5 枚，福建省名牌产品 55 个、福建省著名商标 47 枚，居全省同行业、全市各行业之首，这标志着三明市林产工业已由粗放经营逐渐走向品牌战略，市场竞争力不断增强。

6.2.2.3 企业组织调整

林产工业企业位于产业链的中游，对上游企业(第一产业企业)的拉动和下游企业(第三产业企业)的推动都具有重要的作用。企业组织调整主要表现为企业的合并还有体制的改革。三明市企业合并的情况不太多见，但是国有森工企业改革，经过重组后，还有很多改革遗留问题。

第一，企业改制资金严重短缺。由于参与改革的国有森工企业大多亏损严重、资不抵债，拖欠各类债务等问题十分严重。企业改革时筹措的资金除支付在职职工解除和终止劳动合同经济补偿金，对于企业拖欠的其他资金，如职工山区工龄补贴、职工工龄津贴、职工住房工龄补贴、离休干部生活补贴、退休干部生活补贴、退休职工移交社区管理费、伤病残职工补助费、退休省级以上劳模医药费、留守职工工资等，因当时无钱支付、而拖延至今。

第二，职工遗孀抚恤金问题。国有森工企业改革时，对职工遗孀按政策规定预留10年的抚恤金，由企业发放给抚恤金对象或监护人。10年后大部分抚恤对象还健在，造成许多遗属无法继续享受抚恤金待遇。近年来，国家大幅度提高遗属抚恤金待遇，改革预留的抚恤金资金严重不足。企业改革后新增遗孀人员不断增加，由于企业已关闭破产，失去任何收入来源，从而使得资金缺口增大。

第三，被解除劳动关系职工再就业困难。老的森工企业，职工文化素质比较低，受教育程度较低，再就业难度比较大。大多下岗职工即使再就业，所从事工作也是工资低、重体力的工作，诸如保安、摩的、扛液化气瓶等没有技术含量的体力工作，同时再就业前已经从事了10年以上重体力工作，社保仍然没有按照特殊工种给予此部分人员采取提前5年退休的政策。

6.2.3 市场绩效

市场绩效用来判断市场结构和市场行为的合理性和有效性程度，是反映市场运行效率的综合性指标。如何定量地反映市场绩效，是产业组织学者长期以来一直非常关注的问题。

6.2.3.1 生产力累积及利润水平

据三明市林业局统计，截止 2012 年年底，全市完成规模以上林产工业产值 468.33 亿元，比增 13.9%（市统计局发布数字为 422.46 亿元，比增 12.4%），实现增加值（GDP）111.52 亿元，比增 12.2%，继续保持较快增长。受林木采伐政策调整的影响，全市生产商品木材 153.6 万立方米，占年计划 200 万立方米的 76.8%，比降 6.5%。全市主要林产品生产情况：①木材加工系列。人造板 318.98 万立方米，比增 6.5%；集成材和指接板 67.37 万立方米，比降 10.6%；木质家具 126 万件，比增 62.43%；木竹地板 495 万平方米，比降 6.3%。②制浆造纸系列。纸浆 28.60 万吨，比降 16.9%，纸及纸制品 83.89 万吨，比降 28.1%。③林产化工系列。松香、松节油及其系列加工产品 10.90 万吨，比增 29.2%；木材热解类 10.45 万吨，比增 7.9%，其中活性炭 4.99 万吨，比增 33.3%。④森林食品加工系列。笋制品 26 万吨，比增 29.71%；茶油 7439 吨，比增 71.2%。

受全球经济复苏趋缓、需求不旺和增速回落等影响，全市林产品进出口额下降。据海关统计，2012 年全市林业企业进口 7397 万美元，比降 29.5%，主要是木材等林产加工原料进口量大幅下降。全市生产性林业企业自营林产品出口 14960 万美元，比降 3.4%，其中：①木竹加工系列产品 9084 万美元，比增 35.3%。②纸及纸制品 1608 万美元，比降 31.1%，主要是欧洲先进工艺技术纸制品冲击三明市在东南亚的传统市场。③松香松节油系列产品 773 万美元，比降 54.2%。④活性炭及炭制品 286 万美元，比降 44.5%。⑤植物提取及香精香料 1335 万美元，比增 994.3%。⑥森林食品系列 1751 万美元，比降 57.4%。⑦花卉 42 万美元。⑧其他 81 万美元。

全市 50 项投资 3000 万元以上的林业产业重点项目，2012 年计划投资 26.87 亿元，实际开工建设项目 44 项，开工率 88%，部分投产项目 17 项，累计完成投资 22.76 亿元，占年度投资计划的 84.7%。其中总投资亿元以上项目 37 项，2012 年计划投资 23.54 亿元，实际开工建设项目 32 项，开工率 86.5%，部分投产项目 11 项。

6.2.3.2　技术进步与产品创新

一些龙头企业积极创新，2012 年 9 月，在首届中国森林食品博览会上，建宁孟宗笋业的软包装笋干二次乳酸发酵工艺获林业产业创新奖一等奖(森林食品类)；尤溪沈郎食用油的膜脱胶及油酸高效提取工艺、健盛食品的食用菌种植加工分别获林业产业创新奖(森林食品类)获奖项目。2012 年 10 月，永林竹业、大地竹业等 2 家林业企业入选第三批“福建省创新型企业”，将乐乐洪活性炭、大亚木业、永安森美达生物、宁化利丰化工等 4 家企业入选第五批“福建省创新型试点企业”。目前，三明市有 9 家林业企业入选“福建省创新型企业”，占三明市 18 家的 50%。这些创新型企业成为三明市林产工业各领域的龙头骨干，引领着产业发展和转型升级。

创新的基础是科技进步。福建森美达生物科技有限公司《高纯度桉叶素生产技术研究与开发》项目获 2012 年度福建省科学技术进步三等奖。大田广联木业有限公司联合高校专家学者制定的省地方标准《混凝土模板用树脂覆面拼接板》被省政府授予 2012 年福建省标准贡献奖三等奖。大田雄峰木业有限公司研发的木材高温湿快干干燥工艺方法、炭化热处理改良实木地板制造方法和稳定型地采暖实木地板及其制造方法获得国家知识产权局发明专利。华闽纸业有限公司获得乳胶纸生产专利。沙县晓康家具有限公司研发的“海楠阳光”乌拉草保健床褥和本草保健床褥均获得国家专利。

6.3　林业产业化经营的组织形式

林业企业是市场经营的主体，林业合作组织作为以农村、农民为主体自主合作的合作经济组织，也是组成企业的一种形式。农民是林业产业链第一级的行为主体，对林业企业的资源供给、林业市场的繁荣也起着重要的作用。

6.3.1　福建林业经济组织形式变迁

随着集体林权制度改革的不断变化，福建省林业经济合作组织形式也在不断地变迁。从上世纪 80 年代初开始的林业“三定”时期，以稳定山权、林权，划定自留山，确定林业生产责任制为主要内容(洪燕真等，2009)。福建省在此时产生三种不同林业经济组织形式。第一种为将山林承包经营到家庭。这种承包经营方式对农户家庭收入提高显著，同时也由于对森林的过度砍伐造成森林资源的破坏；第二种则是由村集体统一集中经营。三明市没有采用此种经营方式。其他大部分地区由乡村林场或者村委会统一组织经营集体山林，林业生产采取短承包的方式；第三种方式是山林股份合作经营，此种方式对山林分户经营后如何适应林业生产经营特点的考虑较少，不少地方产生了“一山多主，一主多山”的局面，造成经营管理困难，地块的细碎化经营，这样有悖于林业规模经营的特点。新一轮集体林权制度改革中，福建省以家庭承包为主，通过明晰产权，将林地经营权落实到户，2003 开始，市场对林木产品需求增长，林业产品价格攀升，林农造林育林的生产积极性被激发。林改的同时也产生了林地经营分散、林业经济不具规模等问题，因此，以福建省为代表，集体林权制度改革也催生了大量的林业经济合作组织的发展。

6.3.2 三明市林业合作组织建设

集体林权制度改革基本解决了林木林地产权明晰、责权利落实的问题，对于稳定和完善农村家庭承包责任制，促进集体林区林业发展具有重要意义。2005 年《三明市人民政府关于建立健全林业社会化服务体系 促进林农合作组织发展的意见》(明政文〔2005〕110 号)指出，建立健全林业社会服务体系，加快林农合作组织建设，对于提高林业经营组织化程度，实现林业规模化、产业化经营，增强林产品竞争力，促进林业发展和林农增收具有重要意义。

6.3.2.1 林业合作经济组织主要模式

当前三明市林业合作组织主要有以下几种经营模式，并且所有的经营模式都是以自愿为原则：

(1)能人带头模式

这种经营模式主要发挥村中有能力的人的带头示范作用，采取合作经营、资金并入等方式，带领广大林农进行合作。目前，这种类型在永安、尤溪等地较为典型，如永安市虎山林业专业合作社。

(2)家庭合作模式

这种经营模式主要通过家庭、朋友之间的互相信任为基础，自愿结合而成的家庭合作林场。在经营方式上可以由林农共同经营，或者共同委托个别人进行管理。利益分配按照入股比例进行协调。目前，这种类型在永安、沙县等地较为典型，如永安贡川镇红安家庭合作林场。

(3)村民集资模式

一般这种模式，有村委会牵头，村级自愿投资入股，以家庭为单位成立专业合作社，并制定完整的管理制度和方案，村民代表行使权力。如将乐南口乡舍坑村林业专业合作社、尤溪县西城镇山连村绿源专业合作社自愿入股集体造林。

(4)村企合作模式

这种模式主要是林农与企业的合作，一般的，农户入股方式为原料林基地，企业提供资金和技术等支持。如永安林业(集团)股份有限公司与村集体、林农股份合作，合作方提供林地并负责管护，新造林的30%所有权归合作方，70%归公司。将乐县金森上华有限公司采取村企合作方式，公司与村民小组、村委会组建合作实体，实行所有权与经营权分离，通过评估确定各自所占股份，金森公司占54.8%，村委会与村民小组占45.2%，且每年金森公司向村委会缴交林地使用费每亩10元，村内收益村委会与村民按3∶7分配。

(5)专业协会模式

这种模式一般组织形式较为松散，有笋竹生产、不同林产品销售、科技服务等方面。该种模式有利于森林资源的保护和利用。如泰宁已成立雷公藤、种苗、锥栗、防火4个县级协会，2个乡级笋竹专业协会；将乐已成立林木种苗协会、木竹行业协会和12个乡镇林区道路维护管理协会。

6.3.2.2 林业合作经济组织建设情况

截止到2012年底，三明市累计组建各类林业合作经济组织和专业协会1055个，覆盖面达67.2%。其中经工商登记注册的林业专业协会306个、服务面积2127.61万亩林业专业合作社349个①、经营面积121.87万亩，其他类型合作经济组织400个、经营面积216.84万亩。

分类来看(图6-4)，在林业专业合作社，涉及众多种类，其中由村委会统一组织的造林专业合作社数量最多，有141个，占总体林业专业合作社的40.40%；笋竹专业合作社比重为18.62%，数量为65个；经济林果专业合作社有41个，具体有柑橘、金柑、黄花梨等产品；油茶专业合作社有36个，比重为10.32%；茶叶专业合作社有23个，比重为6.59%；林药专业合作社有14个，有厚朴、金银花、金线莲等产品；绿化苗木专业合作社有14个，其中也包括珍贵苗木；此外，还有10个花卉专业合作社，蜂业专业合作社、天然菌类专业合作社以及森林旅游专业合作社。

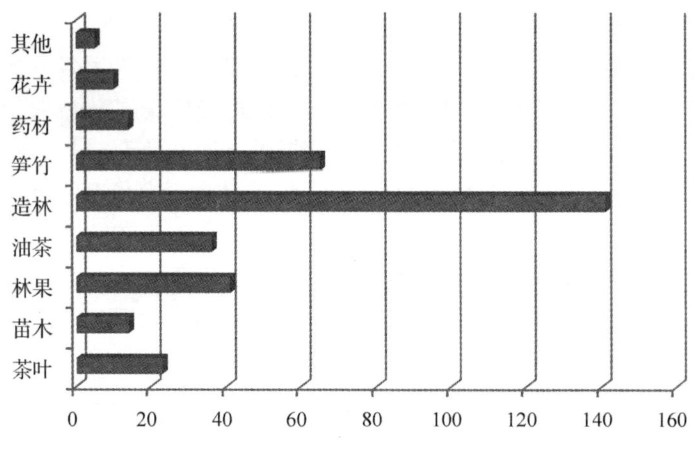

图6-4　三明市林业专业合作社类型

Fig. 6-4　The type of professional forest cooperatives in Sanming City

三明市其他类型合作经济组织数量比重最大，主要类型有家庭林

① 林业专业合作社是指按照《农民专业合作社法》的规定要求依法成立，并经工商登记注册的合作社；其他类型林业经济合作组织是指家庭林场、股份林场、公司+农户+基地、产销班等类型的经济实体；林业专业协会包括护林联护、科技服务、市场营销等。

场、股份林场和公司+农户等类型。其中股份林场有161个，比重为40.25%；家庭林场有139个，比重为34.75%；公司+农户类型有43个，比重为10.75%；其他类型有457个，如图6-5所示。

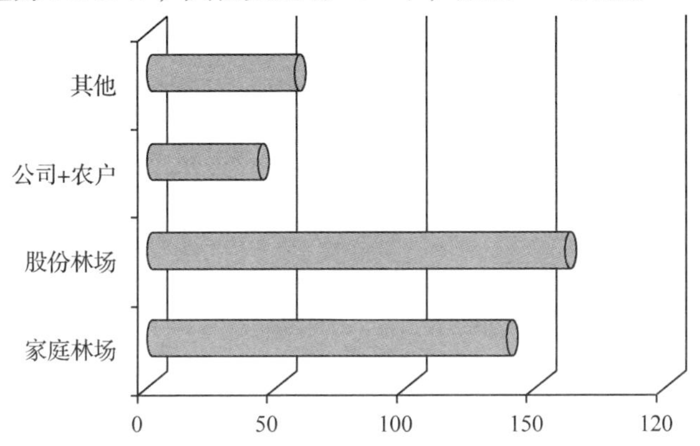

图6-5　三明市其他林业经济合作组织类型

Fig. 6-5　The type of other forest cooperatives in Sanming City

分区县来看(表6-8)，永安市拥有数量最多的林业合作组织，数量占三明市的林业合作组织总数的53.65%。其中29.51%为林业专业合作社，经营面积为40.46万亩。具体包括茶叶专业合作社、苗木专业合作社、花卉专业合作社、柑橘专业合作社、白杨树专业合作社、林果专业合作社、笋竹专业合作社、茶籽油专业合作社、中草药培育专业合作社、油茶专业合作社等多种类型；32.51%的林业合作组织为家庭合作林场和股份合作林场，经营面积为59.11万亩；37.99%为林业专业合作社，服务面积为714.97万亩。大田县共拥有96个林业合作经济组织，明溪共有77个林业合作经济组织，沙县和尤溪县分别拥有63和61个林业合作经济组织，建宁县和梅列区的林业合作经济组织相对较少，均拥有14个。

6.3.2.3　存在的问题

从总体上看，建立一般的林业合作经济组织难以享受相关优惠扶持政策，而组建规范化的林业专业合作社又面临着法律法规不配套的问题。对照《农民专业合作社法》，主要有以下几个方面的问题：一是

表 6-8　三明市各区县林业合作组织建设情况

Tab. 6-8　The construction of each county's forest cooperation organization in Sanming City

区县	林业专业合作社		其他类型林业组织		林业专业协会	
	数量	经营面积：万亩	数量	经营面积：万亩	数量	覆盖面积：万亩
三元	10	4.77	8	10.39	12	113.31
梅列	2	0.47	1	0.02	11	36.22
明溪	35	8.57	33	8.65	9	195.08
清流	8	11.87	9	55.14	2	5.20
宁化	14	5.69	27	13.79	20	245.36
永安	167	40.46	184	59.11	215	714.97
大田	32	4.78	61	22.02	3	299.35
尤溪	40	6.06	16	11.50	5	229.15
沙县	4	3.68	45	22.72	14	40.30
将乐	5	4.97	5	5.39	14	240.46
泰宁	24	27.19	6	1.51	0	0
建宁	8	3.37	5	6.60	1	8.20

数据来源：实地调研。

利益分配问题。农民专业合作社盈余主要按照成员与本社的交易量(额)比例返还，由于林业生产周期长的特殊性，造成林业专业合作社获利缓慢、利益分配难。二是组织管理问题。林业专业合作社通常由大户牵头联合林农组建，入社资产所占比重不同，林农个人又没有能力通过资金投入实现相对均衡，合作社重大决策表决时，成员地位平等、实行一人一票难以执行。三是入社退社问题。农民专业合作社实行入社自愿、退社自由，在目前大多数林业专业合作社入社成员没有相应变更林权的情况下，如果其成员在得到几年的盈利分配，且入社时带来的森林资源尚未采伐，中途要求退社，矛盾难以解决。具体表现在：

(1)思想认识不足

有的乡村干部对林业专业合作社缺乏了解甚至很陌生，对林业专业合作社的地位和作用认识不清，造成工作缺乏主动性。在短期内要引导林农进行联合经营，林农担心个人权益得不到保障，因此不愿意进行联营联合，造成推进规模化经营困难。

(2)运行不够顺畅

一方面，由于林业生产周期长，使得组建林业专业合作社较一般的农民专业合作社要复杂得多，尤其是林业专业合作社的利益分配办法有待探索。另一方面，林业合作经济组织虽然成立理事会，并拟定章程，但大多未经工商注册，有的只是挂了一个牌子，没有固定的收入来源，内部运作机制不健全，规章制度不完善，缺乏基本的入社和退社手续，形同虚设，难以做到真正的民主管理。

(3)发展不够平衡

目前虽然大量涌现各类林业合作经济组织，但从合作经济组织拥有的林地分布状况、经营面积和参加合作组织成员人数来看，都显得规模较小，覆盖面还不够广。有的林业合作经济组织成立时缺少资金投入，加上股金筹集有限，使林业合作经济组织无法开展正常工作；有的林业合作经济组织在生产过程中也常常因流动资金不足、贷款困难等原因，影响生产和规模的发展速度；有的林业合作经济组织缺乏服务意识，在技术引进、经营管理、市场开拓、信息收集以及经营网点分布等方面，无法为成员提供有效服务。

(4)经营水平不高

目前林业合作经济组织缺少“能人”牵头，组织管理者大多专业水平不高，市场观念不强，缺乏生产经营和管理经验。大部分林农管理经验不足，水平较低，素质不够，影响林业合作经济组织的健康发展。有些林农虽然加入了林业合作经济组织，但对林木的经营大多还是各自管理核算，无法真正实现适度规模经营，市场竞争力太弱，从而制约了林业合作经济组织的发展壮大。

(5)政策扶持缺乏

林业合作经济组织是一个新生事物，缺乏协调管理机制，致使国家扶持资金没有真正落实到林业行业。福建省虽然制定出台了“三免三补三优先”的优惠扶持政策，但涉及的部门较多，相关部门没有制定具体的实施细则和配套措施，致使扶持政策难以落实到位，林业合作经济组织从政策上获利不明显，林农合作经营的积极性不高。

6.4 基于农户的林业产业经营组织化分析

基础资源及原材料的供给对林业产业化发展有重要的意义，同时，林业产业化发展更离不开作为森林资源持有和经营主体的农民，而林业合作组织是基于农民自愿参与的最小经济单位，研究农民参与林业合作经济组织的意愿则具有重要的意义，一方面可以了解当地林业合作经济组织的发展基础以及普及范围，另一方面可以了解农民需求，有利于林业合作经济的作用进一步提升。

6.4.1 研究区域及样本选择

本部分采用实证研究方法，课题组于2012年3月和2012年8月两次对三明市6个区县27个自然行政村进行了农户访谈和问卷调查。在选取样本用户时依据典型抽样和随机抽样相结合的原则，两次调查农户共计629户，剔除由于常年在外打工而得到的无效问卷、有明显失真的问卷、数据信息缺失严重以及完全对本次研究相关变量无法满足的问卷，最终的有效问卷为560份，调查问卷有效率达89.03%（560/629=89.03%）。

调研主要包括几个方面：从各个区县、乡镇林业局了解当地村民近几年的林业生产活动情况；从各县统计局获取国民经济和社会经济发展相关资料和数据；与村干部进行半开放式结构访谈，了解调研村的基本情况、林业发展、林业组织经营情况，对全村的村落发展，村民生产生活、林权改革、林业合作组织等相关信息得以初步的了解和宏观的认识；采取入户随机调研，与农户采取面对面的半开放式结构访谈的方式了解所需要的信息，进而通过整理分析问卷和访谈记录，获得较为详细的信息。通过当地林业局以及村干部的协助，随机和典型选取不同经营类型的农户家庭，调查对象基本能覆盖区域内全村的情况。农户问卷设计包括农户家庭基本情况、农户生产生活基本情况、农户对集体林权改革及林业组织经营等主观问题的态度和看法。所涉及的问题基本能够反映出农户生产生活特征和对重点问题的意愿。因此本次调研所获得的数据基本能够反映出当地社会经济发展情况，具有可靠性和可行性。

6.4.2 样本描述

在实地调研中，课题组主要选取对家庭生产生活情况了解较为全面的农户进行随机访问。

通过调查(表 6-9)，在 560 份有效样本中，男性 486 人，占总体样本的 86.79%，女性 74 人，占总体样本的 13.21%。受访者平均年

表 6-9　样本农户基本情况

Tab. 6-9　Demographic characteristics of sample household

基本指标		频数(个)	比重(%)
性别	男	486	86.79
	女	74	13.21
年龄(岁)	≤30	22	3.93
	31～40	82	14.64
	41～50	225	40.18
	51～60	141	25.18
	≥60	90	16.07
受教育程度	文盲	62	11.07
	小学	164	29.29
	初中	229	40.89
	高中中专	96	17.14
	大专以上	9	1.61
家庭人口数(人)	≤3	99	17.68
	4	149	26.61
	5	142	25.36
	≥6	170	30.35
当年家庭纯收入(元)	5000 以下	256	47.32
	5000～8000	30	5.36
	8000～15000	73	13.04
	15000～30000	75	13.39
	30000～50000	60	10.71
	50000 以上	57	10.18

龄49.71岁，主要年龄段集中在41～50岁之间，约占样本总量的40.18%，年龄段在51～60岁和60岁以上的受访者分别占样本总量的25.18%和16.07%，年龄段在31～40岁和大于65岁的群体最少，分别占样本总量的14.64%和3.93%。受访者平均家庭人口数为4.95，大部分集中在6口人以上和3口人，分别占样本总量的30.35%和26.61%。受访者家庭平均有劳动力3.04个，16.43%的受访者是村(县)干部或者村集体相关事务负责人。在样本区域，58.64%的受访者具有初中及以上学历，受教育程度相对较高，其中40.89%的受访者具有初中学历，17.14%的受访者具有高中及中专学历，1.61%的受访者具有大专及以上学历，有11.07%的受访者是文盲，比重偏高，29.29%的受访者具有上过小学。通过对样本区域的实地考察，所有受访者2011年家庭年均纯收入为8277.19元。

6.4.3 农户对林改的满意度分析

林改后，林业的经营单位和经营面积相对比较分散，要实现更大的效益，就必须走规模化、集约化经营的道路，提高经营管理水平。在实地调研中，首先就林农对集体林权制度改革的态度进行访谈。其中有80.54%的林农对林改感到满意(图6-6)。

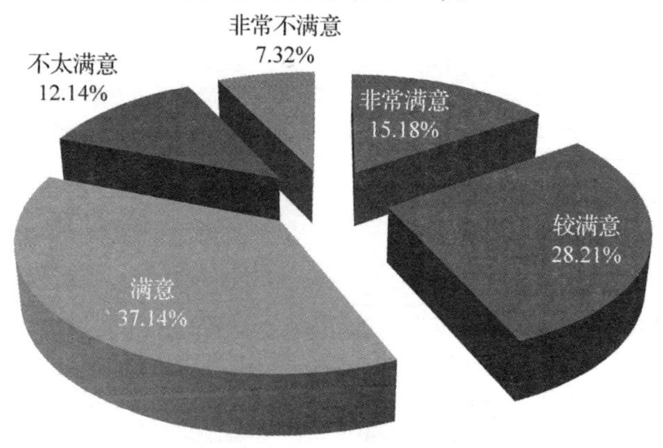

图6-6 林农对林改满意度

Fig. 6-6 The satisfaction of forest famer about forest tenure reform

有81.68%的林农表示很清楚家庭所有林地的区位和边界，有10.50%的受访者表示很清楚区位，但无法区分边界，只有7.82%的受访者表示都不清楚。有59.54%的受访者认为本村林改后林地分配比较合理，有21.95%的受访者认为林地分配不合理，18.51%的受访者认为不好说。对于本村林改中产生的问题，受访者认为按照重要程度依次有分配方式不合理、决策过程不公开、缺乏配套措施和宣传不到位。只有20个受访者表示林权证没有，其他人认为林权证有比较重要的作用，重要程度依次为资源权属证明、家庭资产证明和生态补偿分配的依据。

总体来看，林农对集体林权制度改革满意度较高，这对林农参与林业合作经济组织具有重要的推动和基础性作用。

6.4.4 模型构建与方法选择

在做多因素分析中，大多数研究的因变量分类为两项，则二分类logit模型是最为常用的分析方法，本部分旨在研究林农参与林业合作经济组织的意愿，结果有两种，即愿意加入和不愿意加入，因此，为找出影响林农参与林业合作经济组织意愿的影响因子，建立以林农基本特征、家庭基本特征、资源禀赋特征、态度认知特征为自变量，林农参与林业合作经济组织意愿的0－1型logistic实证模型。具体表达为(Greene，2003)：

$$P(Y = 1 \mid X) = \frac{e^{x'\beta}}{1 + e^{x'\beta}} = E(Y \mid X) \tag{6-3}$$

自变量与因变量之间的关系可以表现为：

$Y=f$(林农基本特征，家庭基本特征，态度认知特征)

在林农参与林业合作经济组织的选择中，我国学者认为研究中认为，林农的年龄、受教育程度、对合作社认知程度、合作社的经营效益、家庭林地面积、国家政策扶持、家庭劳动力数量、是否接受过林业技术培训、林业收入占家庭收入的比重、非农就业渠道等方面作为评价林农参与林业合作经济组织的主要影响因素(黄和亮等，2008；王桂涛等，2011；左停，2011；李华，2010)。本研究在综合前人研究的基础上，结合三明市林业合作经济组织的发展特点，选取了相关指标。

本研究中，因变量Y为林农参与林业合作经济组织意愿，分为两类：愿意和不愿意，分别用 1，0 表示，具体自变量指标选择林农的个人特征、林农家庭特征和林农的态度认知三个方面。其中，林农个人特征用性别、年龄、受教育程度、身体健康状况、是否是村(县)干部表示，是否接受过林业经营相关技术培训和指导表示，家庭特征用家庭劳动力数量、家庭年收入、是否长期从事林业、家庭林地面积、家庭是否有林地流转表示，态度认知特征用是否知道本村有林业合作经济组织、认为参加林业合作组织是否有助于解决生产生活中问题和对林改的满意程度表示，具体特征变量及解释见表 6-10 所示。

表 6-10 特征变量及解释

Tab. 6-10 Description of dependent variable and explanatory variables used in the logistic model

	变量表示	变量类型	变量解释	期望影响
	WILLING	林农参与林业合作组织意愿	1 = 愿意；0 = 不愿意	NA
个人特征	GENDER	性别	1 = 男；0 = 女	+
	AGE	年龄	实际年龄	–
	EDUCATION	受教育程度	1 = 文盲；2 = 小学；3 = 初中 4 = 高中或中专；5 = 大专及以上	+
	HEALTHY	户主健康状况	1 = 良好；0 = 疾病	–
	LEADER	是否是村(县)干部	1 = 是；0 = 否	+
	TRAINING	是否接受过林业经营相关技术培训和指导	1 = 是；0 = 否	+
家庭特征	LABOR	家庭劳动力数量	实际数量	+
	INCOME	家庭收入	实际数值	–
	ACT	是否长期从事林业	1 = 是；0 = 否	+
	F_ AREA	林地面积	实际数值	+
	TRANS	家庭是否有林地流转	1 = 是；0 = 否	+
态度认知	KNOW	是否知道本村有林业合作组织	1 = 是；0 = 否	+
	HELPFUL	参加林业合作组织是否有助于解决生产生活中问题	1 = 有很大帮助；2 = 有一些帮助； 3 = 没有帮助；4 = 不知道	–
	REFORM	对林改的满意程度	1 非常满意；2 较满意；3 满意； 4 不太满意；5 不满意	–

通过描述统计分析，调研农户中愿意参与林业合作组织的有269人，比重为48.05%，有291名调研农户不愿意参与林业合作组织的，所占样本总数的51.96%(表6-11)。

表6-11　林农参与林业合作经济组织意愿

Tab. 6-11　Forest farmers' stated willingness-to-participate in forest cooperatives

参与林业合作组织意愿	模型指标类型	频数	比例%
愿意	1	269	48.04
不愿意	0	291	51.96
合计	/	560	100

6.4.5　模型结果分析

本研究采用Stata SE version 11.0统计软件，对调查数据进行logistic数据处理，建立林农参与林业合作经济组织意愿的回归模型，通过进行Breusch－Pagan检验，拒绝原假设的概率Prob ＞ chi2接近于0，结果有效。对因变量有显著影响的自变量整理得到回归结果见表6-12所示。其中最大似然估计值为－124.2273。

从模型结果来看，大部分所选变量均分别在1%、5%和10%的水平上显著，模型的整体效果良好。其中，不同的变量对林农参与林业合作经济组织有不同程度的影响。变量受访者受教育程度、身体健康状况、是否是村(县)干部、是否长期从事林业活动、家庭林地面积和林农的一些主观态度在1%的水平上显著，在5%的水平上显著的变量有林农对集体林权制度改革的看法，林农的年龄在10%的水平上显著。

结果显示，虽然性别指标虽在没有很大的显著性，但是从预期结果方向看，男性受访者较女性受访者参与林业合作经济组织的意愿强烈，有52.67%的男性受访者希望能够参与到林业合作经济组织中，而只有17.57%的女性受访者愿意参加林业合作经济组织。原因可以解释为男性较女性而言更愿意接触新兴的事物，并参与其中，女性可能相对来说思想较为保守一些。

表 6-12　林农参与林业合作经济组织意愿的 Logistic 回归结果

Tab. 6-12　Results of logistic regression on willingness-to-participate in forest cooperatives as a function of selected explanatory variables.

	Coef.	Odds Ratio	Std. Err.	z	P > | z |
GENDER	0. 848	2. 334	0. 550	1. 540	0. 123
AGE	-0. 030***	0. 970	0. 018	-1. 650	0. 099
EDUCATION	0. 627*	1. 872	0. 213	2. 940	0. 003
HEALTHY	-1. 191*	0. 304	0. 432	-2. 760	0. 006
LEADER	-2. 062*	0. 127	0. 511	-4. 040	0. 000
TRAINING	0. 056	1. 058	0. 414	0. 130	0. 893
LABOR	0. 013	1. 013	0. 126	0. 110	0. 916
INCOME	0. 001	1. 000	0. 000	-0. 350	0. 726
ACT	1. 451*	4. 266	0. 366	3. 960	0. 000
F_ AREA	0. 003*	1. 003	0. 001	2. 830	0. 005
TRANS	0. 031	1. 032	0. 457	0. 070	0. 945
KNOW	4. 804*	122. 0	0. 453	10. 600	0. 000
HELPFUL	-0. 636*	0. 529	0. 244	-2. 600	0. 009
REFORM	-0. 377**	0. 686	0. 162	-2. 320	0. 020

注释："*"、"**"、"***"分别表示统计检验达到1%、5%、10%的显著水平。

受访者的年龄特征在10%的水平上显著并且系数符号为负，表明林农年龄对林业合作经济组织的参与意愿产生负的影响。这表明年龄越大对林业合作经济组织这一新兴事物的敏感度和关注度越小，因此更趋向于沿袭惯有的林业生产经营方式，而越年轻的林农，越愿意尝试区别于传统的林业生产经营方式。

受访者的受教育程度在1%的水平上显著，并且对林农的林业合作经济组织的参与意愿产生积极的影响。受教育程度越高的林农，越容易了解和认识到林业经济合作组织的建立是优化配置林业生产要素的需要，通过林农合作组织，能够把农村劳动力、林地、技术、资源等生产要素的流动重组和优势整合，实现林业资源优化，提高林业生产的整体效益，因此更愿意参与林农合作组织。根据统计结果所示，有 6. 90% 的没有受教育经历和 42. 07% 的具有小学学历的林农愿意参加林业合作经济组织，与之相比，分别有 55. 90% 的具有初中学历、64. 58% 的具有高中或中专学历和 66. 67% 的具有大专及本科学历的林农愿意参与到林业合作经济组织当中。

户主的身体健康状况在 1% 的水平上影响显著，并且影响系数为负，这表明农户身体状况越差，选择参与林业合作经济组织的概率越大。原因可以解释为，户主的身体状况越好，越愿意自己经营林地，而身体状况相对差的，对于林业生产经营活动感到力不从心，因此愿意借助外界力量，比如参加到林业合作经济组织的方式减少自身的劳动时间，获得其他成员以及组织的帮助。

受访者是否是当地领导干部这一指标在 1% 的水平上显著，并且影响系数为负，这与实际预测相反，笔者认为一般具有行政职务的林农能够有更多的渠道接受新的信息，了解国家的政策，因此对林业经济合作组织的参与意愿更为强烈。文中运算中结果与预测相反，原因可能是由于影响因素较多，有交叉影响而产生不同的结果。

受访者是否接受过林业经营相关技术培训和指导这一指标影响系数为正，与预测结果一致。说明如果林农接受过林业经营相关技术培训，更了解经过培训后对生产经营产生直接的好处，更愿意通过参加林业合作经济组织获得更多的技术指导和帮助。受访者家庭劳动力数量这一指标影响系数也为正，但是不显著，主要是因为林业生产周期较长，而且不需要长时间的人力投入。农户家庭年收入没有显著影响，影响系数为正。家庭是否有林地流转这一因素对林农参与林业合作经济组织影响不显著。

受访者是否长期从事林业和家庭林地面积在 1% 的水平上显著，并且对林农的林业合作经济组织的参与意愿产生积极的影响。这表明林农如果长期从事林业活动，并且如果拥有较多数量的林地，则其选择林业合作经济组织的概率越大。原因可以解释为如果家庭拥有较多的林地面积，并且长期经营林地，则家庭对林业的依赖性较大。并且林业产业生产周期较长，投资回报率慢，家庭林地经营面积越大的农户更加需要通过参加林业合作经济组织，从而获取更多的市场信息、享用更好的销售服务、获得资金贷款等服务以降低自身在林业生产经营中的成本，获取更高的收益。

林农对林业经济合作组织和集体林权制度改革的认识和看法都对林农参与林业经济合作组织的意愿有显著的影响。其中受访者是否知道本地有林业合作经济组织在1%的水平上显著，并且对林农的林业合作经济组织的参与意愿产生积极的影响，原因显而易见，如果当地有成立合作组织，并且运行良好，也做了足够的宣传，林农加入林业合作经济组织的概率就越高。同样的，参加林业合作组织是够有助于解决生产生活中的问题在1%的水平上显著，如果林农认为加入林业合作社对其林业经营产生的作用越大，其参与意愿越强烈。

对林改的满意程度在1%的水平上显著，如果林农对林改的整体效果比较满意，其参与林业合作组织的意愿也越强烈，原因可以解释为集体林权改革后，规模经营的必要性逐渐明显，而林改后相关配套政策中对林业合作经济组织的建设也有众多涉及，如果林改较为完善的话，其相关配套政策也会相应的落实，因此也有利于林业合作组织的建设和发展，林农也更希望通过加入林业合作经济组织，扩大林业生产规模，享受政策的优惠和扶持政策，提高林业生产力，提高林业生产经营的收入。

6.4.6 林业合作经济组织发展建议

通过上文对林业合作经济组织的分析以及发展过程中问题的阐述，同时结合农户对参与林业合作经济组织的意愿分析，提出林业合作经济组织发展的建议。建议针对林业特点，研究制订、颁布实施林业专业合作社的有关法规，支持和引导林业专业合作社的发展，规范林业专业合作社的组织和行为，保护林业专业合作社及其成员的合法权益，促进林业和农村经济的发展，巩固和扩大集体林权制度改革成果。同时，在现行的法律、法规和政策框架下，积极探索有效的合作形式。对于竹林和经济林可以按照《农民专业合作社法》规定进行组建和运作；对于用材林将推行以服务为主的松散型联合林场，或建立能人带头的股份制林场、家庭联合林场、“公司+农户+基地”等合作模式。具体建议为：

(1) 加强宣传引导，提高思想认识

发展林业合作经济组织对林农持续增收有重要的作用。各级政府和林业主管部门应该采用多种形式宣传林业合作经济组织，普及林业合作组织对增加林农收入等方面的作用，让林农意识到林业合作经济组织的政策和好处，消除顾虑，增强信心，自觉自愿地走向联合。二是利用会议、讲座、培训班等形式，加强对村委成员的林业合作经济组织知识普及和推广，特别应加强对已颁布实施《农民专业合作社法》的学习宣传，增强林农建设林业合作经济组织的意识。三是对本地发展较好的林业合作经济组织进行重点帮扶，培育典型，组织观摩交流，总结推广经验，用示范的作用带动广大林农联合联营的积极性。四是借鉴农业专业合作社做法，为林农提供种苗、经营销售等环节的服务。同时，切实规范现有林业合作经济组织，提升运作水平。

(2) 尊重林农意愿，规范运作程序

一是必须坚持“政府扶持、部门指导、市场化运作”的基本思路，从实际出发，充分尊重林农意愿，因地制宜地引导林农选择适合的林业合作经济组织建设模式，做到“引导而不强迫、扶持而不干预、参与而不包办”，从而杜绝“一刀切”现象。现阶段，建议引导林农推广股份合作经营模式，这种模式是建立在收回的采伐迹地上，矛盾少、建设快，每收回一块地即可分股集资一次，村民自愿入股，这样既能体现“均山、均权、均利”，又能避免林农过早失山失地，也有利于集约化经营。二是引导林农加强行业管理，完善登记注册手续，切实选好董监事会班子，督促其规范董监事会章程，完善董监事会、股东大会及重大事项民主决策机制，保障成员权利，促进有序发展。三是打破行政区域界限，允许跨村、跨乡镇、跨县城组建林业经济合作组织，实现林业资源的优化配置。

(3) 加大扶持力度，推进整体发展

建议各级各有关部门在财政、信贷、税收等方面制定优惠扶持政策，创造良好的政策、体制和法制环境，帮助林业合作经济组织发展，解决实际困难。一是加大财政对林业的扶持力度，建议财政部门从农业发展基金中划出一部分资金，用于林业合作经济组织建设，如给予林业合作经济组织部分前期运作经费。二是建议金融部门对林业合作经济组织适度放宽信贷条件和贷款额度，给予长期限、低利息的贷款，并尽量简化办理程序。三是建议税务部门出台相关规定，如制定简便易操作的免税资格认定程序，林产品免税发票的开具委托乡(镇)财政所办理等。四是建议修改完善《福建省森林采伐技术规范》，在林业合作经济组织经营区内全面实施小班经营法和小班轮伐法，这样不仅可以减少生产成本，又可以维护林权的完整性。五是建议国家和省级有关部门根据林业生产特性制定《林业专业合作社管理办法》及其他相关政策，进一步完善林业专业合作社的运营机制和治理制度。特别是在登记注册方面，由于《农民专业合作社法》要求工商注册或林业专业合作社登记都需要提供全体合作人签名、身份证复印件等材料，这对大量人口外流的农村较难做到。为此，建议简化林业专业合作社制定的章程和理事会成员签名、身份证复印件办理注册登记手续。

(4)完善运作机制，提升管理水平

一是林业合作经济组织应完善现有运作机制，如建立社员退出机制，真正实现入社自愿退社自由。二是创新经营管理方式，引导林业龙头企业与林农建立新型合作关系，共建工业原料林基地，培育产供销一条龙、公司+基地+农户+市场+科技和林纸、林板一体化等合作模式，提高林业综合效益。三是创新合作组织模式，逐步培育形成农林产销合作组织。如明溪夏阳紫云村的油茶产销班、沙县南霞茶坪村的竹业产销班等都是可借鉴的范例。

(5)搭建服务平台，维护林农权益

一是要维护林农的合法权益，避免森林资源无序流转。二是搭建培育人才平台。林业合作经济组织发展水平的高低，很大程度上取决于管理人员素质的高低。因此，林业合作经济组织自身注重培育人才的同时，各级有关部门应通过行之有效的办法培养管理人才，采取自我培训或输送管理人员到专业院校培训等方式，丰富管理人员的市场经济和发展合作经济等方面的知识，提高林业合作经济组织管理人员素质。三是搭建林业产权流转服务平台，健全林权登记管理机构。四是搭建林产品交易平台。拓宽林农和企业经营、加工的木材及林产品进入市场的渠道，减少中间环节。深化林业投融资改革，完善林权抵押贷款办法，加大林业小额贴息贷款力度，支持林农发展林业生产。

此外，针对于林农，需要加大对其文化教育水平的提高，政府和林业主管部门要组织多方力量对林农进行培训，不仅仅培训林业生产技术、还要经常全面组织对林农的思想认识进行再教育，提高林农对国家政策的认识和感知。开展培训宣传要注重实效性和灵活性，进行分类指导。

6.5　本章小结

产业组织理论是产业经济学的核心内容之一，本章在从产业组织的含义出发，基于哈佛学派的“市场结构—市场行为—市场绩效”的SCP分析范式，首先对基于林业加工企业的三明市林业产业组织进行评价。计算分析得出三明市林业产业加工业为极端分散性的产业，企业规模分布的不均匀度较高，即三明市林业企业总体上属于竞争型的市场结构；三明市林产品较丰富，种类多样，但是初、中级林业加工产品的比重偏大，精深加工能力不足，高附加值的产品比重不大，科技含量还有待进一步提升，而且各区县产品偏重不同，人造板加工仍然为主要林业加工产品，锯材加工、家具制造和二次加工材产品发展相对缓慢。亿元以上规模企业的带动示范作用应该进一步加强；三明市林产工业企业的非价格行为较为明显，三明市按照“铸链条、促转型、优服务”的思路，在做大经济总量、保持较快增长的同时，提升发展质量，促进转型升级，较好完成全市林业产业发展的预期目标任务。

同时，本章还对林业产业组织的初级阶段——林业合作经济组织的形成和建设进行详尽的阐述和分析，总体上来看，三明市以林权明晰为基础，以促进林业增效、林农增收为目的，按照边发展边规范、以规范促发展的思路，在发展林业合作经济组织，推进林业规模化经营的过程中，取得了一定成效。但是同时也存在思想认识不足、运行不够顺畅、发展不够平衡、经营水平不高和政策扶持缺乏的问题。进而分析了林农对林业合作经济组织的看法和参与意愿，得出要加强林业合作经济组织建设，必须要加强宣传引导，提高林业工作者以及林农的思想认识，加大对林业合作经济组织的扶持力度，推进整体发展，完善其运作机制，提升管理水平，积极搭建服务平台，维护林农权益。

第7章

林业产业提升影响因素分析

本研究在前面四章分别从林业产业总体发展状况、林业产业结构、林业产业区域差异和布局、林业产业组织几个方面详细系统的阐述并梳理了三明市林业产业发展情况以及发展水平，得知三明市林业产业产值快速增长，同时三明市林业产业发展过程中包括多方面的内容，受多方因素影响。本章在综合前面研究内容的基础上，尝试建立林业产业增长的典型相关模型，定量判别各影响因子的作用程度，梳理和分析影响提升三明市林业产业水平的主要因素，进而为三明市林业产业经济增长方式转变，提高林业产业发展效率，制定林业产业发展规划提供客观的依据。

7.1 林业产业提升影响因素确定

产业提升也可以理解为产业升级，一般是指一个区域的产业由低级向高级的变化，从产业经济学和区域经济学的角度，产业提升最直接的效果就是产值的增加，即经济的增长，而具体到产业经济，还包括产业结构的优化，产业组织形式的合理化。

从区域经济学的角度来看，经济发展以经济增长为基础，从而也可以判断产业经济增长可以带来产业的提升。区域经济发展的过程中，自然资源、人力资源、资本流动、技术创新、制度安排与基础设施等发展要素对区域经济发展都具有影响作用(姜泽华等，2006)。产业经济是区域经济发展的一个重要组织部分，因此，在确定三明市林业产业提升影响因素时，在很大程度上都借鉴区域经济增长影响方面的研究和方法。

7.1.1 指标体系建立的原则

在建立产业发展影响因素指标体系时，需要多方参与，综合考虑，应该坚持遵守以下几方面的原则：

(1)系统性原则

由于林业产业发展的目标是多元的，产业经济的增长和发展的机制会涉及到整个社会经济系统的各个部分。包括环境、经济、社会、政治等方面的影响，同时也涉及教育、文化、价值观念、国民素质等方面的因素，具有很广的覆盖面，同时影响范围和影响程度也不尽相同。因此，对产业经济发展要尽可能全面、系统的综合考虑各种因素，才能准确地把握林业产业发展的特征和规律。

(2)科学性原则

所谓科学的选取影响指标，即应该尽量减少主观的因素，用事实和数据来说话，依据一定的客观标准。同时林业在其发展过程中具有特殊性、典型性和地域性，因此在选取指标的时候要结合当地实际发展情况和经济发展特色，选取尽可能反映当地发展水平的数据、资料和主要指标，抓住主要矛盾和问题，突出主要影响。

(3)数据的可获得性原则

系统的探究影响三明市林业产业发展的影响因素，数据保证是进行量化分析的重要前提和基础，因此，要遵循数据的可获得性原则，尽量用直接数据，没有直接反应的数据，要用性质一致的可获得性数据代替，从而保证量化分析研究的准确性和可行性。

7.1.2 产业提升影响因素确定

区域经济学和产业经济学理论为本部分的研究奠定了良好的理论基础。林业产业发展是区域经济发展的一个重要的组成部分，并且通过前面的分析，三明市林业产业对地区社会经济发展十分重要，本部分综合前面研究内容，并结合林业产业自身发展的特点进行三明市林业产业提升的影响因素指标的构建。

首先，对林业产业提升自身的相关变量进行筛选。由于任何经济的发展都是质与量的统一结合(杨振宁等，2006)，林业产业提升也不能直接用产值增加来定量，从数量和质量综合来考虑。本研究选取了四个指标作为因变量组，称为“发展组”指标，用林业总产值、林业中间消耗、林业增加值率和林业第三产业产值比重来表示，其中林业第三产业产值比重主要反映林业产业结构的变化。工业增加值率是指在一定时期内工业增加值占工业总产值的比重，反映降低中间消耗的经济效益。增加值率越高，企业的附加值、盈利水平、和投入产出的效果越好。林业产业增加值率越高，林产品附加值越高。可以看出林业总产值越高，相应的林业中间消耗也越大，林业增加值率越高，相应的林业中间消耗越小。

如图 7-1 所示，对于影响三明市林业产业提升首先从内部影响因素和外部影响因素进行分类(高淑媛，2006)。其中，内部影响因素从需求因素和供给因素进行细分。需求因素用林产品消费和出口价值量来衡量。林产品消费中分别用木质林产品消费和非木质林产品消费表示。供给因素通过四个方面来衡量，资源因素、人力因素、资金因素、技术因素。供给因素主要依据在区域经济学中，区域经济发展要素的相关理论。首先是资源因素，本研究由于是研究产业提升，因此没有采用自然基本条件要素，而是采用资源再生产的指标，即资源的增长量和生产累积来衡量；人即使消费者也是生产者，作为消费者，他将向社会提供劳动力，生产产品，创造财富。劳动力多、素质好、生产效率高，生产快于消费增长，则色会财富将趋于增加，社会财富不断累积(聂华林，2006)。人力资源是指能够推动整个经济和社会发展的具有智力劳动能力和体力劳动能力的综合，它包括数量和质量两个指标，即一个国家或地区有劳动能力的人口的综合以及包含在人体内的一种生产能力，本章中用林业就业人口指标来计算；资本形成的规模、速度和结构是一个国家或者地区经济发展的基本约束条件，针对林业产业发展中，资本形成的主要为林业投资；“科学技术是第一生产力”，索罗(Solow)的经济增长模型中证明：实现持续经济增长的唯一途径在发展经济的同时加入技术升级。技术创新是经济长期增长的动力，也是产业持续提升的动力，本章中使用教育经济投入和 R&D 经费投入指标代表。

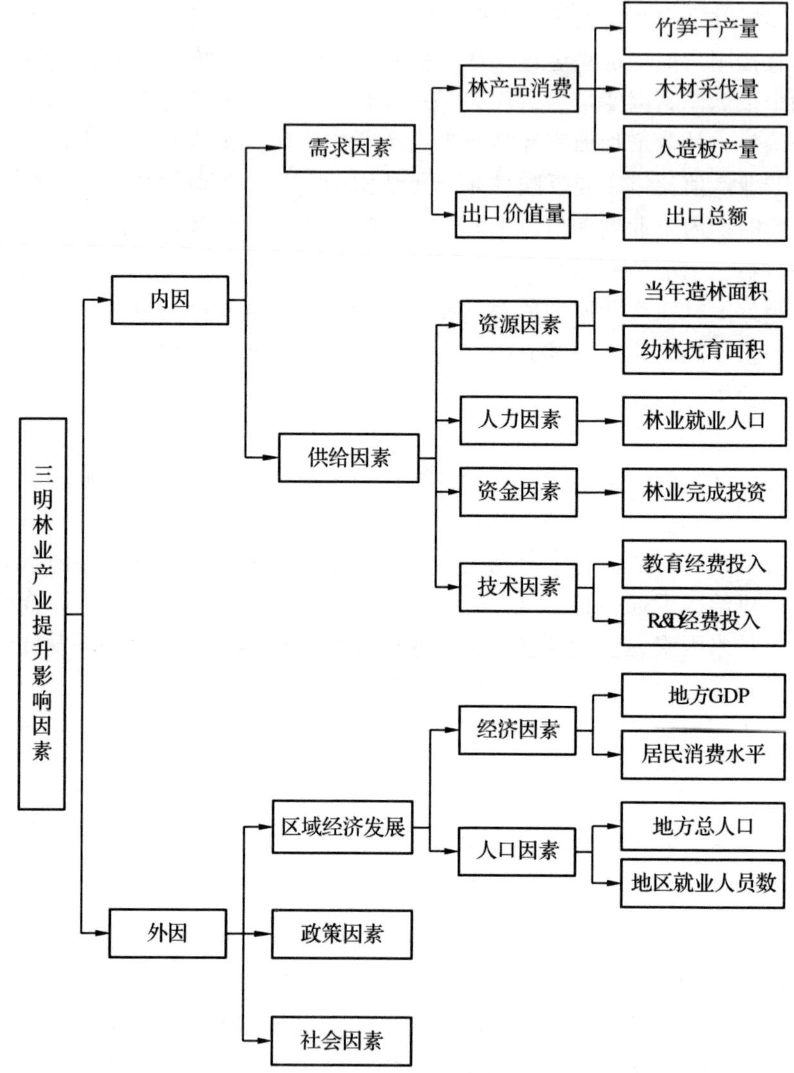

图 7-1　三明市林业产业提升影响因素指标体系

Fig. 7-1　Index system of forestry industry advance in Sanming City

影响林业产业提升的外部因素主要选取了三个方面：区域经济发展因素、政策因素和社会因素。其中，区域经济发展因素主要通过经济因素和人口因素两个方面来衡量。从社会发展过程来看，产业经济的增长和提升与区域发展环境密不可分。同时前面几章的分析得出，三明市林业产业发展与地区经济发展有较高的相关关系。政策引导产业发展，确定产业发展方向，由于没有直接定量有关政策因素的指标，有关产业政策的评估和影响将在第 8 章中做详细系统的分析和研究。社会因素是一个范围较大的因素，涉及人文、生活的方方面面，因此也很难用几个指标直接定量。

7.1.3 量化指标选取和变量解释

根据上面对林业产业提升影响因素指标的确定，在本部分设定和选取具体的量化指标体系(表 7-1、表 7-2)。

表 7-1 发展组要素指标

Tab. 7-1 The dependent variable group index

代数表示	要素指标	单位
Y_1	林业总产值	万元
Y_2	林业中间消耗	万元
Y_3	林业增加值率	%
Y_4	林业第三产业产值比重	%

表 7-2 影响组要素指标

Tab. 7-2 The independent variable group index

代数表示	影响组要素指标	单位
X_1	竹笋干产量	吨
X_2	木材产量	吨
X_3	人造板产量	万立方米
X_4	出口总额	万美元
X_5	当年造林面积	亩
X_6	幼林抚育面积	亩
X_7	林业系统年末职工人数	人

（续）

代数表示	影响组要素指标	单位
X_8	农林牧渔总投资①	万元
X_9	教育经费总投入	万元
X_{10}	*R&D* 经费内部支出	万元
X_{11}	地区生产总值	亿元
X_{12}	居民消费水平	元
X_{13}	地区总人口	万人
X_{14}	地区就业人员数	万人

根据数据的可获得性，本研究选取了 2002～2011 年十年相关指标的数据，主要数据来源为 2003～2012 三明统计年鉴和 2002～2011 三明林业森工统计年鉴。具体数据太多且所占篇幅过大，因此，将作为附表展示。

7.2 林业产业提升影响因素分析

7.2.1 方法选择与模型构建

鉴于本研究所分析的内容和数据的特点，为两组变量之间的影响因素判断，因此将选用典型相关分析的多元统计方法来对三明市林业产业提升影响因素进行定量分析。

典型相关分析方法（Canonical correlation analysis）最早源于 Hotelling 1936 年在《生物统计》期刊上发表的一篇论文《两组变式之间的关系》，在 70 年代，该方法逐渐达到完善。典型相关分析是一种利用综合变量组之间的相关关系来反映两组之间的整体相关性的多元统计分析方法。其基本思想是，首先分别在每组变量中找出第一对线性组合，使其具有最大相关性，然后再在每组变量中找出第二对线性组合，使其分别与本组内的第一线性组合不相关，第二对本身具有次大

① X_8 指标表示林业投资，由于数据收集困难，选取农林牧渔总投资值为该变量

的相关性。如此下去，直至两组变量的相关性被提取完为止。

$$\begin{cases} u_1 = a_{11}x_1 + a_{21}x_2 + \cdots + a_{p1}x_p \\ v_1 = b_{11}y_1 + b_{21}y_2 + \cdots + b_{q1}y_q \end{cases} \tag{7-1}$$

$$\begin{cases} u_2 = a_{12}x_1 + a_{22}x_2 + \cdots + a_{p2}x_p \\ v_2 = b_{12}y_1 + b_{22}y_2 + \cdots + b_{q2}y_q \end{cases} \tag{7-2}$$

u_2 和 v_2 与 u_1 和 v_1 相互独立，但 u_2 和 v_2 相关。如此继续下去，直至进行到 r 步，$r \leqslant \min(p,\ q)$，可以得到 r 组变量。

$$U = (u_1, \cdots, u_r)' \tag{7-3}$$

$$V = (v_1, \cdots, v_r)' \tag{7-4}$$

从而达到降维的目的。具体计算步骤由于与主成分分析的降维类似，因此不在本部分做赘述。

7.2.2 量化结果

本次模型构建通过使用 SPSS 16.0 软件中的典型相关(CANCORR)进行计量分析，通过代入 2002～2011 年三明市林业产业及所选取的指标数据进行结果预测。

7.2.2.1 内因影响

(1)需求因素

通过在 SPSS 16.0 软件中编写 syntax 运行语言，得到典型相关分析的结果，首先对三明市林业产业发展组(设为 Set-Y)变量与内因—需求影响组(设为 Set-D)之间的典型相关关系，运行结果见表 7-3、表 7-4。

表 7-3 发展组变量的相关系数矩阵

Tab. 7-3 Correlations for Set-*Y*

	Y_1	Y_2	Y_3	Y_4
Y_1	1.0000	0.9994	-0.8444	-0.6572
Y_2	0.9994	1.0000	-0.8612	0.6736
Y_3	-0.8444	-0.8612	1.0000	0.7849
Y_4	-0.6572	-0.6736	0.7849	1.0000

表 7-4　内因－需求组变量的相关关系矩阵

Tab. 7-4　Correlations for Set-D

	X_1	X_2	X_3	X_4
X_1	1. 0000	0. 7405	0. 8200	0. 9705
X_2	0. 7405	1. 0000	0. 7073	0. 6693
X_3	0. 9820	0. 7073	1. 0000	0. 9246
X_4	0. 9705	0. 6693	0. 9246	1. 0000

从表 7-3 发展组变量之间 Y_1(林业总产值)、Y_2(林业中间消耗值)、Y_3(林业增加值率)、Y_4(林业第三产业产值比重)的相关系数矩阵中看出，这几个变量的相关系数较高，因此这发展组四个变量之间有较高的相关性。同时，在表 7-4 中可以看出，X_1(竹笋干产量)与 X_2(木材产量)、X_3(人造板产量)、X_4(出口总额)均有显著的相关性，X_4与 X_2、X_3也具有相关性。

表 7-5 输出的是发展组和内因—需求变量各个指标之间的相关关系矩阵。可见两组指标间存在着较大的相关性。进而提取出综合指标代表两组之间的相关系数。

表 7-5　发展组与内因－需求变量的相关关系矩阵

Tab. 7-5　Correlations between set-*Y* and Set-D

	X_1	X_2	X_3	X_4
Y_1	0. 9828	0. 6749	0. 9819	0. 9350
Y_2	0. 9877	0. 6852	0. 9824	0. 9441
Y_3	−0. 9215	−0. 7473	−0. 8652	−0. 9316
Y_4	0. 7165	−0. 7383	−0. 6135	−0. 7411

通过提取典型相关系数(表 7-6)，可以看出，第一典型相关系数为 0. 999，第二典型相关系数为 0. 879，第三典型相关系数为 0. 425，第四典型相关系数为 0. 234。进而进行检验，结果见表 7-7，发现只有第一典型系数通过检验，并在小于 0. 01 的水平下显著，因此只有第一典型系数具有统一学意义。

表 7-6　典型相关系数表

Tab. 7-6　Canonical correlations

	典型相关系数
1	0.999
2	0.879
3	0.425
4	0.234

表 7-7　显著性检验

Tab. 7-7　Test that remaining correlations are zero

	Wilk's	Chi-SQ	DF	Sig.
1	0.000	34.439	16.000	0.005
2	0.176	7.811	9.000	0.553
3	0.774	1.153	4.000	0.886
4	0.945	0.254	1.000	0.614

接下来计算典型变量与原变量的转换系数(表 7-8)。

表 7-8　第一组典型变量与原变量的标准化系数矩阵

Tab. 7-8　Standardized Canonical Coefficients for Set-*Y*

	1	2	3	4
Y_1	-2.362	41.984	-90.887	43.015
Y_2	1.662	-43.029	95.733	-46.638
Y_3	0.375	-1.785	4.424	-4.575
Y_4	-0.040	0.637	1.620	0.582

由此可以写出标准化后的第一组典型变量的转换公式(表 7-9)。

$$L_1 = -2.362y_1 + 1.662y_2 + 0.375y_3 - 0.040y_4$$

$$L_2 = 41.984y_1 - 43.029y_2 - 1.785y_3 + 1.620y_4$$

$$L_3 = -90.887y_1 + 95.733y_2 + 4.424y_3 + 1.620y_4$$

$$L_4 = 43.015y_1 - 46.638y_2 - 4.575y_3 + 0.582y_4$$

同理，可以得到第二组典型变量与原变量的转换系数：

表 7-9 第一组典型变量与原变量的标准化系数矩阵

Tab. 7-9 Standardized Canonical Coefficients for Set-D

	1	2	3	4
X_1	-1.323	-2.174	-3.040	-12.805
X_2	0.098	-0.589	-0.887	1.410
X_3	0.025	3.735	0.909	6.654
X_4	0.235	-1.149	2.876	5.425

由此可以写出标准化后的第一组典型变量的转换公式：

$$M_1 = -1.323x_1 + 0.098x_2 + 0.025x_3 + 0.235x_4$$

$$M_2 = -2.714x_1 - 0.589x_2 + 3.735x_3 - 1.149x_4$$

$$M_3 = -3.040x_1 - 0.887x_2 + 0.909x_3 + 2.876x_4$$

$$M_4 = -12.805x_1 + 1.410x_2 + 6.654x_3 + 5.425x_4$$

进而继续在此基础上分别计算原变量与自身典型变量和相对典型变量之间的相关系数(表 7-10、表 7-11)。

表 7-10 第一组典型变量与自身典型变量的相关系数

Tab. 7-10 Canonical Loadings for Set-*Y*

	1	2	3	4
Y_1	-0.991	0.068	-0.009	-0.116
Y_2	-0.994	0.039	-0.004	-0.100
Y_3	0.891	0.321	-0.005	-0.275
Y_4	0.687	0.629	0.338	0.138

表 7-11 第一组典型变量与相对典型变量的相关系数

Tab. 7-11 Cross Loading for Set-*Y*

	1	2	3	4
Y_1	-0.990	0.059	-0.004	-0.027
Y_2	-0.993	0.034	-0.002	-0.023
Y_3	0.905	0.282	-0.002	-0.064
Y_4	0.686	0.552	0.144	0.032

由表7-10、表7-11可以明显看出，林业产业提升主要和第一典型变量的关系比较密切。同样的，第二组指标也是与第一典型变量的关系比较密切(表7-12、表7-13)。

表7-12　第二组典型变量与自身典型变量的相关系数

Tab. 7-12　Canonical Loadings for Set-D

	1	2	3	4
X_1	-0.998	-0.057	-0.012	0.038
X_2	-0.707	-0.326	0.570	0.264
X_3	-0.987	0.122	-0.044	0.092
X_4	-0.960	-0.200	0.173	0.092

表7-13　第二组典型变量与相对典型变量的相关系数

Tab. 7-13　Cross Loading for Set-D

	1	2	3	4
X_1	-0.996	-0.050	-0.005	0.009
X_2	-0.706	-0.287	-0.242	0.062
X_3	-086.9	0.107	-0.019	0.022
X_4	-0.958	-0.175	0.074	0.022

L_1与M_1的相关系数是0.999，换言之就是内因—需求的第一典型变量M_1对第一发展组的影响较大。在第一对典型变量中，L_1受四个变量的影响均较大，其中林业中间消耗的影响的作用最大。M_1主要受指标X_1，即竹笋干的产量影响。结合系数符号，由此得出结论，发展非木质林产品对林业产值的增长，林业中间消耗的增加产生较大的影响。

(2)供给因素

同样的程序，在SPSS 16.0中运行syntax进行典型相关分析的运算，计算三明市林业产业提升变量与内因—供给变量(设为Set - S)之间的典型相关关系(表7-14、表7-15)。

表 7-14　内因—供给组变量的相关关系矩阵

Tab. 7-14　Correlations for Set-S

	X_5	X_6	X_7	X_8	X_9	X_{10}
X_5	1. 0000	0. 8784	−0. 4785	0. 6216	0. 7327	0. 7417
X_6	0. 8784	1. 0000	0. 7662	0. 8465	0. 9307	0. 9457
X_7	−0. 4785	−0. 7662	1. 0000	−0. 9345	−0. 9032	−0. 8015
X_8	0. 6216	0. 8465	−0. 9345	1. 0000	0. 9448	0. 8936
X_9	0. 7327	0. 9307	−0. 9032	0. 9448	1. 0000	0. 9617
X_{10}	0. 7417	0. 9457	−0. 8015	0. 8936	0. 9617	1. 0000

表 7-15　发展组与内因—供给组变量的相关关系矩阵

Tab. 7-15　Correlations between Set-S and Set-*Y*

	X_5	X_6	X_7	X_8	X_9	X_{10}
Y_1	0. 6903	0. 9168	−0. 9090	0. 9652	0. 9932	0. 9676
Y_2	0. 6822	0. 9135	−0. 9178	0. 9651	0. 9943	0. 9627
Y_3	−0. 4222	−0. 7064	0. 9405	−0. 8559	−0. 8537	−0. 7299
Y_4	−0. 6416	−0. 6925	0. 6726	−0. 6494	−0. 7074	−0. 5776

通过提取典型相关系数(表 7-16)，可以看出，第一典型相关系数为 0. 999，第二典型相关系数为 0. 934，第三典型相关系数为 0. 875，第四典型相关系数为 0. 739。进而进行检验，结果见表 7-17，发现只有第一典型系数通过检验，并在小于 0. 01 的水平下显著，因此只有第一典型系数具有统计学意义。

表 7-16　典型相关系数表

Tab. 7-16　Canonical correlations

	典型相关系数
1	0. 999
2	0. 934
3	0. 875
4	0. 739

表 7-17　显著性检验

Tab. 7-17　Test that remaining correlations are zero

	Wilk's	Chi-SQ	DF	Sig.
Y_1	0. 000	127. 944	24. 000	0. 000
Y_2	0. 014	15. 036	15. 000	0. 449
Y_3	0. 107	7. 834	8. 000	0. 450
Y_4	0. 454	2. 763	3. 000	0. 430

接下来计算典型变量与原变量的转换系数(表 7-18)。

表 7-18　第一组典型变量与原变量的标准化系数矩阵

Tab. 7-18　Standardized Canonical Coefficients for Set-*Y*

	1	2	3	4
Y_1	6. 879	92. 998	47. 474	30. 484
Y_2	-6. 263	-97. 593	-51. 474	-31. 319
Y_3	-0. 375	-4. 184	-4. 766	-1. 859
Y_4	-0. 094	-1. 458	0. 155	1. 100

由此可以写出标准化后的第一组典型变量的转换公式:

$$L_1 = 6.879y_1 - 6.263y_2 - 0.375y_3 - 0.094y_4$$

$$L_2 = 92.998y_1 - 97.593y_2 - 4.184y_3 - 1.458y_4$$

$$L_3 = 47.474y_1 - 51.474y_2 - 4.766y_3 + 0.155y_4$$

$$L_4 = 30.484y_1 - 31.319y_2 - 1.859y_3 + 1.100y_4$$

由此可以得到标准化后的第三组典型变量的转换公式:

$$M_1 = -0.182x_5 + 0.279x_6 + 0.204x_7 + 0.469x_8 + 0.772x_9 - 0.172x_{10}$$

$$M_2 = 0.326x_5 + 1.187x_6 + 1.686x_7 + 3.216x_8 - 1.074x_9 - 1.926x_{10}$$

$$M_3 = -1.049x_5 + 1.423x_6 - 0.318x_7 + 1.171x_8 + 0.268x_9 - 0.385x_{10}$$

$$M_4 = 0.666x_5 - 2.508x_6 - 0.995x_7 + 1.146x_8 - 4.668x_9 + 4.638x_{10}$$

在供给因素中,L_1 与 M_1 的相关系数是0. 999,其中 L_1 受 Y_1,Y_2的影响较大,即林业总产值和林业中间消耗的影响;M_1 受 X_9的影响最大,即教育经济的投资。结合系数符号,由此得出结论,加大对教育经费的投资对林业总产值和林业中间消耗都具有积极的影响。

7.2.2.2 外因影响

同样的，在 SPSS 16.0 中运行 syntax 进行典型相关分析的运算，计算三明市林业产业提升变量与外因变量之间的典型相关关系(表 7-19、表 7-20)。

表 7-19 外因组变量的相关关系矩阵

Tab. 7-19 Correlations for Set-S

	X_{11}	X_{12}	X_{13}	X_{14}
X_{11}	1.0000	0.9712	-0.7663	0.9630
X_{12}	0.9712	1.0000	-0.6865	0.9868
X_{13}	-0.7663	-0.6865	1.0000	-0.6441
X_{14}	0.9630	0.9868	-0.6441	1.0000

表 7-20 发展组与外因组变量的相关关系矩阵

Tab. 7-20 Correlations between Set-S and Set-*Y*

	X_{11}	X_{12}	X_{13}	X_{14}
Y_1	0.9959	0.9853	-0.7324	0.9754
Y_2	0.9956	0.9870	-0.7225	0.9790
Y_3	-0.8328	-0.8770	0.3908	-0.9002
Y_4	-0.6891	-0.6204	0.3675	-0.6856

通过提取典型相关系数(表 7-21)，可以看出，第一典型相关系数为 0.999，第二典型相关系数为 0.943，第三典型相关系数为 0.761，第四典型相关系数为 0.222。进而进行检验，结果(表 7-22)所示，发现只有第一典型系数通过检验，并在小于 0.01 的水平下显著，因此只有第一典型系数具有统计学意义。

表 7-21 典型相关系数表

Tab. 7-21 Canonical correlations

	典型相关系数
1	0.999
2	0.943
3	0.761
4	0.222

表7-22 显著性检验

Tab. 7-22 Test that remaining correlations are zero

	Wilk's	Chi-SQ	DF	Sig.
1	0.000	49.214	16.000	0.000
2	0.044	14.040	9.000	0.121
3	0.400	4.124	4.000	0.389
4	0.951	0.227	4.000	0.634

接下来计算典型变量与原变量的转换系数(表7-23)。

表7-23 第一组典型变量与原变量的标准化系数矩阵

Tab. 7-23 Standardized Canonical Coefficients for Set-*Y*

	1	2	3	4
Y_1	-0.378	61.382	-37.781	-81.754
Y_2	-0.590	-65.883	40.274	85.036
Y_3	0.011	-5.424	1.525	3.475
Y_4	0.035	0.199	1.753	10.505

由于图表太多，将不一一放置在文中，同理，由此可以得到标准化后的第一组和第三组典型变量的转换公式：

$$L_1 = -0.378y_1 - 0.590y_2 + 0.011y_3 + 0.035y_4$$

$$L_2 = 61.382y_1 - 65.883y_2 - 5.424y_3 + 0.199y_4$$

$$L_3 = -37.781y_1 + 40.274y_2 + 1.525y_3 + 1.753y_4$$

$$L_4 = -81.754y_1 + 85.036y_2 + 3.475y_3 + 0.505y_4$$

$$M_1 = -0.810x_{11} - 0.205x_{12} - 0.068x_{13} - 0.041x_{14}$$

$$M_2 = -1.152x_{11} + 2.069x_{12} + 1.120x_{13} - 0.086x_{14}$$

$$M_3 = -3.527x_{11} + 6.041x_{12} - 0.777x_{13} - 3.060x_{14}$$

$$M_4 = -3.985x_{11} - 3.034x_{12} - 1.272x_{13} + 6.1712x_{14}$$

在供给因素中，L_1与M_1的相关系数是0.999，其中L_1受Y_1，Y_2的影响较大，即林业总产值和林业中间消耗的影响；M_1受X_{11}、X_{12}的影响最大，即地方生产总值影响和居民消费水平的影响。结合系数符号，由此得出结论，地方经济发展水平越高，居民消费水平越高，对林业总产值影响越积极，同时中间消耗越多。

7.3 主要结论

通过对三明市林业产业提升影响因素的典型相关量化分析看出，三明市林业产业提升综合受内因和外因的影响。

7.3.1 需求因素影响

通过发展组指标与需求因素的典型相关分析，得到显著的第一典型相关系数，提取第一对典型相关变量为：

$$L_1 = -2.362y_1 + 1.662y_2 + 0.375y_3 - 0.040y_4$$

$$M_1 = -1.323x_1 + 0.098x_2 + 0.025x_3 + 0.235x_4$$

其中：L_1 表示发展组综合因子，需求因素对林业产业提升的影响作用大小依次为 y_1 ，y_2 ，y_3 ，y_4 ，即林业总产值、林业中间消耗值、林业增加值率和林业第三产业结构比重。M_1 需求变量与发展组变量有很大的相关性，主要表现为非木质林产品需求对林业中间消耗、林业总产值产生了重要的影响。两者典型相关系数为 0.999，相关性非常高。即非木质林产品需求越高，对林业总产值的促进影响最大，林业中间消耗越小。

7.3.2 供给因素影响

通过发展组指标与供给因素的典型相关分析，得到显著的第一典型相关系数，提取第一对典型相关变量为：

$$L_1 = 6.879y_1 - 6.263y_2 - 0.375y_3 - 0.094y_4$$

$$M_1 = -0.182x_5 + 0.279x_6 + 0.204x_7 + 0.469x_8 + 0.772x_9 - 0.172x_{10}$$

供给影响因子对林业总产值和林业中间消耗的影响作用较大，具体来看，供给因子中教育经费投入、林业完成投资、幼林抚育面积和林业就业人口起主要作用。两组变量的相关系数为 0.999，具有较强的相关性。总体上来看资源因素、人力资源因素、资金因素和技术因素都对林业产业提升有着重要的影响，具体来看，教育投入越大，林业投资越多、幼林抚育面积越大、林业就业人数越多，对林业经济的增加，对林业中间消耗的减少都有着巨大的促进作用。这也与区域经济学中对区域经济增长影响因素的结果相一致。

7.3.3 外因影响

通过发展组指标与外因因素的典型相关分析，得到显著的第一典型相关系数，提取第一对典型相关变量为：

$$L_1 = -0.378y_1 - 0.590y_2 + 0.011y_3 + 0.035y_4$$

$$M_1 = -0.810x_{11} - 0.205x_{12} - 0.068x_{13} - 0.041x_{14}$$

区域经济发展影响因子对林业总产值和林业中间消耗的影响作用较大，具体来看，地区生产总值、居民消费水平起主要作用。两组变量的相关系数为0.999，具有较强的相关性。总体上来看只有经济因素对林业产业提升有着重要的影响，地方经济水平发展越高，对林业产业提升的幅度越大。居民消费水平也是居民生活水平的重要体现指标，居民生活水平越高，购买力越强，对林业产业的提升也具有积极的促进作用。

7.4 问题及讨论

通过上文对三明市林业产业提升的发展指标与影响其发展的各项影响因子进行典型相关分析后，发现对当地林业产业升级有作用效果的指标有很多，大的方面有内部需求因素和供给因素以及外部区域经济的发展水平。尤其是供给因素中，资源要素、人力资源、资本投资、技术投入等的因素对三明市林业产业提升有显著的相关性。接下来将提出一些林业产业发展建议：

(1)加大非木质林产品生产

林产品需求对产业提升具有促进作用，通过分析得知，尤其非木质林产品的需求效果更为明显。非木质林产品是指从以森林资源为核心的生物群落中获得的能满足人类生存或生产需要的产品和服务，可划分为：木本粮食、木本油料、食用菌、森林药材、香料、饲料、竹藤制品、野味和森林旅游(张爱美等，2008)。三明市非木质林产品产业对当地经济发展也具有重要的贡献。而且近年来，三明市在“十二五”发展思路中指出积极发展当地特色产业。在林业生物产业建设中，要重点推进红豆杉、雷公藤、草珊瑚、黄精、虎杖、无患子、互叶白千层、芳香樟、山苍子厚朴等10个药材品种种植，做大做强现有企业，着力引进国内外知名制药企业，快速提升产业规模，加快建设林业生物产业基地。笋竹产业是三明市特色产业之一，要全面加快竹山道路、水利等基础设施建设，重点实施永安、沙县、将乐现代竹业发展项目，围绕笋竹精品深加工及生化利用，着力提高笋竹产业经营效益。还要全面进行低产油茶林改造，着力提高现有油茶林产量，推广良种壮苗和集约经营，大力营造优质高产油茶林，实施龙头企业带动促进油茶精加工及日化产品、保健品等系列产品开发。要加快森林旅游产业建设，推进森林公园、森林人家、自然保护区旅游资源的整合、挖掘。提升森林旅游产品的开发水平。

(2)加强生产要素投入

由计算结果可以看出，供给因素对林业产业提升的作用很大，尤其是技术投入。当今科学技术的发展日新月异，同经济增长的速度相比，科学技术呈加速趋势。管理部门要在深入研究林情的基础上，制定正确的技术引进方针和政策，充分发挥市场机制的作用，加快经济和技术现代化的进程。在技术引进的选择上，要尖端技术、先进技术和中间技术相结合，同时，通过引进技术加快本区域技术进步，自主开发和创新，如现代管理、教育和培训等技术引进。当前林产加工产业的初级产品较多，需要不断地进行技术改造和创新，加大投入，提高产品附加值。

要积极为企业争取扶持政策。帮助资源利用企业申请认定国家资源综合利用税收优惠政策，对生产成本的降低则是另一种资本的支持。在2010年，三明市有12家企业享受了资源综合利用企业所得税优惠政策，有27家企业享受了增值税即征即退政策，6家企业获得了林业产业化发展经费64万元。在今后的产业政策制定中，要加大对林业加工企业的扶持和帮助力度。

要加强资源的培育，以及特色产业资源基地的建设。在“十二五”期间，三明市重点建设33万公顷速生丰产用材林基地、7万公顷高效笋竹两用基地、3万公顷丰产油茶林基地、2万公顷药材基地、3300公顷木花卉基地。在资源培源中，要注重调整林分结构，全面推进植树造林良种化、营林作业机械化、树种结构精细化、森林经营集约化，全面提高森林的经营水平。

7.5　本章小结

本章通过用典型相关的多元统计方法，分析评价了影响三明市林业产业提升的影响因素，得出林产品需求、技术创新、资本投入、人力资源投入、森林资源、地区经济发展等因素都与林业产业发展有较大的相关性。因此，内因和外因综合对提升林业产业水平产生影响。

由于在统计分析中，都是使用了定量化的直接获得数据，但是影响林业产业提升还有其他很多的无法计量的因素，比如地方发展政策和社会经济现状。因此还需要对地方林业产业政策进行全面的评价，在下面一章，作者将对三明市林业产业政策绩效进行评价。

第 8 章

林业产业政策绩效综合评价

通过前面几部分对三明市林业产业结构、林业产业竞争力、林业产业组织等方面的综合评价，已经对三明市林业产业的发展有一个较为全面的认识。林业产业政策是国家为了促进市场机制的发展并纠正市场机制的缺陷，对特定产业活动以干预和引导的方式施加影响，促进区域产业经济的发展。产业政策通常是对产业组织理论、产业结构理论、产业布局理论、产业发展理论等基本理论的应用，也是产业经济学价值的最终体现。因此，本章基于前面几章结果，结合产业政策自身属性和特点，尝试用定量的方式系统、全面的分析三明市林业产业政策的综合绩效，以期为三明市今后产业政策的实施提供理论和实证依据。

8.1　产业政策评价的意义

政策评价，是通过采取科学合理的评价方法，客观的分析与评述政策目的、政策规划、政策实施效果等方面(冯洁，2009)。通过对政策进行评价，可以将评价结果间接或者直接的反馈于制定政策的管理人员和执行政策的行政人员，对于今后对政策作出调整优化、规范政策执行行为、提高政策实施效果具有积极的意义。而对产业政策的评估是更加具体的对相关产业的政策运行程序是否科学、合理的有效判定。一般的，产业政策评估就是对政策的效果进行的研究(赵大晖，1998；郭峰，2005)。

具体来看，对产业政策评估的意义主要体现在以下几个方面：

第一，政策绩效的评估一方面可以判断某一产业政策的延续、革新或完结，另一方面还能够全面的洞察和剖析政策过程的各个阶段，从而总结出经验，找出现在存在的问题，为今后的政策实践提供良好的基础。同时，政策评估也为政策执行者提供一次提高自身政策管理、执行水平的机会，通过评估的整个过程，能够让政府政策决策者较为理性和完整的认识该政策对国民经济和政治环境的影响，提高政策制定的水平。对于政策执行者，通过评估活动可以检查自身在执行政策的过程中是否有偏离政策制定的最初目标。

第二，由于产业政策的运行过程是动态的，任何一项政策在执行一段时间后都需要进行调整，而通过评估发现问题是一个有效的调整政策的方法。政策评估的结果提供给政策制定者一个现实依据，具有科学性、合理性和民主性。因此，产业政策的评价对政策的科学化和民主化都具有重要的意义。

综合来看，作为一项目的性很强的活动，产业政策评估通过借助相关理论和方法，有组织、有步骤地评价和估计产业政策的科学性和有效性，同时提供比较完整可靠的评估结果给需求者，为调整现有的产业政策以及制定新的产业政策提供科学依据。

8.2　政策评价方法介绍

产业政策与宏观经济政策紧密相关，一方面是补充了宏观经济政策的部分内容，另一方面需要借助于宏观经济手段实现。本书在进行产业政策绩效评价时综合采用层次分析法和模糊综合评判法的综合评价方法。

8.2.1　层次分析法

20 世纪 70 年代，由美国著名的运筹学家 T. L. Satty 等人提出的一种定性分析与定量分析相结合的多准则决策方法即为层次分析法

(AHP)(杜栋，2008)。本章要研究的对象是林业产业政策绩效，这是一个十分复杂的系统，它要涉及大量的相关因素，比如林业产业发展目标、林业产业发展现状、需要投入的资金、人力以及产生的社会、环境和经济效益等。本部分研究所涉及的指标庞杂，定量数据和个人主观判断同时都起着十分重要的作用，因此层次分析的采用在此部分十分适用。层次分析法有以下几步计算步骤：

①应用层次分析法分析问题时，首先要把问题层次化，然后建立目标层、若干准则层和方案层的层次分析模型。

②在各层元素中进行两两比较，构造出比较判断矩阵，具体表示为：

B	C_1	C_2	$\cdots$	C_n
C_1	C_{11}	C_{21}	$\cdots$	C_{1n}
C_2	C_{21}	C_{22}	$\cdots$	C_{2n}
$\vdots$	$\vdots$	$\vdots$		$\vdots$
C_n	C_{n1}	C_{n2}	$\cdots$	C_{nn}

为了使决策判断定量化，一般使用 1 ~ 9 标度方法，见表 8-1 表示。

③判断矩阵的一致性检验。计算公式为：

$$CI = \frac{\lambda_{\max} - n}{n - 1} \tag{8-1}$$

当阶数大于 2 时，CR 表示随机一致性比率，即 CI 与 RI 的比值。当

$$CR = \frac{CI}{RI} < 0.10 \tag{8-2}$$

时，即认为判断矩阵具有满意的一致性。

表 8-1　判断矩阵标度及其含义

Tab. 8-1　The meaning and scaling of the judgment matrix

序号	重要性等级	C_{ij} 赋值
1	i,j 两元素同等重要	1
2	i 元素比 j 元素稍重要	3
3	i 元素比 j 元素明显重要	5
4	i 元素比 j 元素强烈重要	7
5	i 元素比 j 元素极端重要	9
6	i 元素比 j 元素稍不重要	1/3
7	i 元素比 j 元素明显不重要	1/5
8	i 元素比 j 元素强烈不重要	1/7
9	i 元素比 j 元素极端不重要	1/7

注：C_{ij} = {2，4，6，8，1/2，1/4，1/6，1/8} 表示重要性等级介于 C_{ij} = {1，2，5，7，9，1/3，1/5，1/7，1/9}。这些数字是根据人们进行定性分析的直觉和判断力而确定的。

当判断矩阵具有完全一致性时，$CI = 0$。此外，还需要引入判断矩阵的平均随机一致性指标 RI 值。对于 1 ~9 阶判断矩阵，RI 的值分别列于表 8-2 中。

表 8-2　平均随机一致性指标

Tab. 8-2　The index of average random consistency

n	1	2	3	4	5	6	7	8	9
RI	0. 00	0. 00	0. 58	0. 90	1. 12	1. 24	1. 32	1. 41	1. 45

当阶数大于 2 时，判断矩阵的一致性指标 CI 与同阶平均随机一致性指标 RI 之比成为随机一致性比率，记为 CR。当

$$CR = \frac{CI}{RI} < 0.10 \tag{8-2}$$

时，即认为判断矩阵具有满意的一致性，否则就需要调整判断矩阵，使之具有满意的一致性。

④层次排序。首先需要进行单层次排序，计算出某层次因素相对于上一层次中某一因素的相对重要性，即计算判断矩阵的最大特征根

及其特征向量。首先将判断矩阵每一列向量归一化得：

$$\overline{w}_{ij} = \frac{b_{ij}}{\sum_{j=1}^{n} b_{ij}} (i,j = 1,2,3\cdots n) \tag{8-3}$$

将 $\overline{w}$ 归一化，得：

$$w_i = \frac{\overline{w}_i}{\sum_{j=1}^{n} \overline{w}_{ij}} \tag{8-4}$$

得到特征向量，即为本层次元素排序的权重，最大特征根 λ_{max} 为：

$$\lambda_{max} = \sum_{i=1}^{n} \frac{(AW)_i}{nW_i} \tag{8-5}$$

进而，按照自上而下、逐层顺序进行层次总排序。层次总排序是对于最高层目标而言。同时，层次总排序需要进行一致性检验。

8.2.2 模糊综合评价法

模糊概念由美国控制论专家扎德在 1965 年提出。模糊综合评价基于模糊数学，通过设定评价隶属等级，对多个不同因素进行综合性的评价。本章探讨的林业产业政策效益的综合评价问题，由于政策评价中有关政策的实施和制定有诸多方面的指标无法用实际的数据来做定量界定，需要做主观定性的分析，需要利用模糊数学中一级综合评判模型(彭念一等，2003)。

对于定性指标，确定该指标的隶属度可以通过模糊系统的计算方面。在本研究中，让参与林业产业政策综合绩效的评价专家，按照实际划定的 5 个评价等级(非常好，比较好，一般，比较差，非常差)(个别指标程度表述不一样，但是程度等级均为 5 个等级)给各个评价指标确定等级(王昌海，2011)，进而以统计各个评价等级的频数，由此得到单因素模糊评价集，$R_i = (r_{i1}, r_{i2}, r_{i3}, r_{i4}, r_{i5})$。同时本研究将 5 个评价等级进行打分，集合为(100，80，60，40，20)。

比如，在本次问卷中有一个问题为“您认为林业产业发展政策制定有多大的必要性”，参与评价的专家有 16 个，其中，对该定性评价评价指标的模糊评价非常必要的有 9 个，比较必要的有 2 个，一般的有 4 个，不太必要的 0 个，不必要的 1 个，则对此项指标的单因素模糊评价级为：

$$R_i = (9/16, 2/16, 4/16, 0/16, 1/16)$$

单因素评价矩阵表示为：

$$R = \begin{bmatrix} R_1 \\ R_2 \\ \vdots \\ R_m \end{bmatrix} = \begin{bmatrix} r_{11} & r_{12} & \cdots & r_{1n} \\ r_{21} & r_{22} & \cdots & r_{2n} \\ \vdots & \vdots & \ddots & \vdots \\ r_{m1} & r_{m2} & \cdots & r_{mn} \end{bmatrix}$$

对于定量指标，需要将定量数值转化为模糊分布，统一为定性指标的分布标准，进而便于与定性指标一起进行综合分析。在计算权重后，结合单因素评价矩阵，进一步进行多层次模糊综合评价。

8.3　三明市林业产业政策概述

2009 年，国家林业局发布了《林业产业振兴规划(2010～2012 年)(林计发〔2009〕253 号)》作为指导林业产业平稳健康发展的指导方案。2006 年，福建省经济贸易委员会联合印发《福建省林产加工业发展导则(试行)》，2010 年，出台了《福建省林业产业振兴实施方案(闽林产〔2010〕9 号)》。目前，三明市林业产业发展相关的政策主要有 2007 发布的《三明市林业局、三明市发展和改革委员会、三明市经济贸易委员会关于印发三明市林业产业发展导向细则(试行)的通知》(明林综〔2007〕文 97 号)和《三明市人民政府关于印发三明市"十二五"林业发展专项规划的通知》(明政〔2011〕5 号)等其他相关政策。

《三明市林业产业发展导向细则(试行)》制定的指导思想主要为：为转变林业经济增长方式，加快自主创新步伐，合理产业布局，优化产业结构，促进产业集聚，不断延伸产业链，倡导森林资源节约与环境友好的发展模式，鼓励精深加工和带动农民致富的合理开发利用，提高林产加工业的科技含量和最终产品档次及附加值，做大做强林产工业产业集群，促进林业产业的可持续发展。在细则中提出了三明市林业产业发展需要鼓励、限制和淘汰的林业项目和产品，同时也提出如何监督、管理与服务的问题。《三明市"十二五"林业发展专项规划》是当前最新的覆盖林业产业发展目标政策的规划，该专项规划回顾了“十一五”林业发展的主要成就、主要经验，目前存在的问题、面临的机遇和挑战，确定了“十二五”林业发展的总体思路和发展目标，提出“十二五”林业建设的重点等方面的内容。

此外，三明市还出台了其他具体的林业产业方面的政策通知文件，主要有：《三明市人民政府关于三明市扶持优势品牌若干规定的通知》(明政文〔1999〕261号)、《三明市人民政府关于调整三明市扶持优势品牌若干规定的通知》(明政文〔2002〕175号)、《三明市人民政府关于扶持培育成长型企业的若干意见》(明政文〔2002〕41号)、《中共三明市委三明市人民政府关于做大做强三大产业集群的意见》(明委〔2005〕18号)、《三明市人民政府关于强化资源配置实行利益共享加快林产工业产业集群建设的实施意见》(明政文〔2005〕112号)、《三明市林业局关于印发三明市林产工业产业集群“十一五”发展规划的通知》(明林〔2005〕25号)、《三明市人民政府关于促进生物医药产业加快发展的若干意见》(明政文〔2006〕61号)、《三明市人民政府关于做好林纸林板部分重点骨干企业木材原料组织供应的通知》(明政文〔2006〕38号)、《中共三明市委办公室、三明市人民政府办公室关于印发海峡两岸(三明)现代林业合作实验区2008年工作方案的通知》(明委办〔2008〕16号)、《三明市林业局关于加强林产品质量管理的通知》(明林产〔2008〕25号)等等。

林业产业相关政策是林业产业部门经济行为的基本准则，也是壮大林业基础产业的重要基础和保障，不仅有利于林业产业结构在社会主义市场经济条件得到优化调整，也对林业资源的合理配置提供重要的保障作用。三明市林业产业发展对地区经济发展具有重要的作用，而林业产业政策的出台针对林业的突出问题，提出了解决和调整的方法和措施。林业相关产业政策的颁布是政府干预产业活动的一种手段，从理论上将对当地林业建设和林业经济的发展都能起到举足轻重的作用。

8.4　林业产业政策绩效综合评价

8.4.1　林业产业政策评估指标体系构建

国内外研究表明构建政策评价体系对于正确评价各项经济政策尤为重要，本章旨在借助各种有效的政策评价方法，构建林业产业政策评价体系框架，并结合三明市林情，对现行的一些林业产业政策进行客观评价，总结林业产业取得的成效，及时发现林业产业政策制定、实施过程中存在的问题。为决策部门提供系统、全面、准确和可靠的信息，为林业产业政策改进提出建议。

林业产业政策绩效的综合评价应该包括三个方面的内容：政策制定过程、政策实施过程和政策实施效果，借此来对林业产业政策执行全过程做一个全面的检验和检查。构建三明市林业产业政策综合评价指标体系遵循科学性原则、系统性原则和可操作性等原则。指标的选取需要考虑多方面的因素，本书通过对专家咨询，并基于参考大量文献，获取最终的指标体系。层次模型主要由目标层、准则层、指标层和要素层构成。本书选取了文献中使用频率较高，同时结合三明市林业发展实际，综合考虑三明市林业产业政策制定的背景、林业产业发展的基础，选择针对性较强的指标作为衡量标准。表 8-3 系本书所研究的三明市林业产业政策综合评价指标体系。其中目标层即评价对象为三明市林业产业政策，准则层为政策制定、政策实施和政策效果。而每一个部分又包括更为具体的指标层，现将具体评估内容分析解释说明如下。建立林业产业政策前、中、后全过程的评估机制，更加有利于完善林业产业政策和中国林业产业相适应的发展。

表 8-3　三明市林业产业政策综合评价指标体系

Tab. 8-3　The comprehensive evaluation system of forestry industry policy in Sanming City

目标层 A	准则层 B	指标层 C	要素层 D	
A 三明市林业产业政策	B_1 产业政策制定	C_1 政策制定的必要性		
		C_2 政策目标的明确性	D_1	壮大林业产业规模
			D_2	优化林业产业结构
			D_3	提升林产品质量
			D_4	增加林区林农收入
			D_5	提高林业资源利用率
			D_6	增强海峡两岸林业合作交流
			D_7	完善林业发展管理机制
		C_3 政策方案的科学性	D_8	创新性
			D_9	灵活性
			D_{10}	适应性
			D_{11}	正确导向性
		C_4 政策决策的参与性		
		C_5 政策手段的合理性	D_{12}	法律手段
			D_{13}	行政手段
			D_{14}	财政手段
			D_{15}	税收手段
			D_{16}	金融手段
			D_{17}	信息手段
		C_6 决策过程的完整性	D_{18}	政策决策方法
			D_{19}	政策决策法定程序
			D_{20}	公开透明性
	B2 产业政策实施	C_7 政策的认同度	D_{21}	社会发展的需要
			D_{22}	经济发展的需要
			D_{23}	产业发展的需要
			D_{24}	林业发展的需要

（续）

目标层 A	准则层 B	指标层 C	要素层 D	
A 三明市林业产业政策	B_2 产业政策实施	C_8 政策实施主体的能力	D_{25}	规范社会成员的能力
			D_{26}	业务专业性
			D_{27}	资金渠道的能力
			D_{28}	收集信息的能力
			D_{29}	调控各种利益关系的能力
			D_{30}	合理分配资源的能力
			D_{31}	政策体系内部的互动及整合能力
		C_9 政策作用客体的能力	D_{32}	经营能力
			D_{33}	管理能力
			D_{34}	适应能力
			D_{35}	执行能力
		C_{10} 政策执行监督机制约束力	D_{36}	政府部门
			D_{37}	行业协会
			D_{38}	社会公众
	B_3 产业政策效果	C_{11} 资源带动效果	D_{39}	造林面积
			D_{40}	幼林抚育面积
			D_{41}	松脂产量
			D_{42}	油茶籽产量
			D_{43}	森林食品产量
			D_{44}	商品材产量
			D_{45}	毛竹产量
		C_{12} 产业结构效果	D_{46}	规模以上工业产值
			D_{47}	林业第三产业比重
			D_{48}	森林旅游收入
		C_{13} 产业关联效果	D_{49}	对地区 GDP 的直接贡献度
			D_{50}	对居民的直接贡献度
			D_{51}	对社会就业的直接贡献度

（续）

目标层 A	准则层 B	指标层 C	要素层 D	
A 三明市林业产业政策	B_3 产业政策效果		D_{52}	林业规模以上企业对地方财政贡献
		C_{14}产业组织效果	D_{53}	人造板产量
			D_{54}	松香产量
			D_{55}	家具制造业产值
			D_{56}	纸及纸板产量
			D_{57}	木竹地板产量
			D_{58}	规模以上企业数量
			D_{59}	林业利用外资
		C_{15}产业竞争力效果	D_{60}	林业专业技术人员比重
			D_{61}	林业就业人员工资水平
			D_{62}	林业固定资产完成投资
		C_{16}农民生活水平带动效果	D_{63}	农民收入

8.4.1.1 产业政策制定评估内容

对产业政策的目标、功能、手段设计进行评估即为产业政策制定评价（赵大晖，1998）。产业政策作为一项公共政策，必须符合公共政策制定的原则，主要包括目标性原则、明确性原则、统筹兼顾原则、预测原则、评估原则、合法性原则、集体决策原则、连续性原则、信息原则、原则性和灵活性相结合的原则、可行性原则和择优原则等多个方面。这些原则应该贯穿在理论依据的设计、设计方法的选用、评估制定主体素质能力和目标环境条件等几个方面的内容中。三明市林业产业发展与当地的资源禀赋、国民经济发展水平密切相关，鉴于当地实际情况（赵欣，2009）和资料获取的可行性，本研究将产业政策制定的评估概括总结为六个层面来测度，包括政策制定的必要性、政策目标的明确性、政策方案的科学性、政策决策的参与性、政策手段的合理性以及决策过程的完整性（王预震，2002）。

(1)政策制定的必要性

宏观经济学中，政府有能力对市场经济进行调节，可以通过一定的行政手段、经济手段和法律手段优化配置社会资源，调整产业经济活动。在林业产业政策制定的必要性中，主要为了体现在林业产业发展领域，政府干预是否需要，依据宏观调控和干预手段是否能够发挥相对于市场自我调节更具明显的作用。

(2)政策目标的明确性

公共政策的明确性就是指政策目标的指向性很明确，具体来说，政策制定者本身对界定事物的性质和规律能够清晰、准确。政策中关于行动方针避免全部质化和定性化，增加数量化指标，进而便于执行者理解、接受、操作和执行。对于实现公共政策目标的时间、步骤要有明确的规定，对于实现目标的经济效益和社会效益及其意义、价值也要明晰。林业产业政策规定的目标同时也要符合当时的国民经济发展情况，要与国家林业经济总体发展要求相一致，尊重客体发展规律。

(3)政策方案的科学性

政策方案的科学性是要通过评估，确定政策方案是否建立在现实情况基础上，是否具有创新性、灵活性、适用性和正确的导向性。政策的设定需要置身于社会经济发展背景中，需要组织多方力量对所指定政策的可行性进行评估，充分运用各方面的实际材料，分析现有的主客观条件、有利因素及不利因素，分析政策在执行过程中可能发生的种种变化和障碍、分析政策实施的政治效果、经济效果和社会效果等。政策付诸实践的过程需要较长的时间，因此每一个政策的出台同时在存在着风险和不确定因素，因此，政策方案还需要有一定的应变性和灵活性。同时，创新性也必不可少，创新才能带来新的发展机会。

(4)政策决策的参与性

政策决策过程中需要公众参与，由于对于政府管理部门，信息获取的渠道和准确性都会稍有限制，一方面，大多数政策决策者可能了解的信息数量有限，另一方面，由于各种主客观原因，信息在传递过程中，信息的准确性可能发生变化，这样传递给政策决策者后，会使得获取的信息缺乏说服力。而扩大决策过程中的社会公众参与对政策问题的发现和确认有帮助(王预震，2002)，同时，对政策的顺利执行起着重要的推动作用，还有助于政府决策理性化的提升。因此政策决策中的参与性是判断政策实施前效果的一个重要指标。

(5)政策手段的合理性

政策手段是产业政策实施的媒介，政策手段需要同时具有多样性和可操作性，合理的手段可以将政策实施效果产生事半功倍的效果，而在选择和运用政策手段的同时，需要考虑当地的资源禀赋和特色产业。一般在实践过程中，实施产业政策总是有机的把几种政策手段结合起来运用，形成一个有主有从的政策手段体系。而这个手段体系必须是高效的才能发挥应有的作用。

(6)决策过程的完整性

在林业产业政策制定过程中需要提高政策制定程序的规范性、透明性、科学性。该指标的检验是通过评估政策制定的过程是否通过完整科学的决策程序。即符合问题诊断、确定目标、制订方案、方案验证、公布政策、组织实施等基本程序。同时，为增加政策间的协调性，还需要检验是否有配套政策的同步。

8.4.1.2 产业政策实施评估内容

产业政策实施评估包括对其政策实施主体的目标、态度、能力的评估，对企业、管理部门等作用对象的接受态度、能力、效果的评估及监督评估机制作用的评估。产业政策的实施会产生功能效应、主体效应和目标效应。可用产业政策在实施过程中各项功能发挥的程度来衡量功能效应，产业政策实施过程中政府和企业发展需求的满足程度来衡量主体效应，产业政策目标的实现程度衡量目标效应。根据以往文献查阅，综合当地实地情况，本研究选取以下几个方面的指标进行评估:

(1)政策的认可度

林业产业政策的认可度表示公众，特别是林业管理人员、林业企业等利益相关者对政策实施的接纳和认同程度。该指标具有重要的现实意义，公众的认可，可以体现政策提出与公众有紧密的联系，公众关心并且关注政策如何实施，并希望政策能够对其自身或者社会有益。

(2)政策实施主体的能力

林业产业政策的实施主体主要是林业主管部门或者各级政府部门，其执行能力的大小往往对政策实施效果产生直接的影响。如果政策实施主体具有很强的规范社会成员的能力，具有较强的专业性、收集信息的能力、调控各种利益关系的能力以及合理分配资源等方面的能力，政策实施效率将会更高，既定政策的精神也能够得到较好地传达和落实。

(3)政策对象客体的能力

评估政策作用对象的能力主要包括评估林业单位、林业企业、林业经济合作组织等客体对林业产业政策的接纳态度和执行能力。这就要求政策作用对象的经营能力、管理能力、适应能力和执行能力都具有一定的水平，这样，政府在执行政策的过程中才能真正地落实到位。

(4)政策执行监督机制约束力

林业产业政策的执行需要有相应的监督检查机制，这就需要政府部门、行业协会以及社会公众的广泛参与，积极规范政策的实施，保障政策执行过程顺利高效的开展。因此，对林业产业政策监督机制的约束力的评估也具有重要的现实意义。

8.4.1.3　产业政策实施效果评估内容

产业政策效应评估包括对其预定目标的实现程度和对其各项功能发挥程度的评估，以及对其制度的影响进行成本收益评估。根据前面部分对三明市林业产业多方面的分析，在政策实施效果指标的选取时，综合选用了林业产业对资源培育的带动效果指标、产业结构效果指标、产业关联效果指标、产业组织效果指标、产业竞争力效果指标、林业产业对农民生活水平带动效果指标。具体来看：

(1)林业资源带动效果

林业产业政策效果的评价中，对林业资源培育的发展十分重要，森林资源是林业产业发展的基础，通过林业产业政策的有效推进，林业资源应该得到进一步的有效利用，同时，林业资源的数量和质量都会得到很大的提高。在本次指标选取中，涉及了当年造林面积（万亩）、幼林抚育面积（万亩）、松脂产量（吨）、油茶籽产量（吨）、森林食品产量（干重）（吨）、商品林产量（立方米）、毛竹产量（万根）。这些指标基本覆盖了林业主要资源以及当地林业产业特色资源。

（2）林业产业结构效果指标

林业产业结构是反映林业产业发展的重要指标，林业产业结构是否合理，关系到林业长期发展效率和成果，也是验证林业产业政策是否合理的一个重要标准。林业产业结构可以反映林业资源在产业间的配置状态，也能够反映林业产业发展水平以及产业间相互依存和相互制约的方式。具体在选取指标时，选用了规模以上工业产值（亿元）、林业第三产业比重（%）和森林旅游收入（万元）三个指标。

（3）林业产业关联效果指标

从国民经济这个有机整体来看，所有的产业部门都存在或大或小、或顺向或逆向、或直接或间接的联系。而林业产业发生变化时，也必然会导致地方经济发展以及其他产业的变化。产业间通过产品、劳务、生产技术、劳动就业，以及投资等产生联想。本章通过前面第四章的计算结果，采用林业产业对地区 GDP 的直接贡献度、对居民收入的直接贡献度和对社会就业的直接贡献度来评价，此外还涉及了林业规模以上企业对地区财政的贡献率指标。

（4）林业产业组织效果

产业组织是指同一产业内部企业间的组织结构或者市场关系，这种企业之间的市场关系包括交易关系、行为关系、资源占用关系和利益关系。在这里选用了三明市林业主要林业加工产品的产量及产值指标，包括人造板产量（万立方米）、松香产量（万吨）、家具制造业产值（万元）、纸及纸板产量（万吨）、木竹地板产量（万平方米），还有规模以上企业数量（个）以及林业利用外资（万美元）来进行评价。

（5）林业产业竞争力效果

林业产业竞争力与生产要素息息相关，林业产业政策效果好，则林业产业竞争力也相对较强，为同时考虑数据的可获得性，将选取林业专业技术人员比重、林业就业人员工资水平（元）和林业固定资产完成投资(万元)来评价。

(6)林业产业对农村生活水平带动效果

农民是林业资源最直接的生产者和使用者，而林业产业制定的目的在于提高林业产业发展水平的过程中还要提高农民生活水平，这里采用农民年均纯收入(元)指标计算。

产业政策是一个相当繁杂的政策系统，它涉及产业发展的各个方面，而林业产业发展也具有其典型性和特殊性。因此林业产业政策效果也具有多侧面、多维度的特点。试图通过选取具体指标全面反映林业产业政策绩效的各个方面的效果和作用难度很大，本章的综合评价体系所选取的63个定性和定量指标，在一定程度上基本可以涵盖和代表林业产业政策整体的实施效果。另外，由于数据的可获得性，有些数据难以统计或者确定，因此在评价体系中很难将其直接纳入，本研究也试图通过采取指标替代的方式进行了相对较广覆盖的指标体系选择。

8.4.2　产业政策评估指标计量化

本部分在进行林业产业政策的综合评价中，结合定性与定量的方面，进行指标的选择和评估，设计了本部分定性指标的调查问卷。由于本部分的问卷设计具有地区特殊性，是针对三明地区林业产业政策的综合绩效评价，因此对打分专家也经过谨慎的筛选，共选择了16位不同科室的，不同工作方向的三明市林业局的政策实施负责人对本研究的评价指标体系的各项指标进行赋值打分(其中：包括三明市林业产业发展主管及相关领导2位，政策法制科2位，办公室2位，营林科2位，计划财务科2位，林权办2位，规划队2位，处纠办2位)。本次实证分析共发放并有效回收专家调查问卷16份。

8.4.2.1　指标权重确定

准则层指标权重确定过程中，专家分别为产业政策制定、产业政策实施和产业政策效果进行权重的打分。在设计问卷时，采取权重总和为1的方式，即产业政策制定、产业政策实施和产业政策效果权重之和为1，按照主观意愿分配三者的比重。具体计算表达为：

$$W_{iB} = \frac{\sum_{j=1}^{n} W_{ij}}{n} \tag{8-6}$$

其中，$n=16$，$i=1$，2，3，$j=1$，2，…，16；且有 $\sum_{i=1}^{3} W_{ij} = 1$。由于数据太多，此处只显示具体计算结果，根据 16 位专家的打分，计算权重结果见表 8-4 所示。

表 8-4　准则层各项指标权重计算结果

Tab. 8-4　The indicators weight results of A – B

具体指标	B_1	B_2	B_3
W_B	0. 3063	0. 3375	0. 3563

在指标层权重确定的时候采用 1 ~9 标度方法，通过两两比较准则层中每一个指标的相对重要性进行赋值，让专家进行赋值。获得专家赋值后，按照层次分析法计算出每个指标的权重，进而做一致性检验，最终获得指标权重。产业政策制定的指标层指标的判断矩阵见表 8-5 所示。

表 8-5　B1 – C 判断矩阵

Tab. 8-5　The comparison matrix B_1-C

B_1	C_1	C_2	C_3	C_4	C_5	C_6
C_1	1	1/2	1/3	3	3	5
C_2	2	1	1	5	5	7
C_3	3	1	1	3	3	5
C_4	1/3	1/5	1/3	1	1	2
C_5	1/3	1/5	1/3	1	1	1
C_6	1/5	1/7	1/5	1/2	1	1

通过对判断矩阵进行标准化，得出：

$$\begin{bmatrix} 0.1456 & 0.1643 & 0.1042 & 0.2222 & 0.2143 & 0.2381 \\ 0.2913 & 0.3268 & 0.3125 & 0.3704 & 0.3571 & 0.3333 \\ 0.4369 & 0.3286 & 0.3125 & 0.2222 & 0.2143 & 0.2381 \\ 0.0485 & 0.0657 & 0.1042 & 0.0741 & 0.0714 & 0.0952 \\ 0.0485 & 0.0657 & 0.1042 & 0.0741 & 0.0714 & 0.0476 \\ 0.0291 & 0.0469 & 0.0625 & 0.0370 & 0.0714 & 0.0476 \end{bmatrix}$$

将判断矩阵的每一列向量归一化得：

$$\overline{w}_{ij} = \frac{b_{ij}}{\sum_{j=1}^{n} b_{ij}} (i,j = 1,2,3\cdots n) \tag{8-7}$$

按行求和得：

$$\overline{w}_1 = \sum_{i=1}^{n} \overline{w}_{ij} = 0.1456 + 0.1643 + 0.1042 + 0.2222 + 0.2143 + 0.2381$$
$$= 1.0887$$

$$\overline{w}_2 = \sum_{i=2}^{n} \overline{w}_{ij} = 0.2913 + 0.3286 + 0.3125 + 0.2222 + 0.2143 + 0.2381$$
$$= 1.9932$$

$$\overline{w}_3 = \sum_{i=3}^{n} \overline{w}_{ij} = 0.4369 + 0.3286 + 0.3125 + 0.2222 + 0.2143 + 0.2381$$
$$= 1.7526$$

$$\overline{w}_4 = \sum_{i=4}^{n} \overline{w}_{ij} = 0.0485 + 0.0657 + 0.1042 + 0.0741 + 0.0714 + 0.0952$$
$$= 0.4592$$

$$\overline{w}_5 = \sum_{i=5}^{n} \overline{w}_{ij} = 0.0485 + 0.0657 + 0.1042 + 0.0741 + 0.0714 + 0.0476$$
$$= 0.4116$$

$$\overline{w}_6 = \sum_{i=6}^{n} \overline{w}_{ij} = 0.0291 + 0.0469 + 0.0625 + 0.0370 + 0.0714 + 0.0476$$
$$= 0.2947$$

将 $\overline{w}$ 归一化，得：

$$\overline{w} = (1.0887, 1.9932, 1.7526, 0.4592, 0.4116, 0.2947)^T$$

$$w_i = \frac{\overline{w}_i}{\sum_{j=1}^{n} \overline{w}_{ij}} \tag{8-8}$$

$$w_1 = \frac{1.0887}{6} = 0.1815$$

$$w_2 = \frac{1.9932}{6} = 0.3322$$

$$w_3 = \frac{1.7526}{6} = 0.2921$$

$$w_4 = \frac{0.4592}{6} = 0.0765$$

$$w_5 = \frac{0.4116}{6} = 0.0686$$

$$w_6 = \frac{0.2947}{6} = 0.0491$$

得到特征向量，即为本层次元素排序的权重：

$w = (0.1815, 0.3322, 0.2921, 0.0765, 0.0686, 0.0491)^T$

最大特征根 λ_{max} 为：

$$AW = \begin{bmatrix} 1 & 1/2 & 1/3 & 3 & 3 & 5 \\ 2 & 1 & 1 & 5 & 5 & 7 \\ 3 & 1 & 1 & 3 & 3 & 5 \\ 1/3 & 1/5 & 1/3 & 1 & 1 & 2 \\ 1/3 & 1/5 & 1/3 & 1 & 1 & 1 \\ 1/5 & 1/7 & 1/5 & 1/2 & 1 & 1 \end{bmatrix} \begin{bmatrix} 0.1815 \\ 0.3322 \\ 0.2921 \\ 0.0765 \\ 0.0686 \\ 0.0491 \end{bmatrix}$$

$$\lambda_{max} = \sum_{i=1}^{n} \frac{(AW)_i}{nW_i} = 6.1684$$

一致性检验，得出：

$$C.I. = \frac{\lambda_{max} - n}{n - 1} = \frac{6.1684 - 6}{6 - 1} = 0.0337$$

当 $n = 6$ 时，$R.I. = 1.24$，

$$C.R. = \frac{C.I.}{R.I.} = \frac{0.0337}{1.24} = 0.0272$$

可知 $C.R. < 0.1$，认为判断矩阵具有满意的一致性，说明赋值有效，得到产业政策制定的权重(表8-6)。

表 8-6　B_1 – C 指标层权重表

Tab. 8-6　The comparison matrix B_1 – C

产业政策实施	权重 W_{B1}
政策制定的必要性	0. 1815
政策目标的明确性	0. 3322
政策方案的科学性	0. 2921
政策决策的参与性	0. 0765
政策手段的合理性	0. 0686
决策过程的完整性	0. 0491
λ_{max} =6. 1684；*C. I.* =0. 0337；*C. R.* =0. 0272 <0. 1	

同理，可以得出产业政策实施指标层的权重和产业政策效果指标层的权重(表 8-7、表 8-8)。

表 8-7　B_2 – C 判断矩阵

Tab. 8-7　The comparison matrix B_2 – C

B_2	C_7	C_8	C_9	C_{10}	W_{B2}
C_7	1	1/4	1/3	3	0. 1454
C_8	4	1	3	5	0. 5251
C_9	3	1/3	1	3	0. 2528
C_{10}	1/3	1/5	1/3	1	0. 0767
λ_{max} =4. 1938；*C. I.* =0. 0646；*C. R.* =0. 0718 <0. 1					

表 8-8　B_3 – C 判断矩阵

Tab. 8-8　The comparison matrix B_3 – C

B_3	C_{11}	C_{12}	C_{13}	C_{14}	C_{15}	C_{16}	W_{B3}
C_{11}	1	1/5	1	1/3	1/3	1	0. 0744
C_{12}	5	1	3	1	3	3	0. 2991
C_{13}	1	1/3	1	1/3	1	3	0. 1174
C_{14}	3	1	3	1	5	2	0. 2937
C_{15}	3	1/3	1	1/5	1	3	0. 1346
C_{16}	1	1/3	1/2	1/2	1/3	1	0. 0808
λ_{max} =6. 5101；*C. I.* =0. 1020；*C. R.* =0. 0823 <0. 1							

由于本次指标体系构建有众多指标，涉及的权重判断矩阵表也众多，由于篇幅的限制，产业政策绩效评价的相关要素层的权重计算过程与上面所得权重计算过程相一致，因此在此处不再做判断矩阵描述统计的赘述。

综上为三明市林业产业政策综合评价权重的计算，通过严格的判断矩阵并且通过一致性检验确定了最终的权重，说明上述各个判断矩阵具有满意的一致性。以上为其中 1 个专家的矩阵及评价权重结果，结合本研究其他专家的指标打分结果，最终一共得到 6 份有效指标权重评价表，进而通过算术平均法的使用，得到最后结果的准则层、指标层和要素层的综合指标权重。最终得到全部的评价指标权重值(表 8-9)。

表 8-9　产业政策评价指标权重

Tab. 8-9　Industrial Policy Evaluation index

<table>
<tr><th>目标层</th><th colspan="2">准则层</th><th colspan="2">指标层</th><th colspan="2">要素层</th></tr>
<tr><td rowspan="16">A 三明市林业产业政策绩效综合评价指标体系</td><td rowspan="16">B_1</td><td rowspan="16">0. 3063</td><td>C_1</td><td>0. 1815</td><td></td><td></td></tr>
<tr><td rowspan="7">C_2</td><td rowspan="7">0. 3322</td><td>D_1</td><td>0. 1582</td></tr>
<tr><td>D_2</td><td>0. 2350</td></tr>
<tr><td>D_3</td><td>0. 0945</td></tr>
<tr><td>D_4</td><td>0. 0832</td></tr>
<tr><td>D_5</td><td>0. 1809</td></tr>
<tr><td>D_6</td><td>0. 0402</td></tr>
<tr><td>D_7</td><td>0. 2080</td></tr>
<tr><td rowspan="4">C_3</td><td rowspan="4">0. 2921</td><td>D_8</td><td>0. 0832</td></tr>
<tr><td>D_9</td><td>0. 1607</td></tr>
<tr><td>D_{10}</td><td>0. 3989</td></tr>
<tr><td>D_{11}</td><td>0. 3572</td></tr>
<tr><td>C_4</td><td>0. 0765</td><td></td><td></td></tr>
<tr><td rowspan="3">C_5</td><td rowspan="3">0. 0686</td><td>D_{12}</td><td>0. 1074</td></tr>
<tr><td>D_{13}</td><td>0. 1054</td></tr>
<tr><td>D_{14}</td><td>0. 3944</td></tr>
</table>

（续）

目标层	准则层		指标层		要素层	
A 三明市林业产业政策绩效综合评价指标体系					D_{15}	0. 2456
					D_{16}	0. 1044
					D_{17}	0. 0429
			C_6	0. 0491	D_{18}	0. 5485
					D_{19}	0. 2409
					D_{20}	0. 2106
	B_2	0. 3375	C_7	0. 1360	D_{21}	0. 1716
					D_{22}	0. 0989
					D_{23}	0. 3648
					D_{24}	0. 3648
			C_8	0. 5430	D_{25}	0. 1899
					D_{26}	0. 1899
					D_{27}	0. 1647
					D_{28}	0. 1005
					D_{29}	0. 1680
					D_{30}	0. 1014
					D_{31}	0. 0856
			C_9	0. 2445	D_{32}	0. 3063
					D_{33}	0. 2438
					D_{34}	0. 1438
					D_{35}	0. 3063
			C_{10}	0. 0765	D_{36}	0. 5485
					D_{37}	0. 2409
					D_{38}	0. 2106
	B_3	0. 3563	C_{11}	0. 0749	D_{39}	0. 2000
					D_{40}	0. 2000
					D_{41}	0. 1000
					D_{42}	0. 2000

（续）

目标层	准则层	指标层		要素层	
A 三明市林业产业政策绩效综合评价指标体系	B_3			D_{43}	0. 1000
				D_{44}	0. 4000
				D_{45}	0. 3000
		C_{12}	0. 3228	D_{46}	0. 4796
				D_{47}	0. 4055
				D_{48}	0. 1150
		C_{13}	0. 1165	D_{49}	0. 6068
				D_{50}	0. 0816
				D_{51}	0. 0816
				D_{52}	0. 2300
		C_{14}	0. 2862	D_{53}	0. 2177
				D_{54}	0. 0778
				D_{55}	0. 2955
				D_{56}	0. 1378
				D_{57}	0. 0778
				D_{58}	0. 0820
				D_{59}	0. 1114
		C_{15}	0. 1262	D_{60}	0. 2485
				D_{61}	0. 6809
				D_{62}	0. 0706
		C_{16}	0. 0734	D_{63}	1. 0000

8. 4. 2. 2　定量指标无量纲化

本章内容在对林业产业政策效果评价的过程中，全部采用量化指标。通过采取产业政策实施前后的对照比较。基于前人的研究，相比较的时间间隔一般为 4 年（韦惠兰，2006；赵建民，2010；王昌海，2011）。本研究也根据实际情况选择 2007 年和 2011 年两年的数据（表 8-10）。

本书采取模糊线性隶属函数作为理论基础，首先对各个量化指标进行无量纲化处理，参照前人的研究成果，进行标准化的过程(韦惠兰，2006；张颖，2007；李万里，2005；王昌海，2011)，以 60 分为研究指标评价的基础，在此基础上，分别对正向指标和逆向指标做相应增减计算。表达式为：

$$S_i = 60 \pm \frac{X_i - X_i'}{X_i'} \times 100 \tag{8-9}$$

其中，S_i 表示标准化得分，X_i 和 X_i' 分别表示第 i 个指标的数值和比较数值。

表 8-10　2007 年和 2011 年三明市林业产业政策绩效综合评价量化指标值

Tab. 8-10　The comprehensive benefit evaluation indexes between 2007and 2011 in Sanming City

指标		单位	2007 年	2011 年	S_i
C_{11}	D_{39}	万亩	41.07	128.76	273.52
	D_{40}	万亩	80.33	165.55	102.43
	D_{41}	万吨	4.32	5.24	68.45
	D_{42}	万吨	4.50	5.78	71.40
	D_{43}	万吨	11.31	11.68	61.27
	D_{44}	万立方米	241.66	179.60	49.73
	D_{45}	万根	3305	7428	109.90
C_{12}	D_{46}	亿元	108.97	411.06	170.89
	D_{47}	%	2.33	1.80	50.87
	D_{48}	亿元	2.68	6.84	122.09
C_{13}	D_{49}	%	7.14	11.85	86.39
	D_{50}	%	1.40	1.17	53.43
	D_{51}	%	4.33	4.33	60.00
	D_{52}	%	3.02	3.47	65.96
C_{14}	D_{53}	万立方米	184.25	434.02	114.22
	D_{54}	万吨	6.17	8.44	74.72
	D_{55}	万元	22665	122985	237.05

指标		单位	2007 年	2011 年	S_i
	D_{56}	万吨	52.85	114.42	106.60
	D_{57}	万平方米	269	371	75.18
	D_{58}	g 个	329	444	73.98
	D_{59}	万美元	1939	4020	102.93
C_{15}	D_{60}	%	29.63	26.75	56.11
	D_{61}	万元	1.85	2.93	83.26
	D_{62}	万元	10924	10557	58.66
C_{16}	D_{63}	元	5141	8205	83.84

数据来源：2008、2012 年三明统计年鉴，2007、2011 年三明林业森工统计年鉴，当地调研数据。

大部分数值为三明统计年鉴和三明林业森工统计年鉴获得，对于林业规模以上产值企业对地方财政贡献指标，由于该指标连续数据指标获取困难，本研究中没有直接获得，只获得部分年份的林业规模以上企业税费上缴，由于一般的，税费上缴增减幅度和产值增减幅度相似，本研究中通过计算林业规模以上产值的增长率，对林业规模以上企业税费上缴额进行估算。

进而，通过隶属函数将指标进行无量纲化处理，在评估过程中，对林业产业政策绩效指标等级表示见表 8-11(王昌海，2011)

表 8-11 林业产业政策绩效指标等级表

Tab. 8-11 Forestry industrial policy performance indicators Level

得分	<60 分	60 ~ 70 分	70 ~ 80 分	80 ~ 90 分	>90 分
等级	差	较差	一般	良好	优良

根据指标等级表，设定隶属函数：

$$y_{优良}(S) = \begin{cases} 1 & S \geqslant 90 \\ \dfrac{S-80}{90-80} & S \subset (80,90) \\ 0 & S \leqslant 80 \end{cases} \tag{8-10}$$

$$y_{良好}(S) = \begin{cases} \dfrac{90 - S}{90 - 80} & S \subset (80,90) \\ \dfrac{S - 70}{80 - 70} & S \subset (70,80) \\ 0 & S \leqslant 70 \text{ 或 } S \geqslant 90 \end{cases} \tag{8-11}$$

$$y_{一般}(S) = \begin{cases} \dfrac{80 - S}{80 - 70} & S \subset (70,80) \\ \dfrac{S - 60}{70 - 60} & S \subset (60,70) \\ 0 & S \leqslant 60 \text{ 或 } S \geqslant 80 \end{cases} \tag{8-12}$$

$$y_{较差}(S) = \begin{cases} 1 & S \leqslant 50 \\ \dfrac{60 - S}{60 - 50} & S \subset (50,60) \\ 0 & S > 60 \end{cases} \tag{8-13}$$

$$y_{差}(S) = \begin{cases} 0 & S \leqslant 50 \text{ 或 } S \geqslant 70 \\ \dfrac{60 - S}{60 - 50} & S \subset (50,60) \\ 0 & S \subset (60,70) \end{cases} \tag{8-14}$$

最后算得标准化数值向量(表 8-12)。

表 8-12　B_3要素层隶属关系向量

Tab. 8-12　B_3 subordinate relations function vector

指标	隶属关系向量				
D_{39}	1.0000	0.0000	0.0000	0.0000	0.0000
D_{40}	1.0000	0.0000	0.0000	0.0000	0.0000
D_{41}	0.0000	0.0000	0.8447	0.0000	0.0000
D_{42}	0.0000	0.1402	0.8598	0.0000	0.0000
D_{43}	0.0000	0.0000	0.1273	0.0000	0.0000
D_{44}	0.0000	0.0000	0.0000	1.0000	0.0000
D_{45}	1.0000	0.0000	0.0000	0.0000	0.0000
D_{46}	1.0000	0.0000	0.0000	0.0000	0.0000
D_{47}	0.0000	0.0000	0.0000	0.9132	0.0868
D_{48}	1.0000	0.0000	0.0000	0.0000	0.0000
D_{49}	0.6387	0.3613	0.0000	0.0000	0.0000

（续）

指标	隶属关系向量				
D_{50}	0.0000	0.0000	0.0000	0.6571	0.3429
D_{51}	0.0000	0.0000	0.0000	0.0000	1.0000
D_{52}	0.0000	0.0000	0.5960	0.0000	0.0000
D_{53}	1.0000	0.0000	0.0000	0.0000	0.0000
D_{54}	0.0000	0.4716	0.5284	0.0000	0.0000
D_{55}	1.0000	0.0000	0.0000	0.0000	0.0000
D_{56}	1.0000	0.0000	0.0000	0.0000	0.0000
D_{57}	0.0000	0.5179	0.4821	0.0000	0.0000
D_{58}	0.0000	0.3982	0.6018	0.0000	0.0000
D_{59}	1.0000	0.0000	0.0000	0.0000	0.0000
D_{60}	0.0000	0.0000	0.0000	0.3889	0.6111
D_{61}	0.3265	0.6735	0.0000	0.0000	0.0000
D_{62}	0.0000	0.0000	0.0000	0.1344	0.8656
D_{63}	0.3840	0.6160	0.0000	0.0000	0.0000

8.4.3 产业政策制定的评估

在2007年8月14日，为了加强宏观调控、合理配置和科学利用森林资源，调整林业产业布局，优化林业产业结构，引导三明市林业产业又快又好发展，三明市林业局、三明市发展和改革委员会和三明市经济贸易委员会联合印发了《三明市林业产业发展导向细则》(明林综〔2007〕文97号)。经过几年的发展和实践，在2011年8月18日，三明市人民政府制定了《三明市“十二五”林业发展专项规划》(明政〔2011〕5号)等其他林业产业相关政策。

8.4.3.1 产业政策制定的必要性

林业产业政策的必要性是显而易见的，林业是福建省三明市社会经济发展的支柱产业，产业政策的制定可以引导三明市林业加速发展。本项指标实际的问卷，专家打分赋值后最后得分为82.5分(表8-13)，属于良好等级，指标值较好。由此说明，三明市制定林业产业政策是非常必要的。

表 8-13　产业政策制定必要性评估

Tab. 8-13　The assessment of industrial policy-making necessity

指标	非常必要（100）	比较必要（80）	一般（60）	不太必要（40）	不必要（20）	指标综合得分
C_1	0. 5625	0. 1250	0. 2500	0. 0000	0. 0625	82. 50

8. 4. 3. 2　产业政策目标的明确性

任何一项政策的制定都必须有针对性，目的性明确，政策落实的过程才能准确，政策才能发挥最大的效用。本项指标评价时同时考虑到 7 个因素，即在问卷中涉及了制定林业产业政策的目的明确性集合 $U_{C_2}=(D_1, D_2, D_3, D_4, D_5, D_6, D_7)$ =（壮大林业产业规模、优化林业产业结构、提升林产品质量、增加林区林农收入、提高林业资源利用率、增强海峡两岸林业合作交流和完善林业发展管理机制）。根据专家赋值，权重为 W_{C_2} =（0. 1582，0. 2350，0. 0945，0. 0832，0. 1809，0. 0402，0. 2080），评价集为（非常重要，比较重要，一般，不太重要，不重要），具体问题设置见表 8-14，同理可得该指标得分为 87. 69，指标值较好。

表 8-14　产业政策目标的明确性评估

Tab. 8-14　The assessment of industrial policy-making clarity target

C_2	非常好（100）	比较好（80）	一般（60）	不太好（40）	不好（20）	指标综合得分
D_1	0. 5625	0. 3125	0. 1250	0. 0000	0. 0000	
D_2	0. 6875	0. 1875	0. 1250	0. 0000	0. 0000	
D_3	0. 5000	0. 3125	0. 1250	0. 0625	0. 0000	
D_4	0. 4375	0. 5000	0. 0625	0. 0625	0. 0000	87. 69
D_5	0. 8125	0. 1250	0. 0625	0. 0000	0. 0000	
D_6	0. 2500	0. 3125	0. 3125	0. 0000	0. 1250	
D_7	0. 5000	0. 2500	0. 1250	0. 0625	0. 0000	

8.4.3.3 产业政策方案的科学性

本项指标评价时同时考虑到 4 个因素，即在问卷中涉及了制定林业产业政策方案的科学性集合 $U_{C_3}=(D_8, D_9, D_{10}, D_{11})$ =(创新性、灵活性、适应性、正确导向性)。根据专家赋值，权重为 W_{C_3} = (0.0832，0.1607，0.3989，0.3572)，具体问题专家打分情况见表 8-15，同理可得该指标得分为 72.83，指标值隶属一般水平。

表 8-15 产业政策方案的科学性评估

Tab. 8-15 The scientific assessment of industrial policy program

C_3	非常好 (100)	比较好 (80)	一般 (60)	不太好 (40)	不好 (20)	指标综合得分
D_8	0.1250	0.3125	0.3750	0.1875	0.0000	72.80
D_9	0.1250	0.3750	0.4375	0.0625	0.0000	
D_{10}	0.1875	0.3750	0.3750	0.0625	0.0000	
D_{11}	0.1875	0.3750	0.3750	0.0625	0.0000	

8.4.3.4 产业政策决策的参与性

本项指标实际的问卷，专家打分赋值后最后得分为 70.00 分(表 8-16)，属于一般等级，说明三明市在林业产业政策制定的过程中，多方参与性有所欠缺或是各个利益群体参与性不够。

表 8-16 产业政策决策的参与性评估

Tab. 8-16 Industrial policy decisions participatory assessment

指标	非常好 (100)	比较好 (80)	一般 (60)	不太好 (40)	不好 (20)	指标综合得分
C_4	0.0000	0.5625	0.3750	0.0625	0.0000	70.00

8.4.3.5 产业政策手段的合理性

本项指标评价时同时考虑到 6 个因素，即在问卷中涉及了制定林业产业政策手段的合理性集合 $U_{C_5}=(D_{12}, D_{13}, D_{14}, D_{15}, D_{16}, D_{17})$ =(法律手段、行政手段、财政手段、税收手段、金融手段、信息手段)。根据专家赋值，权重为 W_{C_5} = (0.1074, 0.1054, 0.3944, 0.2456, 0.1044, 0.0429)，评价集为(非常好，比较好，一般，不太好，不好)，具体专家打分结果见表 8-17，同理可得该指标得分为 87.40，指标值隶属良好水平，说明三明市林业产业政策采用的多种手段具有合理性和有效性。

表 8-17　产业政策手段的合理性评估

Tab. 8-17　The reasonable assessment of industrial policy

C_5	非常好(100)	比较好(80)	一般(60)	不太好(40)	不好(20)	指标综合得分
D_{12}	0.2308	0.6154	0.1538	0.0000	0.0000	87.40
D_{13}	0.3077	0.6154	0.0769	0.0000	0.0000	
D_{14}	0.6154	0.3077	0.0769	0.0000	0.0000	
D_{15}	0.5385	0.3077	0.1538	0.0000	0.0000	
D_{16}	0.3846	0.4615	0.1538	0.0000	0.0000	
D_{17}	0.3846	0.4615	0.0769	0.0769	0.0000	

8.4.3.6　产业政策决策过程的完整性

本项指标评价时同时考虑到 3 个因素，即在问卷中涉及了制定林业产业政策决策过程的完整性集合 $U_{C_6}=(D_{18}, D_{19}, D_{20})$ =(政策决策方法、政策决策程序、公开透明性)。政策决策程序是指政策在决策的过程中的法定程序是否完整。根据专家赋值，权重为 W_{C_6} = (0.5485, 0.2409, 0.2106)，具体专家打分结果见表 8-18，同理可得该指标得分为 72.24，指标值隶属一般水平，说明三明市林业产业政策在决策过程中完整性还有待加强，在政策出台前，要制定完整的绩效预测分析。

表 8-18　产业政策决策的完整性评估

Tab. 8-18　The integrity assessment of industrial policy decisions

C_6	非常好（100）	比较好（80）	一般（60）	不太好（40）	不好（20）	指标综合得分
D_{18}	0. 1250	0. 4375	0. 3750	0. 0625	0. 0000	
D_{19}	0. 1875	0. 3125	0. 4375	0. 0625	0. 0000	72. 24
D_{20}	0. 0625	0. 5000	0. 3750	0. 0625	0. 0000	

8. 4. 4　产业政策实施的评估

8. 4. 4. 1　产业政策的认可度

政府出台一项政策是管理者意志的体现，在政策实际的执行过程中，公众对政策的接受程度和赞同程度直接影响着政策进行的效果。同时，政策内容本身是否符合社会发展的规律、经济发展的规律等方面的问题，对产业政策认可度都有着直接的影响。本项指标评价时同时考虑到 4 个因素，即在问卷中涉及了林业产业政策的认可度集合 $U_{C_7}=(D_{21}, D_{22}, D_{23}, D_{24})$ =（社会发展规律、经济发展规律、产业发展规律、林业发展规律），问题设置为“您认可林业产业政策符合以下条件吗?”。根据专家赋值，权重为 W_{C_7} =（0. 1716，0. 0989，0. 3648、0. 3648），具体专家打分结果见表 8-19，同理可得该指标得分为 70. 29，指标值隶属一般水平，说明三明市林业产业政策还没有完全被公众认可。

表 8-19　产业政策的认可度评估

Tab. 8-19　The recognition assessment of industrial policy

C_7	非常认可（100）	比较认可（80）	一般（60）	不太认可（40）	不认可（20）	指标综合得分
D_{21}	0. 2500	0. 1875	0. 5625	0. 0000	0. 0000	
D_{22}	0. 1250	0. 2500	0. 6000	0. 0625	0. 0000	70. 29
D_{23}	0. 1250	0. 3125	0. 5000	0. 0625	0. 0000	
D_{24}	0. 1250	0. 3125	0. 5000	0. 0000	0. 0625	

8.4.4.2　产业政策实施主体的能力

林业产业政策实施主体即政府部门和各县市林业部门，其各方面的能力直接影响政策实施的效果。本项指标评价时同时考虑到 7 个因素，即在问卷中涉及了林业产业政策实施主体集合 $U_{C_8}=(D_{25}, D_{26}, D_{27}, D_{28}, D_{29}, D_{30}, D_{31})$ =（规范社会成员的能力、业务专业性、拓展资金渠道的能力、收集信息的能力、调控各种利益关系的能力、合理分配资源的能力和政策体系内部的互动及整合能力）。根据专家赋值，权重为 W_{C_8} =（0.1899，0.1899，0.1647、0.1005，0.1680，0.1014，0.0856），具体专家打分结果见表 8-20，同理可得该指标得分为 70.78，说明三明市林业产业政策实施主体的能力还有较大的提升空间。

表 8-20　产业政策实施主体的能力评估

Tab. 8-20　The capacity assessment of industrial policy implementation

C_8	非常强（100）	比较强（80）	一般（60）	比较差（40）	非常差（20）	指标综合得分
D_{25}	0.3125	0.2500	0.4375	0.0000	0.0000	
D_{26}	0.1875	0.2500	0.5625	0.0000	0.0000	
D_{27}	0.1250	0.2500	0.4375	0.1875	0.0000	
D_{28}	0.0625	0.3750	0.3750	0.1250	0.0000	70.78
D_{29}	0.1875	0.2500	0.5625	0.0625	0.0000	
D_{30}	0.2500	0.1875	0.5625	0.0000	0.0000	
D_{31}	0.0000	0.3750	0.3750	0.1250	0.0000	

8.4.4.3　产业政策作用对象的能力

林业产业政策实施客体一般为下属林业单位、林业企业、林业组织等，其各方面的执行能力同样直接影响政策实施的效果。本项指标评价时同时考虑到 4 个因素，即在问卷中涉及了林业产业政策作用对象的集合 $U_{C_9}=(D_{32}, D_{33}, D_{34}, D_{35})$ =（经营能力、管理能力、适应能力、执行能力)。根据专家赋值,权重为 W_{C_9} =(0.3063,0.2438,0.1438,0.3063),具体专家打分结果见表 8-21,同理可得该指标得分为 75.38,指标值隶属一般,说明三明市林业产业政策作用对象的能力还需要进一步加强和提高。

表 8-21 产业政策作用对象的能力评估

Tab. 8-21 The capability assessment of industrial policy role object

C_9	非常强(100)	比较强(80)	一般(60)	比较弱(40)	非常弱(20)	指标综合得分
D_{32}	0.0625	0.6250	0.3125	0.0000	0.0000	75.38
D_{33}	0.0625	0.6250	0.3125	0.0000	0.0000	
D_{34}	0.1250	0.5000	0.3750	0.0000	0.0000	
D_{35}	0.1875	0.4375	0.3750	0.0000	0.0000	

8.4.4.4 产业政策执行的监督机制的约束

任何一项政策,都需要社会公众的监督和约束,本项指标评价同时考虑到 3 个因素,即在问卷中涉及了林业产业政策执行的监督机构的集合 $U_{C_{10}}$ =(D_{36},D_{37},D_{38})=(政府部门、行业协会、社会公众)。根据专家赋值,权重为 $W_{C_{10}}$ =(0.5485,0.2409,0.2106),具体专家打分结果见表 8-22,同理可得该指标得分为 69.62,指标值隶属较差,说明三明市林业产业政策实施过程中监督和约束机制没有完全配套,社会监督的约束力较弱。

表 8-22 产业政策执行的监督机制约束力的评估

Tab. 8-22 The constraining force assessment of the oversight mechanisms for the implementation of the industrial policy

C_{10}	非常强(100)	比较强(80)	一般(60)	比较弱(40)	非常弱(20)	指标综合得分
D_{36}	0.2500	0.2500	0.5000	0.0000	0.0000	69.62
D_{37}	0.0625	0.3125	0.4375	0.1250	0.0000	
D_{38}	0.1250	0.2500	0.3750	0.1875	0.0625	

8.4.5　产业政策效果的评估

8.4.5.1　资源带动效果评估

本部分评估主要反映通过林业产业政策的实施对资源培育和发展的带动效果，该指标得分为73.91（表8-23），指标值隶属一般，说明三明市林业产业发展对资源培育带动效果一般，还需要继续加强林业产业政策的执行力和实施程度。其中，通过林业产业政策的实施，对油菜籽生产培育的带动相对最多，综合得分为77.64，其次是对商品林生产的带动，综合得分为71分，接下来为对松脂生产的带动和造林面积的增加，而对森林食品和毛竹产量的带动较小。三明市毛竹业发展为特色产业，作者分析之所以对毛竹培育量的带动较小，是因为毛竹产量基数相对较大，因此增加幅度相对缓慢。

表8-23　资源带动效果的评估

Tab. 8-23　The assessment of industry driven effects

C_{11}	优良（100）	良好（80）	一般（60）	较差（40）	差（20）	指标综合得分
D_{39}	0.5300	0.000	0.000	0.000	0.000	
D_{40}	0.3321	0.000	0.000	0.000	0.000	
D_{41}	0.1289	0.000	0.845	0.000	0.000	
D_{42}	0.1484	0.140	0.860	0.000	0.000	73.91
D_{43}	0.0540	0.000	0.127	0.000	0.000	
D_{44}	0.3100	0.000	0.000	1.000	0.000	
D_{45}	0.1693	0.000	0.000	0.000	0.000	

8.4.5.2　产业结构效果的评估

产业结构效果综合得分为74.97分（表8-24），主要原因为林业第三产业比重太小，而且比重在减小，虽然林业加工产业产值比重持续增加，但是产业结构还不够合理。

表 8-24 产业结构效果的评估

Tab. 8-24 The assessment of industry structure effects

C_{12}	优良 (100)	良好 (80)	一般 (60)	较差 (40)	差 (20)	指标综合得分
D_{46}	1.000	0.000	0.000	0.000	0.000	
D_{47}	0.000	0.000	0.000	0.913	0.087	74.97
D_{48}	1.000	0.000	0.000	0.000	0.000	

8.4.5.3 产业关联效果的评估

林业产业的发展对地区 GDP 的贡献很大，然而综合对居民收入的贡献、对社会就业的贡献和林业规模以上企业对地方财政的贡献，总体来看对地方社会经济发展的贡献还不够(表 8-25)，还需要进一步加大发展林业产业的力度，更好地带动地区国民经济发展，尤其林业产业对人员就业和居民收入的带动还需要进一步发展和扩大。

表 8-25 产业关联效果的评估

Tab. 8-25 The assessment of industry association effects

C_{13}	优良 (100)	良好 (80)	一般 (60)	较差 (40)	差 (20)	指标综合得分
D_{49}	0.639	0.361	0.000	0.000	0.000	
D_{50}	0.000	0.000	0.000	0.657	0.343	68.86
D_{51}	0.000	0.000	0.000	0.000	1.000	
D_{52}	0.000	0.000	0.596	0.000	0.000	

8.4.5.4 产业组织效果的评估

总体来看，林业产业组织效果最好，综合指标得分为 92.69 分(表 8-26)，说明林业市场发展较为完善，林业企业有较好的生存空间。尤其是人造板、家具、纸及纸板生产加工企业的发展较快，并且在林业市场中良性竞争。

表 8-26 产业结构效果的评估

Tab. 8-26 The assessment of industry structure effects

C_{14}	优良 (100)	良好 (80)	一般 (60)	较差 (40)	差 (20)	指标综合得分
D_{53}	1.000	0.000	0.000	0.000	0.000	
D_{54}	0.000	0.472	0.528	0.000	0.000	
D_{55}	1.000	0.000	0.000	0.000	0.000	
D_{56}	1.000	0.000	0.000	0.000	0.000	92.69
D_{57}	0.000	0.518	0.482	0.000	0.000	
D_{58}	0.000	0.398	0.602	0.000	0.000	
D_{59}	1.000	0.000	0.000	0.000	0.000	

8.4.5.5 产业竞争力效果的评估

此外产业竞争力的效果表现一般，综合得分67.42(表8-27)，一方面是由于指标选取问题，因为产业竞争力同时包括人才、劳动力、资金等方面，虽然林业产业产值较高，但是其他方面比如林业专业技术人才，林业就业水平都应该得发展和重视。还有林业产业发展对农民生活水平的带动效果较大，农民的生活水平持续提高。

表 8-27 产业竞争力效果的评估

Tab. 8-27 The assessment of industry competitiveness effects

C_{15}	优良 (100)	良好 (80)	一般 (60)	较差 (40)	差 (20)	指标综合得分
D_{60}	0.000	0.000	0.000	0.389	0.611	
D_{61}	0.326	0.674	0.000	0.000	0.000	67.42
D_{63}	0.000	0.000	0.000	0.134	0.866	

8.5 产业政策绩效评价结果

8.5.1 综合得分

(1)综合得分结果

综合来看，三明市林业产业绩效得分为 77.04 分。其中，林业产业政策制定综合得分 80.27，林业产业政策实施综合得分 71.76，林业产业政策效果综合得分 79.23(表 8-28)。由此可见，三明市林业产业政策综合绩效一般，经过 4 年多的发展，林业产业发展虽然取得了明显的效果，但是在林业产业政策的完善上，仍然有很大的提升潜力和提升空间。

表 8-28　林业产业政策综合评价得分

Tab. 8-28　The evaluation score of forestry industrial policy

具体指标	综合得分
林业产业政策综合绩效	77.04
林业产业政策制定	80.27
林业产业政策实施	71.76
林业产业政策效果	79.23

(2)产业政策制定

在评价林业产业政策制定的各项指标值中，U_{B_1} =(政策制定的必要性、政策目标的明确性、政策方案的科学性、政策决策的参与性、政策手段的合理性、决策过程的完整)的综合得分为(82.50，87.69，72.83，70.00，87.40，72.24)。由此可见，在林业产业发展过程中，制定林业产业政策是十分必要的。三明市林业相关政策制定部门在制定产业政策的过程中，政策目标比较明确，但是政策方案的创新性还不够，同时政策的灵活性、适应性也需要进一步加强。同时，讨论并制定政策中，参与性还不够，今后应该多吸取多方面的意见，使得政策更加全面具体。三明市通过采用合理的政策手段较为完整的履行产业政策的制定。

(3) 产业政策的实施

在评价林业产业政策实施的各项指标中，U_{B_2} =（政策的认同度、政策实施主体的能力、政策作用客体的能力、政策执行监督机制的约束力）的综合得分为(70.29，70.80，75.38，69.62)。由此可见，政策执行监督机制的约束力较差，而且当前也没有专门的监督部门和监督机制，靠社会公众、行业协会等对产业政策的约束力还很有限，应该设置专门的机构对政策进行监督。政策实施主体的能力应该进一步加强，尤其是扩展资金渠道的能力和收集信息的能力。同时还要提升业务的专业性，进而更好地对社会成员的行为进行规范。而林业企业等政策作用对象也要进一步提升其经营能力、管理能力、适应能力以及执行能力。

(3) 产业政策的效果

在评价林业产业政策效果的各项指标中，U_{B_3} =（资源带动效果、产业结构效果、产业关联效果、产业组织效果、产业竞争力效果、农民生活水平带动效果）的综合得分为(73.91，74.97，68.86，92.69，67.42，87.68)。林业产业组织效果较好，而林业产业对居民收入、社会贡献有待进一步加强，林业专业技术人员比重以及林业就业人员工资水平也必须在产业政策制定中有所涉及，同时，要加大对林业的投资力度。

8.5.2　政策产生效用分析

在本章中，作者还通过专家问卷打分法，对林业产业发展政策的产生的其他效用进行的分析。问题设置为“您认为通过实施林业产业发展政策，当地以下是否产业效用?”具体结果见表 8-29。

表 8-29　林业产业相关变化

Tab. 8-29　The changes of forestry industry

	A 非常赞同	B 比较赞同	C 一般	D 不太赞同	E 完全不赞同	得分
生态环境变好	0.0625	0.4375	0.3125	0.1875	0.0000	67.50
林业产业结构更加合理	0.1250	0.5000	0.3125	0.0625	0.0000	73.75

（续）

	A 非常赞同	B 比较赞同	C 一般	D 不太赞同	E 完全不赞同	得分
林业经济发展更有活力	0.1875	0.5625	0.2500	0.0000	0.0000	78.75
林农收入、林业生产积极性提高	0.1875	0.4375	0.3750	0.0000	0.0000	76.25
闽台林业合作交流进一步拓展	0.0625	0.5625	0.2500	0.1250	0.0000	71.25
林业重点产业得到发展	0.2500	0.5000	0.2500	0.0000	0.0000	80.00
林业新兴产业得到发展	0.1250	0.5000	0.3750	0.0000	0.0000	75.00
林业产品品牌得到广泛推广	0.1250	0.5625	0.3125	0.0000	0.0000	76.25
林业惠农政策得到落实	0.0625	0.3750	0.5625	0.0000	0.0000	70.00
集体林权成果进一步加强	0.1250	0.3750	0.4375	0.0625	0.0000	71.25
林业服务水平和效率得到提高	0.1875	0.3125	0.5000	0.0000	0.0000	73.75
林业科技水平得到显著提高	0.1250	0.1875	0.6250	0.0625	0.0000	67.50

其中，可以看出通过实施林业产业政策，林业重点产业得到了发展、林业经济发展更有活力、林业生产积极性也得到提高，林业产品品牌也得到了更大的推广。还有林业产业结构更加合理、林农收入和生产积极性都得到提高、林业新兴产业如林下经济、林业生物质能源产业得到了发展，林改成果也得到了进一步的加强。林业服务水平和效率得到了提高，但同时可以发现，总体来看，林业产业政策带来的绩效水平不高，林业产业科技水平还有很大的提升空间。

8.5.3 林业产业发展中的问题

在本次林业产业政策问卷设计中，还让各个专家对三明市林业发展中现存问题进行打分。问题设置从整体出发，设 $P=(P_1, P_2, P_3, P_4, P_5, P_6, P_7, P_8)$为(林业传统产业没有得到重视，林业资源分配不公，新兴政策推广困难，林业企业生产资源浪费配置不合理，公众出现盲目跟风生产经营新兴林业产业产品，林权改革对林业产业发展作用不大，林业资源保护的力度不够，林产品市场信息不够流通)具体来看，如图 8-1 所示。

至少 60% 的人认为以下问题都基本存在，其中，对于林业资源分配过程中产生的问题和新兴政策推广中产生的困难较多，对林业资源保护还有待加强，林产品市场信息渠道要拓宽加大，多方获取有利于林业产业发展的信息。大家还反映集体林权制度改革对林业产业发展的带动和促进作用不够大，对于产业发展建设扶持力度不够。

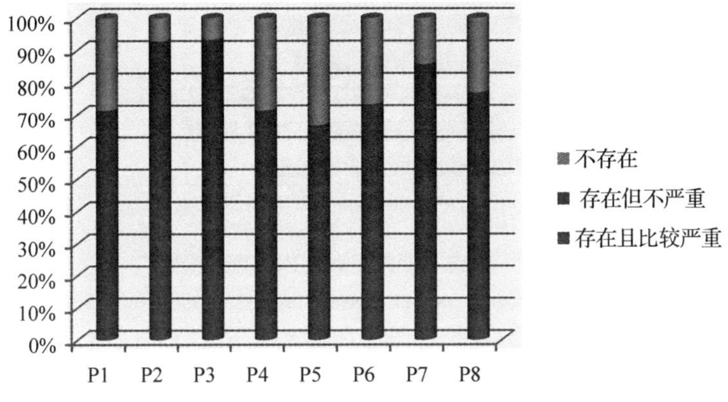

图 8-1　林业产业发展存在的问题

Fig. 8-1　The problem in forestry industry development in Sanming City

8.5.4　影响林业产业政策作用效果原因分析

对于影响林业产业政策效果的原因，通过实地调研，与当地林业部门管理人员进行了访谈，并经过梳理主要列举了以下几方面的原因，设为集合 $E = (E_1, E_2, E_3, E_4, E_5, E_6, E_7, E_8, E_9, E_{10}) =$（林业资源有限、市场机制作用没有充分发挥、投资力度不够，融资渠道过窄、相应配套政策不完善、产业政策制定缺乏针对性、政策可操作性不强、政策认同性低、缺乏有效监督手段、缺乏有效政策评价体系、各利益相关群体关系不好协调），并邀请专家进行打分，最后得到结果如图 8-2 所示。

通过计算统计结果，影响三明市林业产业政策实施效果和作用的原因可以分为三个主成分，最主要因素是当地投资力度不够、融资渠道过窄，市场机制作用没有充分发挥，政策的可操作性不强；第二主成分是林业资源有限，产业政策制定缺乏针对性，相应配套政策不完善；第三主成分是政策认同度低，缺乏有效监督手段，缺乏有效政策

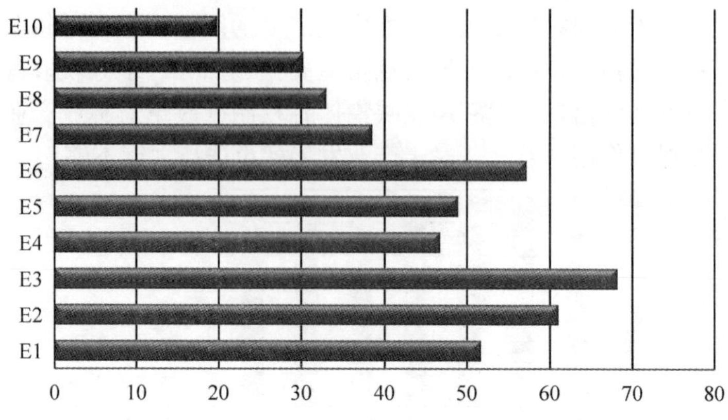

图 8-2　影响林业产业政策作用效果原因

Fig. 8-2　Reasons impact forestry industry policy effect

评价体系和各利益相关群体的关系不好协调。

8.6　林业产业政策制定和实施的建议

根据以上分析，在今后完善修改及实施林业产业政策的过程中，应更加重视以下几个方面：

第一，明确产业政策目标，提高可操作性。首先，要更加明确、具体产业政策目的，尽量通过成果量化的方式，三明市在这方面做得比较好，有一定的经验，比如其在 2012 年林业产业发展规划中明确确定了工作目标和工作重点，全市要力争完成规模以上林产工业产值 500 亿元，增长 22.8%；全市林业企业自营林产品出口额力争实现 1.8 亿元，增长 16.2%；策划生成林业产业项目 120 项，新征集 30 个企业技术需要；争创福建省名牌产品和福建省著名商标 2 个以上，力争中国驰名商标 1 个，积极推进 1 家林业企业上市等等方面。这些都是很好的示范，在今后需要更加细化目标，减少原则性的规定，加强产业政策对林业部门的指导，增强其可操作性。

第二，加强投资力度，拓宽融资渠道。资金是林业产业基础设施建设的基础，林业产业快速发展与资金的支持密不可分，尤其要加强对技术创新、先进设备的投入。还有鼓励和引导林业企业开展项目合作交流，政府为资金引入制定给予政策倾斜和扶持(郭峰，2005)。

第三，综合运用政策手段，提高其效用。首先要借助法律手段，以维护政策的权威性，同时综合运用各种政策手段，金融手段、财政手段等方式方法，综合提高林业产业政策绩效。比如加大对林业发展的有效信贷投入，尤其对于林业产业组织的发展中，要开展林业规模化经营，促进提高林业生产发展的组织化程度。还有加快林业信息化发展，加强信息共享机制和内控机制建设。

第四，建立专门协调和监督机构、提高产业政策作用对象的能力。

当前，政策实施的监督和协调部门缺失，政策绩效的执行缺乏约束力，同时，一个政策实施需要多方部门的通力合作和支持，如果没有有效地进行利益方面的协调，则政策实施的效果将大打折扣，因此应该设定专门的协调机构，建立各个利益相关主体进行沟通交流和合作的桥梁。同时还要成立相应的监督机构，建立监督检查机制，加大对林业产业政策的约束力。此外，企业是林业产业提升的重要驱动，企业上缴税费以及企业创造的工业产值对林业产业的带动意义巨大，因此要全面提高林业企业等对象的经营能力，政府部门要加大扶持带动力强的大中型龙头企业，发挥其示范和带头作用。

8.7　本章小结

本章通过研究林业产业政策评价方法的基础上，建立了产业政策绩效综合评价指标体系，采用专家打分与定量数据结合的方式，综合采用层次分析法与模糊综合评价法对三明市林业产业政策进行综合系统的评价。总体来看，得出以下结论：

1)从综合的得分来看，三明市林业产业政策虽然在近五年的发展过程中不断地发展和完善，但是综合绩效水平一般。

2)在产业政策制定的过程中，政策方案科学性不够，政策决策过程中广泛的参与性也没有很好的体现。

3)在产业政策实施过程中，政策实施主体在拓展资金渠道、收集信息、业务专业性方面的能力还有很大的提升空间，同时缺乏专门监督部门和监督机制，靠社会公众、行业协会等对产业政策的约束力十分有限。在产业政策效果的评价中，林业产业对森林资源的带动不够大，虽然规模以上工业产业产值增长率较大，但是林业第三产业发展缓慢，产业结构不够合理。对林业技术投入和资金投入的比重不够。林业产业组织效果良好，这是由于林业加工企业近年来生产规模不断扩大，发展日趋稳定。

4）此外，林业产业也遇到诸多困难，主要表现在林业资源分配的公平性、新兴政策的推广困难，对林业资源保护的力度不够、林产品市场信息不够流通、林业企业生产资源没有得到最优配置的问题，同时林权改革虽然在理论上有力地促进了林业产业的发展，但是改革本身对产业提升的推动还不够明显。

第9章

研究结论及林业产业发展优化建议

9.1 主要结论

本书以产业经济学中相关产业发展理论为基础，分别对林业产业结构、林业产业区域差异性、林业产业组织进行全面分析、系统阐述了三明市林业产业发展问题，并对林业产业提升进行了影响因素的判断，进而对林业产业政策绩效进行了整体全面的评价。作者多次去福建省三明市区及几个重点区县进行了实地调研，全面系统的对三明市林业产业进行了一手和二手资料收集，采用多种调研方法，如半开放式结构访谈，问卷调查，专家打分法、座谈讨论等多种方式获取数据，其中包括农户问卷、林业管理部门专家问卷。基于大量的一手调研数据以及丰富的二手资料的收集进行了三明市林业产业发展综合评价，进行定性及定量分析。回顾这一研究过程，本书基本上完成了开篇绪论里提出的几个问题：①本研究全面的认识了中国集体林区林业产业的发展；②找出影响林业产业提升的影响因素；③综合系统的评价了林业产业政策绩效。最后，基于林业产业综合评价，主要结论如下：

(1)林业产业发展的机遇与挑战并存

三明市林业资源丰富，林业发展水平相对较高，林业发展稳定快速，也是当地社会经济发展的重要支柱，其林业产业发展具有典型性和代表性。同时，三明市林业发展具有很多诸如森林资源丰富、集体林权制度改革成效显著、林业企业发展快速等优势，但是也存在着一些问题和困难，诸如森林综合效益发挥不够、集体林权制度改革配套政策不够、产业转型升级紧迫、资源培育和生态保护有待加强、创新能力不足，技术水平有限等方面。随着集体林权制度改革的不断深入，三明市作为典型的集体林区在森林资源规模化、产业化经营方面还面临着巨大的挑战，同时面对国家对林改重视、林业配套政策出台实施的契机，对三明市林业产业发展也提供了广阔的发展空间。总体来看，三明市林业产业发展的机遇与挑战并存。

(2)林业产业规模较大，产业结构不合理

本研究通过灰色系统方法，分别对三明市林业产业及亚产业的内部关联关系进行了量化计算，得到内部关联关系系数总表。同时在分析中得到三明市林业产业规模较大，林业产业结构不合理。三明市林业总产值及三次产业产值快速增长，其中林业第二产业发展速度占绝对优势。但是林业产业结构变动较大，产业结构很不合理，尤其以林业旅游与休闲服务为主的非木质林业资源开发利用产业发展水平较低，这与三明市丰富的森林资源和景观资源是极不相符的，而且通过预测，如果维持现有的林业产业发展方式，则短期内产业结构不合理的现状将不会得到改善。本研究对三明市林业产业结构内部和外部的关联性进行分析。林业产业对 GDP 的贡献率、对居民收入的直接贡献呈持续增加的趋势，林业产业对社会就业的直接贡献度呈明显下降趋势。林业产业对地方财政的直接贡献度为 8.14%，对地方财政的贡献率较高。在农林牧渔大产业中，林业产业对三明市地区社会经济发展贡献最大，与地区社会经济发展关联度最高。

(3)林业产业区域差异性较大

本研究通过采用静态不平衡差、库兹涅茨比率、锡尔系数、区位商等方法计算得出三明市各区县林业发展不均衡，林业产业经济发展水平差异性较大。林业发展对泰宁县、沙县、建宁县、明溪县、将乐县贡献较大，三明市各区县的林业三次产业结构构成比例也不均衡，林业第二产业仍然是对林业总产值影响最大的产业，林业加工业、制造业等方面对地区国民经济发展的贡献率较大。大部分区县的林业第三产业发展都较为缓慢。通过对林业产业竞争力的主成分分析，永安市、沙县、尤溪县和建宁县的林业产业竞争力较高。三明市林业产业区域差异性较为明显，因此根据资源禀赋和区位差异，林业特色产业发展将是解决三明市区域林业产业发展不均衡的有效手段。

(4)林业产业组织发展分散竞争，林业合作组织发展水平较低

本研究在第六章“市场结构——市场行为——市场绩效”的SCP分析范式分析中，得出三明市林业产业加工业为极端分散性的产业，企业规模分布的不均匀度较高，即三明市林业企业总体上属于竞争型的市场结构；三明市林产品较丰富，种类多样，但是初、中级林业加工产品的比重偏大，精深加工能力不足，高附加值的产品比重不大，科技含量还有待进一步提升，而且各区县产品偏重不同，人造板加工仍然为主要林业加工产品，锯材加工、家具制造和二次加工材产品发展相对缓慢。亿元以上规模企业的带动示范作用应该进一步加强。三明市在发展林业合作经济组织，推进林业规模化经营的过程中，取得了一定成效。但是同时也存在思想认识不足、运行不够顺畅、发展不够平衡、经营水平不高和政策扶持缺乏的问题。因此，林农对林业合作经济组织的总体参与积极性不高。

(5)构建林业产业提升和政策评价指标体系

提升产业水平是当前社会经济发展的主要任务之一。而三明市林业产业水平的发展综合受内因及外因等受多种因素的影响，本研究通过计量分析得出：林产品需求、资源培育、人力资源投入、资金投入、科技创新投入以及区域社会经济发展均综合作用于三明市林业产业水平的进步。

本研究还构建了三明市林业产业政策评价指标体系，综合对产业政策实施绩效进行了量化分析，并得到三明市林业产业绩效得分为77.04分。通过林业产业政策的实施，林业产业发展取得了明显的效果，但是林业产业政策综合绩效水平一般，其中，林业产业政策中还存在诸如对于林业资源分配过程中产生的问题和新兴政策推广中产生的困难较多，对林业资源保护还有待加强，林产品市场信息渠道要加宽加大，多方获取有利于林业产业发展的信息。并且还存在集体林权制度改革对林业产业发展的带动和促进作用欠缺，对于产业发展建设扶持力度不够等问题。

9.2 林业产业发展优化建议

根据前文的理论和实证分析，以及基于对三明市林业产业发展情况的实地调研，了解到三明市当前的林业产业发展有自己的特点以及目标，不仅要构建完备的林业生态体系，加强区域森林文化资源保护，构建特色的森林文化体系，将林业产业资源基础得到巩固。进而，重点在林业产业转型升级方面做工作，要延伸产业链，发展深加工，提高产品附加值，增强林业加工业企业的竞争力。优化林业产业布局，加快林业产业集聚效应，加快技术创新和品牌效应，促进林业产品在质量和数量上都得到提高，其中对非木质资源的利用，对加快战略性新兴产业具有重要的意义。由于三明市的区位优势，海峡两岸的林业交流合作显得格外重要，加快项目合作的交流，不断加强林业投资环境建设。作为集体林改实验区，要加快林改对三明市林业产业发展的促进作用，提高林业组织化程度和资源规模化经营水平。因此，为推动三明市集体林区林业产业发展水平，根据本研究的全面分析，进一步对三明市林业产业发展优化提出以下几个方面的建议：

9.2.1 优化调整林业产业结构

从对三明市林业产业结构的分析研究中可以发现，虽然典型集体林区林业产业产值快速增加，但是还存在着产业结构不合理的问题，尤其是存在林业第三产业发展水平较低，林产加工业升级任务紧迫等问题，因此，为优化林业产业结构，要从政策上规范和改进。

(1)加强林业产业基础资源建设

三明市林业第二产业快速发展，但是还存在森林资源供给缺口，林业是主要依靠森林资源发展的产业，因此，对森林资源合理培育以及资源基地建设有着举足轻重的作用，更是对第一和第三产业的发展起着基础性的作用。根据本书研究成果，并结合三明市林业产业发展“十二五”规划，满足木材加工业快速发展的资源需求，木材生产基地建设规模的提升则显得十分必要。木材生产基地建设包括速生丰产用材林基地、短周期工业原料林基地、大径材基地、珍贵树种用材林基地建设。同时要设定明确具体的木材基地建设目标，对木材树种的选择，培育的方式都要做详尽的规范，保证林木资源的最大化利用(表 9-1)。

表 9-1　木材生产基地建设

Tab. 9-1　The construction of timber production base

木材生产基地建设	目　标	树　种
速生丰产用材林基地	培育一般用材	杉木、马尾松、檫树和乳源木莲
短周期工业原料林基地	培育纤维用材、板材等原料林	杉木、马尾松高世代良种、毛红椿、泡桐和耐寒桉树
大径材基地	培育大口径材种	杉木、马尾松、优良乡土阔叶树
珍贵树种用材林基地	扶持材质优良、育种成熟的珍贵乡土树种用材林	闽楠、樟树、红豆杉、建柏、观光木、鹅掌楸等

(2)提高森林资源培育水平

在森林资源培育中，要加强经营管理水平的建设。三明市已经具有良好的资源基础，在今后的发展过程中要注重经营质量的提升。经营方式上要积极向市场拉动型转变，建立健全培育的长效机制。随着集体林权制度改革的不断深入，三明市要以此为契机，鼓励多种形式、多方渠道造林育林的培育方式。调动林农参与育林造林的积极性，支持企业参与、联户合作造林的多种形式，为促进资源培育提供政策扶持。

要对林种结构、林龄结构和树种进行适时的调整。要根据市场需求，合理安排和统筹规划林地的利用，在有限的土地上优化林种结构，科学调整用材林、造纸林、经济林、薪炭林、特用林、防护林和竹林等林种的比例，并有计划地开展林木良种引进和繁育工作，增加优质阔叶树和速生丰产树比重(陈益民等，2007)，以实现林业产业整体经济效益和生态效益的最大化。

(3)积极扶持林业休闲旅游产业

根据前文研究，三明市林业第三产业产值比重太低，而且通过预测，如果没有进行有效的政策调整和优化，三次产业结构将不会在短期内发生显著的变化，随着林产加工业的持续快速发展，林业第三产业的产出比重将越来越小。

三明市森林资源丰富，森林景观充足，较低的森林休闲旅游业发展水平证明当前对该产业的发展没有充分的重视。三明市历史文化深厚，乡土人情丰富，形成了独具特色的旅游资源。三明市森林景区风光独特，如七星岩、格氏栲自然保护区、宁化石壁客家祖地、永安石林、将乐玉华洞等。当前，三明市的森林旅游和服务业仍然以自然保护区为载体，季节性和区域性较强，游客大多是以欣赏森林景观为主，缺乏长久的吸引力。因此要抓紧整合挖掘森林公园、森林人家、自然保护区的旅游资源，加大宣传力度，尤其是森林文化体系、森林生态理念的宣传，鼓励招商引资，开发并提升森林旅游系列产品，大力推动三明市森林旅游产业的发展，构建森林文化体系。同时，三明市具有区位优势，是对台最近的区域，要充分利用自身的自然森林景观，形成具有三明市特色的旅游形象，在给予游客一般生态功能享受的同时，不断开发多种旅游项目，比如生态科普园，设立森林文化教育基地，生态保健园区等。加强林业旅游基础设施建设，提高森林公园、森林景观的利用价值，在注重生态建设的同时，开发科研学习、森林游憩、生态疗养、进香祈福、野外生存、艺术创作等项目，以满足不同层次游客的需求，提高林业旅游休闲的经济价值。同时，为提高游客消费水平，可以适时开发旅游纪念品，开创三明森林旅游品牌，完善配套的服务项目。设立中长期森林旅游规划，提高旅游服务的质量。

9.2.2 优化产业布局，发展特色产业

通过前文研究发现，三明市林业产业区域具有显著的差异性，为提高区域的林业产业竞争力，根据资源条件、区位条件等方面，各区域特色产业培育是林业产业差异性发展的有效手段，生产不同质的林产品对于区域产业竞争力，规模化经营都是重要的发展策略。

三明市主要有以下几个林业特色产业：笋竹加工产业，永安、沙县、将乐县为主要的现代竹业产业区县，为创建永安国家级台湾农民

创业园，对相关区县的笋竹制品深加工项目的建设要不断加大；油茶加工产业，尤溪县、大田县、宁化县、清流县等区县为油茶重点县，这些区县布局有茶油加工龙头企业，主要生产产品为日化产品、茶油和药用保健品，林业部门需要加大对这些企业的扶持力度；苗木花卉产业，清流县、沙县、明溪县为主要培育绿化苗、花卉的区县。在对清流县的调研中，当地不少村民家中都进行了绿化苗木的培育，也带来较好的经济收益。需要加快珍贵绿化苗、盆景的特种培育基地建设，辐射并带动周边区县发展。

重点培育和发展生物医药、生物制造、生物农业、生物能源和生物功能食品等五大产业。扶持生物企业，推进优势天然药用植物萃取及终端药品开发，加强对外生物农业科技交流合作，加强生物能源系列产品开发，加快推进生物能源产业建设，大力培育发展生物功能食品产业。

三明市要加大特色产业扶持力度，因此对笋竹丰产林基地、木本粮油和名特优经济林基地、森林药材和生物质原料林基地、造林绿化种苗基地建设的力度要加强。特色产业基地的建设，不仅可以对当地龙头企业提供资源供给，也可以与周围区县形成完整而各具特色的产业布局。结合三明市不同区县立地条件，以及“十二五”规划，现对三明市特色林业产业基地建设提出以下重点建设内容，具体见表9-2。

表9-2　特色林业产业基地建设

Tab. 9-2　The construction of specialty industry base

特色产业基地建设	主要内容	重　　点
笋竹丰产林基地	竹山道路 竹林灌溉 竹林配方施肥	永安台湾农民创业园笋竹基地
木本粮油	油茶、板栗、锥栗	丰产油茶林基地
名特优经济林基地	食用笋、森林果蔬、森林饮料、森林肉食	中小径竹食用笋基地 高山生态茶叶基地 野生动物生产基地

（续）

特色产业基地建设	主要内容	重　点
森林药材基地	红豆杉、厚朴、金线莲、草珊瑚、雷公藤、黄精、金银花、虎杖、银杏、互叶百千层、梅花鹿、黑熊、蛇	木本药材基地
生物质原料林基地	无患子、黄连木、油桐、光皮树、乌桕等	特种用途工业原料林基地
造林绿化种苗基地	杉木三代、马尾松二代 红豆杉、闽楠、厚朴	林树种高世代种子园 珍稀树种母树林种子生产基地

9.2.3 提高林业产业组织效率

根据前文研究三明市林业产业组织效率还不高，因此本部分分别针对林业加工企业和林业企业的初级形式——林业合作经济组织效率的优化提出具体的建议。

（1）推进林业产业转型升级

林业加工业在近年来一直是三明市社会经济发展的支柱产业，对地方 GDP 也有巨大的贡献，但是林业产业也面临着转型升级的要求。在规划发展主导产业的过程中，要以市场为导向，提高林业企业的竞争力。由于绝大多数林产品加工企业生产规模较小，技术含量低，对森林资源的消耗较大。人造板、纸及纸制品等林产品生产尚处于初级阶段，林产品附加值亟需提高。今后在林产工业方面应该加大对产业链的升级和延伸（贾雷，2008）。要加快高新技术的引进和技术创新，在保证初级加工供应的基础上，集中开展林产品精深加工。尤其是在技术改造和品牌建设方面，要加大对龙头企业的扶持，建设特色产业园区，支持有条件的企业上市，加快产业集聚。同时，技术的提升还可以有效的提高资源利用水平，减少资源消耗，降低生产成本。由于林业产业的特殊性，三明市也同时要加大绿色林产品的生产规模，实施清洁生产，推进绿色认证，加强林产品竞争优势。

（2）推动系列林产品开发

龙头企业的发展对地区林业工业产值的带动作用较大，因此要做大做强规模以上林业企业，不断进行精深加工推进和林业系列产品的开发。表9-3为三明市林产品的系列开发，通过林产品的延伸，推动林业企业竞争力和生存能力。

表9-3 系列林产品开发

Tab. 9-3 The development of series forest products

林产品系列	延伸品
人造板系列产品	板式、实木、竹藤、钢木、塑木等系列家具家居产品
纸及纸制品系列产品	高档文化、生活、工业用纸、竹纤维纸
装饰装潢材料系列产品	竹纤维重组材、林业生物质木竹地板、门、窗、线条、墙板
林产化工系列产品	油墨树脂、胶粘剂、药用活性炭、香精香料
森林食品系列产品	笋类、茶油和干果

(3)加强林业合作组织建设

集体林权制度改革的推进，对林业产业化经营也不断提出新的要求。农村林业合作经济组织作为一种连接林农与林业市场的一种较为有效的初级林业组织形式，加快林业合作经济组织的发展有着重要的意义。在前文研究中，三明市林业合作组织数量较大，但是发展水平处于初级阶段，林农的参与意愿也不高。因此，在今后的发展过程中，要建立健全林业社会服务体系，加快林农合作组织建设，实现林业规模化、产业化经营，增强林产品竞争力，促进林业发展和林农增收。

首先要加强对林业合作组织的宣传的推广，提高林业工作者和林农的思想认识，提高林农对林业规模化经营的意识。提高林农参与意愿的根本是提高林业合作组织的经营水平，规范运作程序，完善管理水平。当前相当数量的林业合作组织尚未办理注册登记手续的问题，建议工商和社团管理部门要按照有关规定，简化林业合作组织登记手续，提供便捷的服务，使其依法享有市场主体的地位。同时，政府要加大扶持力度，要在财政、信贷、税收、信息、技术等方面给予支持和扶持。建议金融部门要给予林业合作组织长期限、低利息的贷款，并适当放宽贷款条件，扩大小额信贷和联保贷款额款，支持林业合作组织的发展壮大。切实的为林业合作组织发展提供一个良好的政策体制环境，充分维护林农的经济利益。林业合作组织活跃于市场与林农之间，通过加强林业合作组织水平建设，及时掌握市场动态，传递产销信息，指导林农按市场需要组织生产，在保持山林所有权不变的前提下，通过产前、产中、产后的联合，实现农户之间资源优势互补，发挥更大的经济效益。要合理配置林业生产要素，对农村劳动力、山林、技术、资金等生产要素进行合理调配，把科技推广、提高林产品质量、品种改良等引入到生产、流通的各个环节，实现林业生产要素的合理配置，提高林业生产经营的整体效益。

9.2.4 建立林业保障体系

现代产业发展，是在不断追求产业水平提升的过程中实现的，我国十二五科技发展规划中指出要进行产业结构调整和产业升级，根本目的是提升产业水平。而林业产业发展的关键问题也是通过不断提升产业水平而促进战略性林业产业的发展。在前文对三明市林业产业提升影响因素的研究中发现，内因和外因共同影响着林业产业水平的提升。

(1)加大科技投入

技术进步不仅能够不断促进人力资源质量的提高，还能够促进产业结构的变化。三明市林业产业发展快速，但是发展水平质量的步伐还不能及时跟进，尤其是林业工业企业，对科技进入的要求更为强烈。作为林业主管部门，需要协调林业三次产业结构的合理调整，也需要提高资源培育水平和效率。通过采用先进的科学技术，可以增加资源产出。对于林业加工企业，通过技术水平的提高，对产业链的延伸、林产品附加值的提高都具有重要的意义，进而从根本上提高林业产业发展水平。

(2)加强人才建设

人力资源是指能够推动整个社会经济发展的具有智力劳动能力和体力劳动能力的人们的总和，人力资源建设直接影响着产业结构的变动方式和方向。人力资源开发是技术进步的保证，是社会进步、国民福利提高的前提条件。人力投入的增加可以提高区域经济的产出水平，在一定的技术条件下，投入经济活动的人力资源越多，能够推动的生产资料也就越多，所生产的产品就越多，产值增长就越快。还要加强林业职工队伍的建设，林业生产专业性较强，因此需要思想素质、业务水平、管理水平都相对较高的管理队伍，实现科学管理。林业专业技术人员在林业生产中担当着重要的作用，这就要求政府相关部门加大对林业专业技术人才的培养和引进。加快林业人才资源开发和人才队伍建设，培养引进森林生态系统、湿地、生物多样性保护和资源资产评估、森林碳汇等方面的骨干人才；构建科技支撑体系，鼓励企业建立技术研发中心、产业技术创新联盟，加强产学研合作。加快林业科技成果的转化与应用，以典型示范为带动，以健全推广体系为保障，加快高科技成果产业化步伐，促进林业产业的集聚与示范。

(2)加强林业行业信息化体系建设

建立覆盖全市林业行业的信息化体系，建成省内领先的信息化平台，全面提高林业信息化应用水平。加强资源信息共享平台、业务应用系统、业务应用数据库、网络安全保障体系等建设，实现信息资源共享，提供全面、快捷、准确的信息服务，全面支撑林业政务办公、资源监管、公共服务、行政执法等职能，增强决策支持和应急处理能力，提升现代林业管理水平。依托三明林业网、海峡两岸林业博览会等网站，大力宣传三明市林业改革建设新成果；依托三明市林业政务网，全面实现国家、省、市、县各级上下互联互通；严格保护林地、节约集约利用林地、优化林地资源配置，提高林地保护利用效率，加强对现有林地和生态脆弱专区灌木林地的保护，提高林地利用率；林权管理体系建设。加强三明市林权管理体系建设，构建市、县、乡三级互通的林权动态管理服务平台。在林权登记造册、核发证书、档案管理、流转管理、林权抵押登记和林地承包经营纠纷调解与仲裁等方面提供便捷服务。继续加强国内外林业科技交流与合作，持续办好三明海峡两岸林业科技交流中心、清流台湾农林研究所等平台。借鉴台湾农林经营管理的理念、模式，推动林业专业合作社等基层林业经济组织建设，促进林业经营水平整体提升。

9.2.5 科学制定林业产业发展政策

在前面研究中已经了解到，林业产业政策的科学制定从短期以及长期来看都对林业产业的发展起着举足轻重的作用，而针对当前林业政策中存在的一些问题，本研究认为，要想发挥林业产业政策的最大绩效，要从政策制定过程开始、直到政策的实施都要予以极大的关注和重视。以往研究只是单一的评价产业政策的实施效果，往往忽略了从政策制定时本身的科学性和合理性，根据本研究第八章中全面系统对三明市林业产业政策绩效的评价，对科学制定林业产业发展政策提出一些具体的做法和建议。

三明市林业产业相关政策在创新性、灵活性、完整性以及公众参与性等方面还不足。产业政策的制定和实施是一个长期的过程，要发挥其最大的效用，需要在政策实施前采用科学的方法，多种手段结合的方式，并且多方部门要尽量做好良好的沟通和协调。政策制定过程的合理化，也就意味着要重新审视政策决策过程。随着经济体制的不断变化，政府主导型的政策制定方式需要逐渐进行改变，林业企业、行业协会将发挥越来越大的作用。同时，还要建立专门的协调和监督机构，加大多方部门的通力合作和支持，对各个利益相关主体进行沟通交流和合作构建有效的桥梁。同时成立相应的监督约束机制，加大对林业产业政策的约束。政策目标一定要明确具体，尽量避免只是原则上的规定，要切实提高可操作性。政策实施主体和客体能力要得到提高，政策实施者的能力和水平直接关系到政策效果的好坏，在政策实施部门的层面，要提高其规范社会成员的能力、业务专业性、拓展资金渠道的能力、收集信息的能力、调控各种利益关系的能力、合理分配资源的能力等方面。

要积极发挥市场机制的作用，产业政策的界定要与市场机制相结合，并且要作为辅助市场调节的一个工具，将市场配置资源的基础作用作为林业产业政策的前提与基础。此外，要在政策上继续加强对林业产业基础设施和技术改造的投资比重，充分利用资本市场，拓宽投融资渠道，实现政府投资与社会融资相结合的投融资体制。

林业产业发展涉及众多的问题，提升林业产业水平不仅仅是产值的快速增加，更多的是要合理调整林业产业结构，结合发挥林业产业巨大生态效益的特点，从量上更多是质上提升三明市林业产业发展水平，要以提高森林资源培育水平为基础，促进林业加工业的升级转型，充分发挥不同区域的区位优势，并采取相应的林业产业政策措施，全面提高林业产业发展的水平。

9.3 展 望

9.3.1 研究创新点

本研究在选题上具有新颖性。对于林业产业的具体某一方面研究较多，但是对于典型集体林区的林业产业综合评价较少，在三明市尚属空白。本研究基于社会经济发展对林业产业的新要求以及集体林权制度改革不断推进的背景下，以典型集体林区为研究对象进行研究。

本研究在对区域林业产业综合分析中具有全面性和系统性，分析中对产业结构、产业关联、产业组织、产业政策全部进行了详尽的分析。同时综合运用了多种方法进行理论与实证的研究，研究内容丰富、工作量较大。

以往研究在产业政策评价中均采用定性描述，本研究在对林业产业政策综合评价时首次构建了林业产业政策综合评价指标体系，并进行定量化分析，具有创新性。

9.3.2 研究不足与展望

由于本研究涉及数据指标较多，而且对于县市层面统计指标分类不够具体，尽管作者尽量收集了大量的一手及二手资料，但现有数据对有些问题的分析仍显不够，这也是制约本研究更加深入分析的一个重要因素，同时时间序列指标更难以获得，尤其是 10 年以上的时间序列，这也影响了本研究综合对三明市林业产业发展变化分阶段进行划分。

长期以来，广大学者对林业产业发展研究进行了大量的研究工作，也取得了很多成果，这也是本书的研究基础，由于时间、地区距离、个人能力等各方面因素的限制，本书对评价方法与数据的确定，指标体系的构建，仍会存在一些问题。如何能够更加全面、具体、深入的对区域林业产业发展进行评价分析，是今后作者应当努力的方向。

参考文献

[1]陈丽荣．中国林业区域经济发展差异性及影响因素研究[D]．北京林业大学，2011.

[2]陈诗波，石俊马，李崇光．科技投入与农业经济增长的T型关联度分析[J]．商业时代，2007(28)：111～112.

[3]陈同英，邱登鸿，黄世典．林业系统投入产出模型及其应用[J]．福建林学院学报，1993，13(1)：53～59.

[4]陈向华，耿玉德．基于SCP范式的黑龙江省林产工业产业组织分析[J]．林业经济问题，2007(04)：366～370

[5]陈益民，张智光．福建省南平市林业产业三次产业内部结构调整策略[J]．林业经济，2007(10)：25～29.

[6]程云行，张春霞．林业产业组织创新研究[J]．林业经济问题，2003(02)：92～95.

[7]董岳．中国林业产业化发展问题研究[D]．山东农业大学，2009：24～29.

[8]杜栋，庞庆华，吴炎．现代综合评价方法与案例精选[M]．清华大学出版社，2008：1.

[9]范繁荣．世界林业产业政策对福建省林业产业政策的影响[J]．林业科技，1999，(03)：47～49.

[10]范金，郑庆武．应用产业经济学[M]，经济管理出版社，2004.

[11]费本华，樊宝敏．中国现在林业建设及其产业发展浅析[J]．世界林业研究，2007，5(20)：27～32.

[12]冯洁．福建林业产业政策评价[J]．今日财富·学术探讨，2009.5，157～158.

[13]奉钦亮，覃凡丁．基于主成分分析的广西林业产业竞争力计量分析[J]．广东农业科学，2012，(04)：163～167.

[14]奉钦亮，张大红．我国林业产业区域竞争力实证研究[J]．北京林业大学学报(社会科学版)，2010，(01)：95～100

[15]傅立．灰色系统理论及其应用[M]．北京：科学技术文献出版社，1992.

[16]高琼．加快福建林业产业升级的几点思考，2006，http：//www.fjforestry.

gov. cn/InfoShow. aspx? InfoID = 1153&InfoTypeID = 5
[17]高淑媛. 北京区域林业经济发展影响因素的量化分析研究[D]. 北京林业大学，2006.
[18]耿玉德，万志芳. 黑龙江省国有林区林业产业结构调整与优化研究[J]. 林业科学，2006，6(42)：86 ~ 93.
[19]顾介华，赵刚，高治帮，等. 甘肃省林木种苗产业组织 SCP 分析法与研究[J]. 陕西林业科技，2008，(03)：24 ~ 31.
[20]关于《林业产业振兴规划》的解读[J]. 中国人造板，2010，(01)：1 ~ 5.
[21]郭峰. 产业政策评估理论与方法研究[D]. 河海大学，2005
[22]郭红东，蒋文华. 影响农户参与专业合作经济组织行为的因素分析——基于对浙江省农户的实证研究[J]. 中国农村经济，2004，(05)：10 ~ 16 + 30.
[23]郭仁鉴. 淳安县林业可持续发展能力的评价和分析[J]. 浙江林学院学报，2001，18(4)：337 ~ 344.
[24]郭树华，赵英辰. 河北省林业经济结构调整评价与分析[J]. 林业经济，2000(6)：53 ~ 61.
[25]韩小威. 有效产业政策的具体准则构架[J]. 东北师大学报，2006，(03)：34 ~ 37.
[26]韩杏容，夏自谦，张德英. 我国林业经济增长正和模式分析[J]. 西北林学院学报，2006(6)：187 ~ 189.
[27]洪燕真，戴永务，余建辉，等. 福建省林权制度改革后的林业经营组织形式探讨[J]. 林业经济问题，2009，(02)：163 ~ 167.
[28]胡明形，康清恋. 江西林业产业对区域经济社会发展贡献的测度[J]. 北京林业大学学报(社会科学版)，2011，(02)：82 ~ 85.
[29]胡申. 中国林业产业区域竞争力评价分析[D]. 北京林业大学，2012.
[30]胡运宏，贺俊杰. 1949 年以来我国林业政策演变初探[J]. 北京林业大学学报(社会科学版)，2012(03)：21 ~ 27.
[31]胡振华，易力. 产业集群与区域农业经济增长的关系——基于典型相关分析[J]. 系统工程，2010(11)：70 ~ 74.
[32]黄蓓，王瑜. 林业产业集群竞争力研究[J]. 中国人口. 资源与环境，2011，(S1)：554 ~ 557.
[33]黄和亮，王文烂，吴秀娟，等. 影响农户参与林业合作经济组织因素分析——以福建省为例[J]. 林业经济，2008，(09)：55 ~ 58.
[34]黄烈亚，翟印礼，梁霁. 产业结构变动与区域林业经济增长及其空间差异

[J]. 中国农业资源与区划，2008，(06)：27～31.
[35]贾雷．江苏林业产业链可持续发展评价与对策研究[D]．南京林业大学，2008.
[36]贾治邦．坚持兴林富民 加快发展步伐 努力构建我国发达的林业产业体系[J]．林业经济，2007(10)：3～8.
[37]贾治邦．认真落实中央林业工作会议精神 确保集体林权制度改革顺利推进[J]．林业经济，2009(10)：9～10+22.
[38]贾治邦．深入贯彻落实中央决策部署 努力实现林业发展宏伟目标[J]．林业经济，2010(02)：3～11.
[39]贾治邦．我国林业发展“十一五”回顾与“十二五”思考[J]．林业经济，2011(01)：3～12.
[40]简新华．产业经济学[M]．武汉大学出版社，2001.
[41]江机生．集体林权制度改革 推动林业产业快速发展[J]．中国林业产业，2008，(05)：40～43.
[42]姜泽华，白艳．产业结构升级的内涵与影响因素分析[J]．当代经济研究，2006，10，53～57.
[43]康清恋．江西省林业产业对区域社会经济发展贡献的评价研究[D]．北京林业大学，2011.
[44]柯武刚，史漫飞．制度经济学[M]．北京：商务印书馆，2002，35.
[45]孔凡斌．主成分分析法的中国林业市场化水平评价——基于中国15省(区)2002－2006年相关统计数据[J]．中国农村经济，2010，(10)：43～56.
[46]孔凡斌．集体林权制度改革绩效评价理论与实证研究——基于江西省2484户林农收入增长的视角[J]．林业科学，2008，10(44)：132～141.
[47]赖作卿，张忠海．基于DEA方法的广东林业投入产出效率分析[J]．林业经济问题，2008(28)：323～326.
[48]李晨婕，温铁军．宏观经济波动与我国集体林权制度改革——1980年代以来我国集体林区三次林权改革“分合”之路的制度变迁分析[J]．中国软科学，2009(06)：33～42+127.
[49]李华，李风绮，陈飞平，等．江西省农户参与林业合作组织的意愿及其影响因素分析[J]．林业经济问题，2010(05)：381～384
[50]李娅，姜春前，严成，等．江西省集体林区林权制度改革效果及农户意愿分析[J]．中国农村经济，2007 (12)：54～61.
[51]李晔，梁保松，陈振，等．灰色系统模型在河南农业经济发展中的应用[J].

河南农业大学学报，2006，4(40)：432～435.

[52]李元元．聂华北京市林业产业结构发展的灰色动态关联分析[J]．林业调查规划，2006(6)：94～97.

[53]李悦．产业经济学[M]．北京：中国人民大学出版社，2008.

[54]李兆庭．山东省三次产业结构分析与总产值预测[J]．经营管理者，2010，(18)：49～50.

[55]梁霁，翟印礼，黄烈亚．集体林产权制度改革动因分析[J]．经济研究导刊，2008(18)：9～11.

[56]廖文龙，龚三乐．产业转移对广西产业结构演化影响的实证分析[J]．广西社会科学，2009(10)：13～17.

[57]林如青．福建林业产业结构灰色关联度分析及优势预测[J]．林业资源管理，2002(5)：40～42.

[58]刘东生．中国林业六十年 历史映照未来[J]．绿色中国，2009，(19)：8～17.

[59]刘家顺．中国林业产业政策研究[D]．东北林业大学，2006.

[60]刘思峰，郭大榜，党耀国．灰色系统理论及其应用[M]．北京：中国科学技术出版社，1999：116～120.

[61]刘晓，苏维词，邓吉祥．重庆直辖10年区县经济差异及协调发展[J]．重庆师范大学学报(自然科学版)，2009，(03)：34～39.

[62]刘志彪，现代产业经济学[M]．北京：高等教育出版社，2003.

[63]罗发友，王建成．农业经济增长及其影响因素的典型相关分析[J]．系统工程，2001(06)：34～38.

[64]吕杰，黄利．辽宁省集体林权制度改革与林业产业发展的现状[J]．林业科学，2008，8(44)：53～59.

[65]尼古拉斯·泰勒．社会评估：理论与技术[M]．重庆大学出版社，2009.

[66]聂华林，王成勇．区域经济通论[M]，中国社会科学出版社，2006.

[67]彭念一，陈长华．农业制度创新评估指标体系及测算方法[J]．财经理论与实践，2003，24(124)：93.

[68]朴贤玉．中国产业结构与产业结构调整政策[J]．四川师范大学学报(社会科学版)，2003(1)：5～13.

[69]曲秀芹．尤溪县林业综合评价与可持续对策研究[D]．北京林业大学，2009.

[70]芮明杰．产业经济学[M]．上海财经大学出版社，2005.

[71]沈国舫．关于林业作为一个产业的几点认识[J]．中国林业产业．2004

(1)：1.

[72]石奇，产业经济学(第二版)[M]，中国人民大学出版社. 2011.

[73]史忠良. 新编产业经济学[M]. 北京. 中国社会科学出版社，2004.

[74]司继跃，姜振民，等. 烟台市林业产业发展战略[M]. 北京. 中国林业出版社. 1998：1～4.

[75]宋家建. 集体林权制度改革促进了福建林产业大发展[J]. 绿色财会，2008(9)：32～35.

[76]孙建. 关于林业产业发展若干问题的宏观思考[J]. 绿色中国，2004(6)：46～49.

[77]孙刘平，钱吴永. 基于主成分分析法的综合评价方法的改进[J]. 数学的实践与认识，2009(18)：15～20.

[78]孙智君. 产业经济学[M]. 武汉大学出版社. 2010.

[79]泰勒尔. 产业组织理论[M]张维迎，总译校. 北京：中国人民大学出版社，1997.

[80]唐峻东. 浅谈全面推进集体林权制度改革对贫困石山区林业产业发展的影响[J]. 广西林业，2008(05)：22～23.

[81]唐启义，冯明光. 实用统计分析及其DPS数据处理系统[M]. 北京：科学出版社，2002：625～627.

[82]陶黎，曹建华，朱惟豪. 基于投入产出方法的江西林业产业关联特性分析[J]. 林业经济问题，2006(6)：510～517.

[83]田云，张俊飚，李波. 中国林业产业综合竞争力空间差异分析[J]. 干旱区资源与环境，2012(12)：8～13.

[84]汪浩. 苏北地区林业产业集聚经济效应研究[D]. 南京林业大学，2010.

[85]王昌海. 秦岭自然保护区生物多样性保护的成本效益分析[D]. 北京林业大学，2011.

[86]王怀毅. 集体林区改革实验20年中国林业20年[M]. 三明试验区，2008.

[87]王俊豪. 现代产业经济学[M]. 杭州：浙江人民出版社，2003.

[88]王玉灵，夏国平. 产业结构调整中技术选择的机制分析[J]. 北京航空航大大学学报社会科学版，2005(3)：26～30.

[89]王预震. 公共决策中的公众参与[J]. 广西社会科学，2002(05)，53～57.

[90]吴海民. 中国工业经济运行效率研究：1980－2006[D]. 西南财经大学，2008，87～102.

[91]吴美晓. 广西房地产业与经济发展的典型相关分析[J]. 广西财经学院学报，

2008，4(21)：39～41.
[92]吴兴华．基于结构化神经网络的第三产业发展水平评估方法[J]．统计与决策，2010(22)：76～78.
[93]武小琦．时间序列分析法对我国三次产业结构变化的分析[J]．统计与咨询，2008(02)：30～31.
[94]西蒙·库兹涅茨，现代经济增长[M]．北京：北京经济学院出版社，1989.
[95]肖泽军．林业生产结构的变动对湖北林业经济增长的实证研究[J]．价值工程，2006(2)：17～19.
[96]邢美华．林权制度改革视角下的林业资源利用：方式·目标·政策设计[D]．华中农业大学，2009.
[97]严北战．浙江产业集群成长的动力机制分析——基于区域文化视角[J]．中国农村经济，2007(S1)：87～92.
[98]杨公仆等．现代产业经济学[M]．上海：上海财经大学出版社，2006.
[99]杨加猛．林业产业链的演进、测度与拓展模型研究——以江苏林业产业链为例[D]．南京林业大学，2008：44～53.
[100]杨先卫，阎理．农业产业结构趋势面模型的建立与分析[J]．统计与决策，2005，(13)：22～23.
[101]杨振宁，朱镇斌．我国农业经济发展影响因素的实证研究——基于典型相关模型的计量分析[J]．统计教育，2006(10)：49～52.
[102]英磊，徐敏迪．基于主成分分析的全国各省市林业产业综合竞争力研究[J]．商场现代化，2010(20)：105～107.
[103]张爱美．吉林省林业产业结构灰色动态关联分析[J]．北京林业大学学报(社会科学版)，2008(02)：84～87.
[104]张放．林业科技为林改后林农服务的几点建议[J]．辽宁林业科技，2007(6)：38～39.
[105]张桦，范琼．世界林产品结构及发展趋势分析[J]．生态经济，2003(10)：210～211.
[106]张会新．我国资源型产业集群的动力机制研究[D]．西北大学，2009，71～76.
[107]张蕾，文彩云．集体林权制度改革对农户生计的影响——基于江西、福建、辽宁和云南4省实证研究[J]．林业科学，2008，7(44)：73～78.
[108]张敏新，张红霄，刘金龙．集体林产权制度改革动因研究——兼论南方集体林产权制度内在机理[J]．林业经济，2008(5)：15～19，24.

[109]张士锋．以龙头企业为依托 促进林业产业集群和谐发展[J]．中国人造板，2010，(02)：12～13.
[110]张淑辉，陈建成，张立中，等．农业经济增长及其影响因素的典型相关分析——以山西为例[J]．经济问题，2012(05)：85～88，92.
[111]张泰峰，Eric Reader. 公共财政学[M]．郑州：郑州大学出版社，2004，1～28.
[112]张晓星，吴铁雄，周莉，等．基于主成分分析的平原26省林业发展水平评价[J]．中南林业科技大学学报(社会科学版)，2010，(04)：10～13.
[113]张占贞．东北国有林区林业产业集群生态系统演进与成长研究[D]．东北林业大学，2011.
[114]张智光．江苏省林业产业结构调整的战略体系研究[J]．林业科学，2004，4(40)：197～204.
[115]张智光．可持续发展林业产业结构优化系统模型研究[J]．农业系统科学与综合研究，2003，1(19)：19～26.
[116]赵大晖，卢凤君，郭锐，等．可持续发展产业政策评估的基本概念研究[J]．中国农业大学学报，1998(04)：7～10.
[117]赵美，于春田．高新技术产业对经济增长贡献率的测算与分析[J]．河北工业科技，2006，1(23)：1～7.
[118]赵树丛．全面开创现代林业发展的新局面——学习胡锦涛主席重要讲话的体会[J]．绿色中国，2012(05)：44～48.
[119]赵欣．制定与实施旅游产业政策的必要性[J]．经济研究导刊，2009，(26)：56～57
[120]赵永宏．河北省海洋经济产业特征分析与持续发展对策[D]辽宁师范大学，2008：46～51.
[121]赵玉林，李文超．基于系统动力学的产业结构演变规律仿真模拟实验研究[J]．系统科学学报，2008，4(16)：51～58.
[122]郑玉歆．应用产业经济学[M]．经济管理出版社，2004，199～204.
[123]中国可持续发展林业战略研究项目组．中国可持续发展林业战略研究战略卷[M]．北京．中国林业出版社，2003：621.
[124]周波，翁贞林，朱述斌．农业综合生产能力的典型相关分析——以江西省为例[J]．江西农业大学学报，2006(01)：139～143.
[125]周莉，张宇清，张晓星．平原林业产业结构灰色关联度评价[J]．林业经济，2010(07)：108～112.

[126]祝列克发布《林业产业振兴规划(2010 ~ 2012 年)》[J]. 中国林业产业，2009(11)：13.

[127]朱红根. 江西省产业结构变动的绩效研究[J]，产业经济研究，2004(5)：60 ~ 66.

[128]Aguilar F X, Cai Z. Conjoint effect of environmental labeling, disclosure of forest of origin and price on consumer preferences for wood products in the U. S. and U. K. Ecological Economics, 2010: 70, 308 ~ 316.

[129]Alberto Leva, Luca Bascetta. Designing the feed forward part of industrial controllers for optimal tracking [J]. Control Engineering Practice, 2007, (15): 909 ~ 921.

[130]Alexander L. Nonindustrial private forest landowner relations to wildlife in New England. PhD Thesis, Yale University, New Haven, CT, United States, 1986.

[131]Atmiş E, Günşen H B, Lise B B, et al. Factors affecting forest cooperative's participation in forestry in Turkey. Forest Policy and Economics, 2009, 11(2): 102 ~ 108.

[132]Belin D L. Assessing private landowner attitudes: a case study of New England NIPF owners. Master Thesis, University of Massachusetts, Amherst, United States, 2002.

[133]Berends P A J, Romme A G L. Cyclicality of capital-intensive industries: a system dynamics simulation study of the paper industry [J]. Omega, 2001(29): 543 ~ 552.

[134]Birch T W. Private forest-land owners of the United States, 1994. Resource Bulletin NE – 134. US Department of Agriculture, Forest Service, Northeastern Forest Experiment Station, Radnor, Pennsylvania, 1996.

[135]Blackman A, Albers H J, Ávalos-Sartorio B, et al. Land cover in a managed forest ecosystem: Mexican shade coffee. American Journal of Agricultural Economics, 2008, 90 (1): 216 ~ 231.

[136]Blinn C R, Jakes P J, Sakai M. Forest landowner cooperatives in the United States: a local focus for engaging landowners. Journal of Forestry, 2007, 105 (5): 245 ~ 251.

[137]Brian M Cox, Ian AMunn. A comparison of two input-output approaches for investigating regional economic impacts of the forest products industry in the Pacific Northwest and the South [J]. Forest Products Journal, Madison: 2001, 51

(6): 398.

[138] Carter A P and Brody A. Applications of Input-Output Analysis[C]. Amsterdam: North—Holland Publishing Company, 1970: 139 ~ 168.

[139] Chert Xikang. Water Resource Input-occupancy-Output Table and Its Application in ShanXi Province of Chain [J]. International Journal of Development Planning Literature, 2000, 15(3): 247 ~ 264.

[140] Claudia Bieling. Non-industrial private-forest owners: possibilities for increasing adoption of close-to-nature forest management [J]. European Journal of Forest Research, 2004, (123): 293 ~ 303.

[141] Clive Hamilton. The sustainability of logging in Indonesia's tropical forests: A dynamic input-output analysis [J]. Ecological Economics, 1997, 21 (3): 183 ~ 195.

[142] Darsha. Swarnakar, Horacio. Jose. Marquez, Tongen. Chen, Robust stabilization of nonlinear interconnected systems with application to an industrial boiler [J]. Control Engineering Practice, 2007, (15): 639 ~ 654.

[143] Egan A F. From timber to forests and people: A view of nonindustrial private forest research. Northern Journal of Applied Forestry, 1997, 14(4): 189 ~ 193.

[144] FAO and UNECE. Forest policies and Institutions in Europe 1998 – 2000[ECE/TIM/SP/19], 2001: 18.

[145] FAO. The world's forest resources [M], 2005: 14 ~ 19, 73.

[146] Finley A O, Kittredge D B. Thoreau, Muir, and Jane Doe: different types of private forest owners need different kinds of forest management. Northern Journal of Applied Forestry, 2006, 23(1): 27 ~ 34.

[147] Finley A O, Kittredge D B, Stevens T H, et al. Interest in cross-boundary cooperation: Identification of distinct types of private forest owners. Forest Science, 2006, 52(1): 10 ~ 22.

[148] Finley A O. Assessing private forest landowners' attitudes towards, and ideas for cross-boundary cooperation in western Massachusetts. Master Thesis, University of Massachusetts, Amherst, United States, 2002.

[149] Florin Ioras, Nicolae Muica, David Turnock. Approaches to sustainable forestry in the Piatra Craiului National Park [J]. GeoJournal, 2001(54): 579 ~ 598.

[150] G P Liu, S Daley, Optimal-tuning PID control for industrial systems [J]. Control Engineering Practice, 2001, (9): 1185 ~ 1194.

[151]Greene J L, Blatner K A. Identifying woodland owner characteristics associated with timber management. Forest Science, 1986, 32(1): 135 ~ 146.

[152]Greene W H, Zhang C. Econometric analysis (Vol. 5): prentice Hall Upper Saddle River, New York, United States, 2003.

[153]Gregory S A, Christine Conway M, Sullivan J. Econometric analyses of nonindustrial forest landowners: Is there anything left to study? Journal of Forest Economics, 2003, 9(2): 137 ~ 164.

[153]Guy Blaise Nkamleu. Factors Affecting the Adoption of Agro-forestry Practices by Farmers in Cameroon [J]. Small-scale Forest Economics, Management and Policy, 2005, 4(2): 135 ~ 148.

[155]Hammett I, AL, Cubbage F W, et al. A logistical regression model of southern hardwood lumber export participation. Wood and fiber science, 1992, 24(3): 315 ~ 329.

[156]Hogl K, Pregernig M, Weiss G. What is new about new forest owners? A typology of private forest ownership in Austria. Small-scale Forestry, 2005, 4(3): 325 ~ 342.

[157]http: //course. cau-edu. net. cn/course/Z0035/ch02/se03/slide/slide01. htm

[158]Hull R B, Ashton S. Forest cooperatives revisited. Journal of Forestry, 2008, 106(2): 100 ~ 105.

[159]Hussain, Anwa, Interindustry linkages, resource use and structural change: An input/output analysis of Minnesota's forest-based industries [D]. University of Minnesota DAI-B 57/04, 1996: 2248.

[160]Hyde W F. Forest Development and Its Impact on Rural Poverty. Report for ADB RETA 6115: Poverty Reduction in Upland Communities in the Mekong Region through Improved Community and Industrial Forestry, 2004.

[161]Hägglund D. European forest owner organisations-Forest owner cooperation: Main figures, aims and goals. CEPF, 2008.

[162]International Co-operative Alliance (ICA). 2007. Statement on the Co-operative Identity (accessed 26/5 /2007). http: //www. ica. coop/coop/principles. html.

[163]Jack A. McConchie, M A Huan-cheng. MIGIS—an effective tool to negotiate development interventions relating to forestry [J]. Journal of Forestry Research, 2003, 14(1): 9 ~ 18.

[164]Jacobson M G, Abt R C, Carter D R. Attitudes toward joint forest planning among

private landowners. Journal of Sustainable Forestry, 2002, 11(3): 95 ~ 112.

[165] Jarrett A, Gan J, Johnson C, et al. Landowner awareness and adoption of wildfire programs in the Southern United States. Journal of Forestry, 2009, 107(3): 113 ~ 118.

[166] Jones M J. Evaluation of Honduran Forestry Cooperatives: Five Case Studies. Master Thesis, Michigan Technological University, Houghton, Michigan, United States, 2003.

[167] Joshi O, Mehmood S R. Factors affecting nonindustrial private forest landowners' willingness to supply woody biomass for bioenergy. Biomass and Bioenergy, 2011, 35(1): 186 ~ 192.

[168] Keskitalo. E. C. H. Vulnerability and adaptive capacity in forestry in northern Europe: a Swedish case study [J]. Climatic Change, 2008, (87): 219 ~ 234.

[169] Kittredge D B. Forest owner cooperation around the world: where, how, and why it succeeds, in Proc. of conf. on Forestry cooperatives: What today's resource professionals need to know, Jakes, P. J. (comp.) US For. Serv. Gen. Tech. Rep. NC-GTR-266. , North Central Forest Experiment Station. St. Paul, Minnesota, 2006: 31 ~ 38.

[170] Kittredge D B. Private forestland owners in Sweden: Large-scale cooperation in action. Journal of Forestry, 2003, 101(2): 41 ~ 46.

[171] Kittredge D B. The cooperation of private forest owners on scales larger than one individual property: international examples and potential application in the United States. Forest Policy and Economics, 2005, 7(4): 671 ~ 688.

[172] Kurtz W B, Lewis B J. Decision-making framework for nonindustrial private forest owners: an application in the Missouri Ozarks. Journal of Forestry, 1981, 79(5): 285 ~ 288.

[173] Lillandt M. Forest Management Association - a major tool to promote economic sustainability of family forestry. In: Niskanen, A. Vayrynen, J. (Eds), Economic sustainability of Small-Scale Forestry. EFI Proceedings NO. 36, Joensuu, Finland, 2001: 93 ~ 100.

[174] Lin J Y. Rural reforms and agricultural growth in China. American Economics Review, 1992, 82(1): 34 ~ 51.

[175] Lukewille A, Bredemeier M, Ulrich B. Input-output relations of major ions in European forest ecosystems [J]. Agriculture, Ecosystems and Environment, 1993,

47(2)：175～184

[176]Maung T M，Yamamoto M. Exploring the Socio-Economic Situation of Plantation Villagers：A Case Study in Myanmar Bago Yoma [J]. Small-scale Forestry，2008，(7)：29～48.

[177] Mirjam Iding，Remmelt Thijs，Bast Kuipers，The Relation between Economic Zone and Logistics Development[R]. TNO Imo Report，Dec. 2001：66：195.

[178]Nagubadi V，McNamara K T，Hoover W L，et al. Program participation behavior of nonindustrial forest landowners：a probit analysis. Journal of Agricultural and Applied Economics，1996，28：323～336.

[179]NILSSON Kjell. Urban Forestry as a Vehicle for Healthy and Sustainable Development [J]. Chinese Forestry Science and Technology，2005，1(4)：1～14.

[180]O'Leary G Watson A. The Role of the People's Commune in Rural Development in China. Pacific Affairs，1982，55(4)：593～612.

[181]Qin P，Carlsson F，Xu，J. Forest Tenure Reform in China：A Choice Experiment on Farmers' Property Rights Preferences. Land Economics，2011，87 (3)：473～487.

[182]Ravindranath N H，Murthy I K，Sudha P，et al. Methodological issues in forestry mitigation projects：a case study of Kolar district [J]. Mitig Adapt Strat Glob Change，2007 (12)：1077～1098.

[183] Rickenbach M G，Cooperative functions：meeting members' needs，in Proc. of conf. on Forestry cooperatives：What today's resource professionals need to know，Jakes，P. J. (comp.) US For. Serv. Gen. Tech. Rep. NC-GTR-266.，North Central Forest Experiment Station. St. Paul，Minnesota，2006：21～24.

[184] Rickenbach M，Bliss J，Read S. Collaborative，cooperation，and private forest ownership patterns：implications for voluntary protection of biological diversity. Small-scale Forest Economics，Management and Policy，2004，3(1)：69～83.

[185]Rickenbach M，Guries R，Schmoldt D. Membership matters：comparing members and non-members of NIPF owner organizations in southwest Wisconsin，USA. Forest Policy and Economics，2006，8(1)：93～103.

[186]Robert F. G1ESE. An economic model of short-rotation forestry[J]. Mathematical Programming，1984，(28)：206～217.

[187]Rozelle S，Huang J Benziger V. Forest exploitation and protection in reform China：assessing the impact of policy，tenure and economic growth. Working Paper，

Agricultural Economics, University of California Davis, 2003.

[188] Szostak R W, The Role of Transportation in the Industrial Revolution: A Comparison of Eighteenth Century England and France [D]. UMI Dissertation Information Service. 1985.

[189] Thoss R, Wiik K. A Linear Decision Model for the Management of Water Quality in the Ruhr [A]. Rothenberg J and Heggie I G. the Management of Water Quality and the Environment[C]. London: MacMillan, 1974: 104 ~ 141.

[190] Tofii Y, Fukasaku K. Economic development and changes in linkages structure : An input-output analysis of the Republic of Korea and Japan[J]. Proceedings of the Seventh International Conference on Input-Output Techniques, 1984.

[191] Tri Lestari Djamhuri. Community participation in a social forestry program in Central Java, Indonesia: the effect of incentive structure and social capital[J]. Agroforestry systems, 2008, (74): 83 ~ 96.

[192] United States Department of Agriculture (USDA). Agricultural cooperatives in the 21st century (accessed 15/5 2002). http: //www. rurdev. usda. gov/rbs/pub/cir-60. pdf, 2002.

[193] United States Department of Agriculture (USDA). Forest Inventory and Analysis Strategic Plan: A history of success dynamic future, 2007. (accessed 7/2007)

[194] Venn T J. Venn. Visions and Realities for a Wik Forestry Industry on Cape York Peninsula, Australia[J]. Small-scale Forest Economics, Management and Policy, 2004, 3(3): 431 ~ 451.

[195] Wang S, van Kooten G C, Wilson B. Mosaic of reform: forest policy in post-1978 China. Forest Policy and Economics, 2004, 6(1): 71 ~ 83.

[196] West P C, Fly J M, Blahna D J, et al. The communication and diffusion of NIPF management strategies. Northern Journal of Applied Forestry, 1988, 5 (4): 265 ~ 270.

[197] Willis K, Garrod G, Scarpa R, et al. Non-market benefits of forestry: Report to the Forestry Commission Centre for Environmental Research and Appraisal, University of Newcastle, 2000.

[198] Xu J T, White A, Lele U. China's Forest Tenure Reforms: Impacts and Implications for Choice, Conservation, and Climate Change: Rights and Resources Initiative. Peking University Press, Beijing, China, 2010.

[199] Yin R. Forestry and the environment in China: the current situation and strategic

choices. World Development, 1998, 26(12): 2153 ~2167.

[200] Young R, Reichenback M. Factors Influencing the Timber Harvest Intentions of Nonindustrial Private Forest Owners. Forest Science, 1987, 33(2): 381 ~393.

[201] Zhang P, Shao G, Zhao G, et al. China's forest policy for the 21st century. Science, 2000, 288(5474), 2135 ~2136.

[202] Zhang Y, Kant S. Collective forests and forestland: physical asset rights versus economic right, in Ho, P. (Eds.), Developmental Dilemmas: Land Reform and Institutional Change in China. Now York, 2005: 249 ~269.

[203] Zhang Y, Uusivuori J, Kuuluvainen J. Impacts of economic reforms on rural forestry in China. Forest Policy and Economics, 2000, 1 (1): 27 ~40.

附录

主成分分析相关关系矩阵

	X1	X2	X3	X4	X5	X6	X7	X8	X9	X10	X11	X12	X13	X14	X15	X16	X17	X18
X1	1.000	0.196	0.910	0.475	0.556	0.756	0.379	0.821	-.249	0.413	0.003	0.439	0.232	0.772	0.674	0.206	-0.045	0.556
X2	0.196	1.000	0.366	-0.660	0.267	0.104	-0.415	0.096	-.483	-0.547	-0.095	0.113	-0.012	0.236	0.153	0.207	0.424	0.267
X3	0.910	0.366	1.000	0.222	0.418	0.754	0.293	0.720	-.425	0.254	0.009	0.404	0.243	0.575	0.570	0.173	-0.050	0.418
X4	0.475	-0.660	0.222	1.000	0.021	0.367	0.674	0.382	.258	0.769	0.265	0.000	0.176	0.291	0.193	-0.055	-0.561	0.021
X5	0.556	0.267	0.418	0.021	1.000	0.342	-0.253	0.620	-.472	0.128	-0.435	0.327	-0.329	0.852	0.753	-0.189	0.286	1.000
X6	0.756	0.104	0.754	0.367	0.342	1.000	0.497	0.581	-.282	0.299	0.036	0.499	0.299	0.411	0.364	0.289	0.032	0.342
X7	0.379	-0.415	0.293	0.674	-0.253	0.497	1.000	0.492	.346	0.161	0.618	0.489	0.756	0.049	-0.125	0.131	-0.177	-0.253
X8	0.821	0.096	0.720	0.382	0.620	0.581	0.492	1.000	-.194	0.126	0.226	0.663	0.352	0.780	0.601	-0.117	0.108	0.620
X9	-0.249	-0.483	-0.425	0.258	-0.472	-.282	0.346	-0.194	1.000	-0.040	0.181	0.099	0.467	-0.315	-0.464	0.332	0.083	-0.472
X10	0.413	-0.547	0.254	0.769	0.128	0.299	0.161	0.126	-.040	1.000	-0.094	-0.355	-0.318	0.226	0.413	-0.142	-0.702	0.128
X11	0.003	-0.095	0.009	0.265	-0.435	0.036	0.618	0.226	.181	-0.094	1.000	0.084	0.577	-0.252	-0.290	-0.289	-0.379	-0.435
X12	0.439	0.113	0.404	0.000	0.327	0.499	0.489	0.663	.099	-0.355	0.084	1.000	0.672	0.372	0.284	0.341	0.631	0.327
X13	0.232	-0.012	0.243	0.176	-0.329	0.299	0.756	0.352	.467	-0.318	0.577	0.672	1.000	-0.130	-0.202	0.365	0.179	-0.329
X14	0.772	0.236	0.575	0.291	0.852	0.411	0.049	0.780	-.315	0.226	-0.252	0.372	-0.130	1.000	0.749	0.011	0.228	0.852
X15	0.674	0.153	0.570	0.193	0.753	0.364	-0.125	0.601	-.464	0.413	-0.290	0.284	-0.202	0.749	1.000	-0.088	0.016	0.753
X16	0.206	0.207	0.173	-0.055	-0.189	0.289	0.131	-0.117	.332	-0.142	-0.289	0.341	0.365	0.011	-0.088	1.000	0.511	-0.189
X17	-0.045	0.424	-0.050	-0.561	0.286	0.032	-0.177	0.108	.083	-0.702	-0.379	0.631	0.179	0.228	0.016	0.511	1.000	0.286
X18	0.556	0.267	0.418	0.021	1.000	0.342	-.253	0.620	-.472	0.128	-0.435	0.327	-0.329	0.852	0.753	-0.189	0.286	1.000

后　记

再次修订博士论文，已是工作一年以后。从前期科研、实地调研积累素材、博士论文的选题、定稿、顺利通过答辩到现在的成书，历时已近6年。这些年的经历影响了我做人做事，也是我人生的宝贵财富。

2004年，我考入北京林业大学经济管理学院，懵懵懂懂地以第一志愿选择了林经专业，不曾想，林大及林经陪伴了自己九个年头。回想这些年来最大的收获，即有幸师从温亚利教授。自入门伊始，温老师言传身教，做人治学，点点滴滴，影响着我整个人生。温老师给予我们好的学术平台，以及广阔的施展空间去认识社会、感受农村、体会人文。温老师教会我用发展的角度去认识问题，用经济学的角度去分析问题，用管理学的角度去解决问题。

从2008年起保送硕博连读至温门下，多次深入福建、陕西、江西、内蒙古等多地农村进行实地调研，林经作为社会学科，调研是进行客观分析的基础，通过深入农村，可以真正了解林农及林业管理部门的需求。在温老师的鼓励下，在2011年获得国家公派奖学金赴美国密苏里大学进行求学，去认识外面的世界，汲取先进的产业经济科学研究方法，领会世界范围内最为关注的热点问题。

通过前期的积累，所有的心血凝结成这篇博士论文。学术与我，本想相伴终生，机缘巧合，现实工作已踏出学术圈，唯有这篇论文纪念我曾经为之努力和奋斗过的岁月。感谢林业公益性行业科研专项课题“林改后南方林地可持续高效经营关键技术研究与集成示范”（项目编号为201004008）提供的资金资助。感谢三明市林业局及各林业站相关工作人员提供的各方面资料。

“知山知水、树木树人”，一年之后，唯有的就是感恩，感恩父母、亲友及爱人闫振国，感恩母校，感恩经济管理学院，感恩恩师温亚利教授，感恩刘俊昌教授、谢屹副教授和贺超副教授及其他帮助过我的所有老师，感恩一起陪伴我走过农村、研习论文的现在还在科研路上继续奋斗的郝春旭、吴静、候一蕾、申津羽、段伟、韩锋及其他温门师兄弟姐妹们，感恩美国密苏里大学 Aguilar 教授、蔡珍师姐以及许多许多在我最好的九年中给予过帮助和支持的师长和同学。

杨莉菲

2014 年 7 月 25 日于北京